ケースでわかる

管理会計の実務

| 製品別採算管理 |
| 事業ポートフォリオ管理 |
| 投資案件管理の実際 |

Case Studies in Accounting and Business Management

アットストリームコンサルティング
松永博樹・内山正悟

能率協会マネジメントセンター

◆ はじめに ◆

　管理会計は古くて新しいテーマです。管理会計制度の再構築に取り組んでいる企業は数多くあります。基幹システムや会計システムの刷新があったり、業績が悪化したり、何らかのきっかけにより管理会計制度の再構築プロジェクトというものが立ち上がることが多いのですが、いざやってみると教科書どおりにはうまくいかないことばかりで、結局はそれまでの管理会計制度からあまり改善されないものになってしまいがちです。

　そこで本書では、「製品別採算管理」「事業ポートフォリオ管理」「投資案件管理」というベーシックな論点ではあるものの、実際にやってみるとなかなかうまくいかないテーマを取り上げ、教科書どおりにはいかない部分や教科書では取り上げないような論点にもフォーカスをあて、実務的な考え方や対応方法について解説を行っています。

　そして、各章のはじめにABC社というグローバルな大手総合食品メーカーのケースを題材として取り上げ、ケースに対してどのような管理会計手法を適用するのかを、実務上困りやすい部分への対応方法も含めて解説する形式としています。これにより、具体的にイメージし、理解できるように努めています。

　なお、ケースの題材企業は食品メーカーですが、紹介する管理会計手法などは業界を問わず製造業全般で役に立つものになっています。

＊

本書は以下の章から構成されています。

第1章　「製品別採算管理」

　どの製品がどれだけ儲かっているかを把握し、どの製品に重点的に力を入れるか、どの製品のテコ入れをするかを検討するための管理方法です。実態を反映した製品別原価を算出し、原価差異分析を行うということがメインであり、考え方は実にシンプルです。

　しかし、実際にやってみると「工場から営業部に卸すときの仕切り価格

はどう設定するか？」「季節によって生産量がばらつく場合はどうするか？」「製造リードタイムが極端に長い場合はどうするか？」といった課題が出てきます。このような課題に対して、理論と実務のバランスを考慮しながら解決策を考察します。

第2章 「連結製品別採算管理」

今日のようなグローバル化した連結経営の時代においては、グループ企業全体があたかも1つの会社であるかのようにマネジメントしないと、業績向上は望めません。各社単体の原価計算だけではなく、連結ベースの原価を把握し、連結ベースでどの製品が儲かっているのかを分析し、管理する方法を解説しています。実務に適用することが極めて難しい論点なので、「実務上どこまでならできそうか」という観点も合わせて説明します。

第3章 「EVA®、ROICによる事業業績管理」

複数の事業を抱えている企業では、コーポレート（管理本部・グループ本社）が事業別の業績を把握・分析・評価し、各事業への経営資源配分を検討しています。事業別の業績をとらえるにあたり、P/L情報（売上・利益）だけでは十分な判断ができません。

投下した資本に対してそれに見合う利益を稼げたかどうかを判断することが重要であり、そのためにEVA®やROICという指標を用いて事業別の業績管理を行う方法を解説します。

第4章、第5章 「投資管理」

投資額に対して、「それに見合う利益を稼げたかどうか」については、事業別の業績管理だけではなく、投資案件ごとの管理も重要です。

ここでは、投資案件別の管理手法として、「投資をするかしないかをどのように判断するのか」「どのようにキャッシュフロー計画を作成するのか」、さらには実務ではおろそかにされてしまいがちな「投資後の振り返り」について解説します。

第6章 「管理会計制度設計プロジェクト」

管理会計制度を設計するプロジェクトにおいて、「どのようなことに注意して何を決めなければならないか」について解説します。

その場の雰囲気で二転三転したり、声が大きい人の意見で物事が決まったりしてしまうプロジェクトを目にすることがありますが、「目的」「情報」「プロセス」の明確化を意識することによって、管理会計制度を検討するプロジェクトを円滑に進めることができます。

*

　管理会計制度・管理会計手法の正解は1つではありません。本書を読んでいただければ、企業の事業実態や管理会計の目的などによって管理会計の方法にはさまざまなやり方があることが理解いただけます。本書で紹介する管理会計手法は、そのままでも使えるものであると考えていますが、目的に適合する管理会計手法をケースバイケースで検討することが重要であるということも理解いただければ幸いです。

※EVA（Economic Value Added：経済的付加価値）はスターン・スチュワート社の登録商標です。

アットストリームコンサルティング株式会社
ディレクター　内 山 正 悟

◆目　次◆

はじめに ………………………………………………… 3

序章　管理会計とは何か

1. ケース：大手総合食品メーカー CEO の 1 日 ……………… 15

　1・1　朝のオフィスにて …………………………………… 15

　1・2　役員会 ………………………………………………… 20

2. 経営ダッシュボード ……………………………………… 25

　2・1　先行指標管理（各種相場情報の管理） ……………… 25

　2・2　連結事業業績管理 …………………………………… 26

　2・3　各種情報による要因分析 …………………………… 27

3. 将来の予測情報に基づく投資意思決定 ………………… 28

4. 管理会計とは何か？ …………………………………… 29

　4・1　管理会計の居場所はどこか？ ……………………… 29

　4・2　管理会計の目的①：責任を区分する ……………… 30

　4・3　管理会計の目的②：原因を特定する ……………… 31

　4・4　管理会計の目的③：将来を予測する ……………… 31

　Column　会計の公準と管理会計 ………………………… 32

第1章　製品別採算管理

1. 製造業における製品別 P/L 管理 ……………………… 34

　◆CASE　ABC 社の加工調味料事業での製品別採算管理 ……… 34
　─製品軸の採算管理レポートってどんな内容なの？─

　1・1　製品別 P/L 管理の 3 つの観点 …………………… 35

　1・2　製品別 P/L 管理のためのレポート ……………… 35

2. 採算管理における販管費の取扱いと多軸管理の考え方 …… 40

◆CASE　加工調味料事業の製品別P/Lにおける販売費管理 ・・・・・・ 40
　　―この費用はどの軸に直課すべき？―

2・1　製品以外の管理軸も考える ・・・・・・・・・・・・・・・・・・・・ 42

2・2　販管費の多軸配賦による管理軸別P/L管理・・・・・・・・・・・・・・ 43

Column　P/Lでよく出てくる段階利益について ・・・・・・・・・・・・・・・ 48

3. 社内取引と仕切り価格 ・・・・・・・・・・・・・・・・・・・・・・・・・・・ 50

◆CASE　かつてのABC社での社内仕切り制度 ・・・・・・・・・・・・・・・・ 50
　　―社内取引における仕切り価格の設定方法―

3・1　仕切り価格とは ・・・・・・・・・・・・・・・・・・・・・・・・・・・ 51

3・2　仕切り価格の典型的な設定例 ・・・・・・・・・・・・・・・・・・・・ 52

3・3　仕切り価格の弱点 ・・・・・・・・・・・・・・・・・・・・・・・・・・ 53

3・4　仕切り価格のもう1つの設定方法 ・・・・・・・・・・・・・・・・・・ 55

3・5　未実現利益の処理方法 ・・・・・・・・・・・・・・・・・・・・・・・・ 56

4. 多品種変量生産での標準原価設定 ・・・・・・・・・・・・・・・・・・・・・ 59

◆CASE　デザート事業部における製品原価分析 ・・・・・・・・・・・・・・ 59
　　―製造ロットサイズ別の標準原価設定―

4・1　製品別原価計算 ・・・・・・・・・・・・・・・・・・・・・・・・・・・ 61

4・2　製品別原価管理の目的 ・・・・・・・・・・・・・・・・・・・・・・・・ 61

4・3　標準原価とは ・・・・・・・・・・・・・・・・・・・・・・・・・・・・ 61

4・4　元来の標準原価の役割 ・・・・・・・・・・・・・・・・・・・・・・・・ 62

4・5　標準原価の役割はどう変わったか ・・・・・・・・・・・・・・・・・・ 62

4・6　原価標準を設定しよう ・・・・・・・・・・・・・・・・・・・・・・・・ 64

4・7　ロットサイズ差異の算出 ・・・・・・・・・・・・・・・・・・・・・・ 68

4・8　原価標準の改定 ・・・・・・・・・・・・・・・・・・・・・・・・・・・ 70

5. 多品種変量生産での原価差異分析 ・・・・・・・・・・・・・・・・・・・・・ 71

◆CASE　デザート事業部における原価差異分析 ・・・・・・・・・・・・・・ 71
　　―原価差異はどこまで細かく区分すればよいのか？―

5・1　原価差異の分類 ・・・・・・・・・・・・・・・・・・・・・・・・・・・ 72

5・2　原価差異分析と改善施策 ・・・・・・・・・・・・・・・・・・・・・・ 74

5・3　原価差異分析まとめ ・・・・・・・・・・・・・・・・・・・・・・・・ 85

5・4　原価差異を財務会計P/L・管理会計P/Lでどう取り扱うか・・・86

6. 多品種変量生産での原価低減・・・・・・・・・・・・・・・・・87
◆CASE　デザート事業部における原価低減活動・・・・・・・・・87
　　　　―標準原価を下げることこそ真のコストダウン―
　　6・1　原価標準自体の低減・・・・・・・・・・・・・・・・・・・・88

7. 製造・調達リードタイムが長い製品の採算管理・・・・・・・93
◆CASE　三年物の味噌の採算管理・・・・・・・・・・・・・・・93
　　　　―製造リードタイム3年の製品をいかに管理するか―
　　7・1　製造・調達リードタイムが長い製品の管理会計上の課題・・・94
　　7・2　実力値P/Lによる最新情報管理・・・・・・・・・・・・・96
　　7・3　実力値P/Lの考え方を活用したシミュレーションの実施・・・98
　　7・4　リードタイムそれ自体を短くできるか・・・・・・・・・・100

8. 需給変動が大きい場合の採算管理・・・・・・・・・・・・・103
◆CASE　クリスマスケーキのつくりだめ・・・・・・・・・・・103
　　　　―季節商品の生産平準化と採算管理―
　　8・1　季節的変動が激しい製品の管理上の課題・・・・・・・・・104
　　8・2　季節的変動が激しい製品を扱う場合の管理会計手法・・・105

9. 製品別採算管理によるPB製品の受注可否判断・・・・・・・・110
◆CASE　PB製品の受注可否判断・・・・・・・・・・・・・・・110
　　　　―PB製品をいくらなら受注すべきか？―
　　9・1　会計学的な考え方・・・・・・・・・・・・・・・・・・・112
　　9・2　安値で受注すると実際にはどうなるか・・・・・・・・・114
　　9・3　それならばいくらなら受注すべきか・・・・・・・・・・116

10. サービス別採算管理・・・・・・・・・・・・・・・・・・・120
◆CASE　スポーツクラブのサービスメニュー別採算管理・・・・・・120
　　10・1　サービス事業の収益構造・・・・・・・・・・・・・・・121
　　10・2　継続率・退会率管理が重要・・・・・・・・・・・・・・123
　　10・3　退会率改善施策・・・・・・・・・・・・・・・・・・・124
　　10・4　その他の重要指標・・・・・・・・・・・・・・・・・・126
　　10・5　プログラム別損益管理・・・・・・・・・・・・・・・・126

目　次

第2章　連結製品別採算管理

1. 連結原価計算と連結製品別採算管理 ･････････････････････ 130
◆CASE　ニュージーランド工場と日本工場でのチーズ生産 ････ 130
　―グループ会社間取引を連結して製品別採算管理を行うには？―
　　1・1　個社単体で行うCVP分析 ･･････････････････････ 132
　　1・2　連結ベースのコスト構造を見た方がよい ･･･････････ 135
　　1・3　実務上の負担を考慮した現実的な連結原価管理 ･･･････ 139

第3章　EVA®、ROICによる事業業績管理

1.「事業」の定義 ････････････････････････････････････ 144
◆CASE　ABC社の事業ドメイン ･･･････････････････････ 144
　―事業区分の定義・事業とは何か？―
　　1・1　事業とは ････････････････････････････････ 146
　　1・2　事業軸の階層区分 ･･････････････････････････ 146
　　1・3　ABC社の事業区分例 ･･･････････････････････ 148
　　1・4　機能子会社の事業区分 ･･････････････････････ 151
2. 資本コストを意識した事業業績管理 ･･･････････････････ 153
◆CASE　ABC社の事業ポートフォリオ管理 ･･･････････････ 153
　―コーポレートによる事業業績管理はどのように行うか？―
　　2・1　ROICとは ････････････････････････････････ 154
　　2・2　EVA®とは ････････････････････････････････ 156
　　2・3　ROICとEVA®の関係 ･･･････････････････････ 157
　　2・4　資本コストとは ････････････････････････････ 158
　　2・5　EVA®やROICで行う事業業績管理 ･･･････････････ 161
　　2・6　事業別投下資本算出のための事業別B/S作成方法 ･･････ 166
　　Column　標準B/Sという考え方 ･･･････････････････ 174
3. 投下資本の時価と簿価―事業別に資本コスト率を設定するか―･･･ 175

9

◆CASE　事業別の投下資本コスト率を設定するか・・・・・・・・・・・・ 175
　　―事業別のハードルレートはどのように設定すべきか?―
　3・1　事業業績管理に使う資本コスト率はWACCでよいか・・・・ 176
　3・2　事業によって資本コスト率は異なるべきではないか・・・・・ 179
　3・3　事業別EVA®やROICによる現実的な業績管理方法・・・・・・ 180

第4章　投資管理 前編 ～投資計画～

1.　投資管理の全体像・・・・・・・・・・・・・・・・・・・・・・・・・・・・・・・・・・・ 184
　◆CASE　ABC社における投資管理制度改革・・・・・・・・・・・・・ 184
　1・1　投資管理のステップ・・・・・・・・・・・・・・・・・・・・・・・・・・・ 186
　1・2　投資管理で各社が抱える問題点・・・・・・・・・・・・・・・・・ 188
2.　投資計画作成～CGU～・・・・・・・・・・・・・・・・・・・・・・・・・・ 190
　◆CASE　ABC社における群馬工場の新設計画・・・・・・・・・・・ 190
　2・1　投資判断の検討粒度・・・・・・・・・・・・・・・・・・・・・・・・・・ 192
　2・2　CGU単位のCF計画を作成する・・・・・・・・・・・・・・・ 195
3.　投資計画作成～キャッシュフロー計画～・・・・・・・・・・・・ 199
　◆CASE　ABC社における海外進出の検討（前編）・・・・・・・・・ 199
　3・1　投資判断のベースとなるキャッシュフロー計画作成・・・ 201
　3・2　CF計画作成にあたっての注意点・・・・・・・・・・・・・・・・・ 207
　Column　タックスシールドという考え方・・・・・・・・・・・・・・・ 208
　3・3　いくつかのシナリオを想定して作成する・・・・・・・・・・・・ 215
4.　投資計画作成～投資判断～・・・・・・・・・・・・・・・・・・・・・・・ 222
　◆CASE　ABC社における海外進出の検討（後編）・・・・・・・・・ 222
　　―投資判断の物差しには何を使うか?―
　4・1　回収期間法・・・・・・・・・・・・・・・・・・・・・・・・・・・・・・・・・ 224
　Column　割引回収期間法・・・・・・・・・・・・・・・・・・・・・・・・・・・ 227
　4・2　NPV法（正味現在価値法）・・・・・・・・・・・・・・・・・・・・ 228
　4・3　IRR法（内部収益率法）・・・・・・・・・・・・・・・・・・・・・・・ 230

Column リアルオプション法 ・・・・・・・・・・・・・・・・・・・・・・・・・・・・ 232

4・4 ハードルレート ・・・・・・・・・・・・・・・・・・・・・・・・・・・・・・・・ 233

4・5 どの手法で投資判断するのがよいか ・・・・・・・・・・・・・・・・・ 234

Column NPV法がIRR法よりも理論的に優れている

もう1つの理由 ・・・・・・・・・・・・・・・・・・・・・・・・・・ 239

第5章　投資管理 後編〜モニタリングと実行後フォロー〜

1. 投資実行のモニタリング ・・・・・・・・・・・・・・・・・・・・・・・・・・・・・ 242

◆CASE インド工場建設の進捗管理・・・・・・・・・・・・・・・・・・・・・・ 242
　―投資計画の実行段階でのフォロー―

1・1 投資の進捗管理の目的とステップ ・・・・・・・・・・・・・・・・・・ 244

1・2 投資計画修正の留意点 ・・・・・・・・・・・・・・・・・・・・・・・・・・ 245

1・3 投資計画の修正の判断・・・・・・・・・・・・・・・・・・・・・・・・・・・・ 246

2. 投資計画作成〜2期にわたる投資〜 ・・・・・・・・・・・・・・・・・・・ 254

◆CASE 帯広での食肉加工工場の新設・・・・・・・・・・・・・・・・・・・ 254
　―追加工事に関する投資計画―

2・1 1期と2期を合わせて投資判断を行う ・・・・・・・・・・・・・・ 255

2・2 1期工事後、2期工事前に状況が変わった場合・・・・・・・・・ 256

Column 「待つ」という選択肢 ・・・・・・・・・・・・・・・・・・・・・・・・・ 259

3. 実行後フォロー・・・・・・・・・・・・・・・・・・・・・・・・・・・・・・・・・・・・・ 261

◆CASE ドレッシング工場稼働後の振り返り・・・・・・・・・・・・・・ 261

3・1 投資実行後フォロー・・・・・・・・・・・・・・・・・・・・・・・・・・・・・・ 263

第6章　管理会計制度設計プロジェクト

1. 管理会計制度再構築のための検討ポイント ・・・・・・・・・・・・・・ 278

◆CASE 連結グループ管理会計制度再構築プロジェクト・・・・・・ 278
　―コーポレートのための経営判断情報の集約―

1・1　経営情報再構築の目的の整理 ･････････････････････････ 279

1・2　経営管理に必要な情報の定義 ･････････････････････････ 280

Column　そもそも予算は必要か？ ･･･････････････････････ 284

1・3　グループの管理会計処理ルールを統一 ･････････････････ 285

Column　財管一致は必要か？ ････････････････････････････ 286

終章　P/L・B/S・C/Fとは何を表現しているのか

1. 利益とは何を示しているのか ･･････････････････････････ 290

2. 売上高とは何を示しているのか ･･･････････････････････ 291

3. 営業キャッシュフローとは何を示しているか ･････････････ 292

4. フリーキャッシュフローとは何を示しているのか ･･･････ 293

Column　キャッシュフロー重視の方がいいのか？ ･･･････ 294

5. B/S（貸借対照表）は何を表しているか ･･･････････････ 295

おわりに ･･･ 297

※EVA（Economic Value Added：経済的付加価値）はスターン・スチュワート社の登録商標です。

序章 管理会計とは何か

経営者、管理職（マネジャー）、そしてさまざまな職場の現場管理者など、企業で働くほとんどすべての人が管理会計の対象者です。それぞれの職位や役割に応じて利用する情報とその活用方法は異なりますが、職務遂行上で判断が必要な場面では、管理会計に基づく情報が不可欠です。

　本書では、管理会計を「企業内におけるさまざまな判断や意思決定のための情報の中で、とくに金額で表現される情報の作成と、その活用」と定義して話を進めます。

　財務会計の目的が、投資家や取引先など企業外部の利害関係者への情報提供であるなら、管理会計の目的は、経営者やマネジャーが各種判断や意思決定をするのための情報提供にあります。

　まずは、「管理会計とは何か」をつかんでもらうために、ある経営者の1日から、管理会計によって提供される情報がどのように経営者の意思決定に活用されているのかを見てみましょう。

序章 // 管理会計とは何か

1. ケース：大手総合食品メーカー CEOの1日

1・1 朝のオフィスにて

　大手総合食品メーカー ABC社のCEO（最高経営責任者）である大谷進之介の毎朝の日課は、タブレット端末の「経営ダッシュボード」をチェックすることから始まる。

　まずは「相場情報」のタブをクリックすると、いくつかの表とグラフが表示された。

　① リアルタイムの為替相場

　② 株式相場情報

　③ 商品相場（大豆・トウモロコシ・重油…）

　為替や商品相場の変動は業績の先行指標となる。大谷はタブレットを操作して、重油相場のグラフに付箋を貼り付けると、隣のタブの情報に切り換えた。「出荷速報（日次）」である。

　月初（7月1日）から昨日（7月8日）までの主力製品と新製品の出荷数量と出荷額の推移が表示される。通常、月初はどうしても出荷額が低調となり、月末に向けて徐々に出荷額が伸びていく。またちょうどこの時期は、お中元のギフト商品の出荷時期でもあったため、ギフト商品の出荷額も表示されていた。ここでは、主力製品の中の1つに付箋を貼り付けた。

図表序・1　経営ダッシュボード（相場一覧）

16

序章 // 管理会計とは何か

この日の経営ダッシュボードでは、新着リストの欄に「グローバル月次決算（速報）」の文字が点滅している。大谷はクリックした。

まず表示されたのは、連結事業別P/Lの一覧である。ABC社はグローバルに展開しているメーカーであり、創業は醤油や味噌といった調味料の製造・販売からスタートし、現在この製品分野では国内有数のシェアを誇っている。その後は、獲得した販路や製造技術を活用して、加工食品分野へ事業領域を拡大した。現在では食品のみならず、飲料、バイオ薬品などさまざまな製品分野へと事業分野を拡大しながら、グローバル展開も進めてきた。

大谷は事業別に並んだP/Lを眺めた。

① 国内食品事業

② 飲料事業

③ 加工調味料事業

④ 薬品バイオ事業

⑤ アジア食品事業

⑥ 物流事業

⑦ その他事業

ABC社には7つの事業区分がある。横並びに表示された事業別P/Lは予算と実績が比較されており、予算・実績ともそれぞれ単月と累計の数値が表示されている。さらに、売上高、営業利益、経常利益の3科目については、実績が予算を上回っていればグリーン（○）、予算をやや下回っている場合はイエロー（△）、大幅に下回っている場合はレッド（×）の表示となる。

所どころイエローとなっているものの、おおむねグリーンの表示となっている。唯一のレッド表示は飲料事業であった。売上高、営業利益、経常利益のいずれもレッド表示となっている。大谷は、午前の役員会で確認し忘れることがないように、飲料事業部のP/Lの上に付箋を貼っておいた。

17

図表序・2　連結事業別P/L

年度	期間	単月累計
2019年度	6月	累計

（単位：百万円）

	国内食品事業			加工調味料事業			飲料事業			・・・		
	予算	実績	差	予算	実績	差	予算	実績	差	予算	実績	差
売上高	・・・	・・・	＋	・・・	・・・	＋・・・	・・・	・・・	△・・・	・・・	・・・	＋・・・
売上原価	・・・	・・・	＋	・・・	・・・	＋・・・	・・・	・・・	△・・・	・・・	・・・	＋・・・
売上総利益	・・・	・・・	＋	・・・	・・・	＋・・・	・・・	・・・	＋・・・	・・・	・・・	＋・・・
販管費	・・・	・・・	＋	・・・	・・・	＋	・・・	・・・	＋	・・・	・・・	＋
営業利益	・・・	・・・	＋	・・・	・・・	＋・・・	・・・	・・・	＋・・・	・・・	・・・	＋・・・
営業外収支	・・・	・・・	＋	・・・	・・・	＋	・・・	・・・	＋	・・・	・・・	＋
経常利益	・・・	・・・	＋	・・・	・・・	＋・・・	・・・	・・・	＋・・・	・・・	・・・	＋・・・
特別損益	・・・	・・・		・・・	・・・	△	・・・	・・・	△	・・・	・・・	△
税引前利益	・・・	・・・	＋	・・・	・・・	＋・・・	・・・	・・・	・・・	・・・	・・・	＋・・・
税金	・・・	・・・	＋	・・・	・・・	＋・・・	・・・	・・・	・・・	・・・	・・・	＋・・・
税引後利益	・・・	・・・	＋	・・・	・・・	＋・・・	・・・	・・・	＋・・・	・・・	・・・	＋・・・

	国内食品事業			加工調味料事業			飲料事業			・・・		
売上増加率			●＋1.0%			●＋1.2%			▲△1.0%			●＋0.6%
売上原価率	73.9%	73.0%	●△0.9%	75.5%	75.0%	●△0.5%	69.0%	69.7%	▲＋0.7%	・・・	・・・	▲＋0.6%
販管費率	18.1%	18.8%	▲＋0.7%	16.8%	17.0%	▲＋0.2%	23.5%	23.8%	▲＋0.3%	・・・	・・・	●△0.3%
営業利益率	8.0%	8.2%	●＋0.2%	7.7%	8.0%	●＋0.3%	7.5%	6.5%	▲△1.0%	・・・	・・・	●＋0.3%
経常利益率	8.2%	8.6%	●＋0.4%	7.7%	7.9%	●＋0.2%	7.5%	5.0%	×△2.5%	・・・	・・・	▲△0.0%

年度	期間	単月累計
2019年度	6月	単月

（単位：百万円）

	国内食品事業			加工調味料事業			飲料事業			・・・		
	予算	実績	差	予算	実績	差	予算	実績	差	予算	実績	差
売上高	・・・	・・・	△・・・	・・・	・・・	＋・・・	・・・	・・・	＋・・・	・・・	・・・	＋・・・
売上原価	・・・	・・・	△・・・	・・・	・・・	＋・・・	・・・	・・・	＋・・・	・・・	・・・	＋・・・
売上総利益	・・・	・・・	＋	・・・	・・・	＋・・・	・・・	・・・	＋・・・	・・・	・・・	＋・・・
販管費	・・・	・・・	＋	・・・	・・・	＋	・・・	・・・	＋	・・・	・・・	＋
営業利益	・・・	・・・	△・・・	・・・	・・・	＋・・・	・・・	・・・	＋・・・	・・・	・・・	＋・・・
営業外収支	・・・	・・・	△・・・	・・・	・・・	＋	・・・	・・・	△・・・	・・・	・・・	＋
経常利益	・・・	・・・	△・・・	・・・	・・・	＋・・・	・・・	・・・	＋・・・	・・・	・・・	＋・・・
特別損益	・・・	・・・	＋	・・・	・・・	＋	・・・	・・・	＋	・・・	・・・	△・・・
税引前利益	・・・	・・・	△・・・	・・・	・・・	＋・・・	・・・	・・・	＋・・・	・・・	・・・	＋・・・
税金	・・・	・・・	△・・・	・・・	・・・	＋・・・	・・・	・・・	＋・・・	・・・	・・・	＋
税引後利益	・・・	・・・	△・・・	・・・	・・・	＋・・・	・・・	・・・	＋・・・	・・・	・・・	＋・・・

	国内食品事業			加工調味料事業			飲料事業			・・・		
売上増加率			●＋1.0%			●＋1.3%			△2.3%	×△2.3%			・・・
売上原価率	73.0%	72.1%	●△0.9%	75.0%	74.5%	●△0.5%	69.0%	70.5%	×＋1.5%	・・・	・・・	・・・
販管費率	18.9%	19.6%	▲＋0.7%	17.3%	17.5%	▲＋0.2%	23.4%	24.3%	▲＋0.9%	・・・	・・・	
営業利益率	8.1%	8.3%	●＋0.2%	7.7%	8.0%	●＋0.3%	7.6%	5.2%	×△2.4%	・・・	・・・	
経常利益率	8.2%	8.6%	●＋0.4%	7.7%	7.9%	●＋0.2%	7.5%	5.1%	×△2.4%	・・・・		

飲料の業績が悪化している

大谷は、次に個別事業の詳細情報を確認するため、加工調味料事業のタブをクリックした。いくつかのボタンの中から「連結収益構造分析」をクリックすると、加工調味料事業の事業全体のP/Lの推移が表示された。

加工調味料事業は、食品メーカーや一般消費者向けにさまざまな調味料を販売する事業である。そのサプライチェーンはタイやインドネシアなどアジア地域で製造された原料（中間製品）を日本国内もしくは中国へ輸送し、最終製品を製造のうえ顧客へ販売している。主要販売先は日本と中国であるが、グローバルにも取引先があり、日本および中国から輸出されている。

図表序・3　加工調味料事業のグローバルサプライチェーン構造

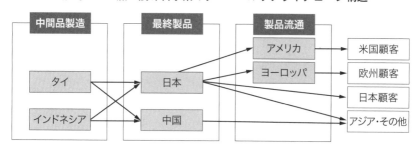

加工調味料事業は、ABC社の中でもっとも早くからグローバル展開を進めてきた事業であった。海外進出当初は、中国へ原料の製造工程を移管したところから始まったが、現在では中国にあった原料製造工程がタイやインドネシアに移管され、中国工場では製品の最終加工と梱包を行っている。

この事業は、ABC社にとっては主力事業でありながら、国（会社）を跨るサプライチェーンゆえに収益構造の把握が難しかった。海外の子会社から輸入された製品は、当然のことながら日本本社にとっては仕入商品であり、かつての経営情報システムでは、移転価格ベースで連結事業別P/Lを作成していたため、連結事業別P/Lにおいて売上原価の内訳明細までは把握できなかった。しかし、最近更新された新しい経営情報システムでは、連結ベースの事業別収益構造が従来よりも詳細に把握できており、大幅な

図表序・4　加工調味料事業の連結事業別P/L推移（フォーマット）

	17 実績	18 実績	2019年度				年度 累計	年度 予算	進捗
			4月	5月	6月	7月			
売上高									
売上原価									
変動原価									
固定原価									
変動費比率									
売上総利益									
率									
販管費									
物流費									
販促費									
研究開発費									
管理費									
営業利益									
率									
KPI									
FCF									
EBITDA									
ROA									
設備投資									

改善がなされたところだ。

　事業業績の推移を見てみると、売上高は伸びているものの、とくに変動費比率が上がっており、結果として利益は横ばいとなっていた。

　売上高は伸びているものの、変動費比率の動きからは、販売単価が下落傾向にあるのか、もしくは、低価格品の構成比が増えていることが原因と考えられた。さらに情報のドリルダウンをしようかとも思ったが、この後の役員会で担当部門からの報告を聞いて把握しようと考え、経営ダッシュボードのアプリを閉じた。

1・2　役員会

　ABC社では月2回定例の役員会が行われる。月の前半であるこの日の役員会では、前月の事業別業績報告および対策の検討に加えて、投資稟議規程で「役員会稟議を要する」と規定された投資案件に関する審議が行われることとなっていた。

　慣例にしたがって、国内食品事業から始まった事業別業績報告は、それ

ぞれの事業担当役員および経営企画部の事業担当スタッフより行われる。6事業からの報告がそれぞれ終わり、最後に経営企画部の企画担当者より、その他の事業および全社収益の報告が終わり、休憩をはさんで投資稟議の審議に入った。

この日は、5つの投資稟議案件が審議されることとなっていた。

ABC社では、投資管理について以下のステータスで管理することとなっている。

①　投資起案審査

原則として社内で検討され、外部業者から正式見積を取得する前に行われる投資内容の審議。この審議を経て外部業者向けに正式提案の依頼を行う。

②　投資実行稟議

投資額について外部業者より提案見積を取得し、費用対効果やリスクを整理のうえ、投資実行の是非の判断をする審議。この審議を経て、外部業者へ正式発注を行う。

③　モニタリング

実行状況のモニタリングおよび計画変更の要否の審議

④　実行後フォロー

当初計画に対する実績のフォローおよび追加投資の要否の審議

以前のABC社の投資管理は投資実行時の審議だけが行われ、投資後のフォローはほとんどなされていなかった。

大谷がCEOとなったとき、最初に見直したのが投資管理プロセスである。投資に関する権限移譲を行う一方で、投資稟議における検討事項や判断指標や基準の見直しを実施した。

大谷は、経営層や事業部門トップのもっとも重要な役割は、投資実行の是非を意思決定することだと考えている。自ら投資判断の意思決定を下すことによって、オーナーシップ（当事者意識）が醸成されると思うからだ。その結果として、業績目標達成の責任感にもつながるという思いがある。

投資実行の最終判断は意思決定者の感性もしくは意思によるところはあ

る。そのため、マネジメント層の中でも経験不足の者では判断を誤ることもある。大谷は、権限移譲のためにはマネジメント層の判断力の底上げが必要だと考え、投資の判断材料や基準をある程度揃えることとした。

4つの案件の稟議が終わり、最後に審議されたのはB町工場の増設案件である。薬品バイオ事業本部から起案されたこの案件は、これまでA町工場にあった一部の工程をB町工場に移管することを検討するものである。

薬品バイオ事業部では、他事業部や顧客メーカーにおいて薬品や機能性食品などの添加物となる製品Zを製造・販売している。かつてはA町工場のX工程で中間材を精製し、Y1、Y2工程で完成品を生産していた。

今から約5年前A町工場のY2工程のキャパシティがオーバーしたため、B町に新たに工場用地を取得し、Y2工程を担う工場を新設した。

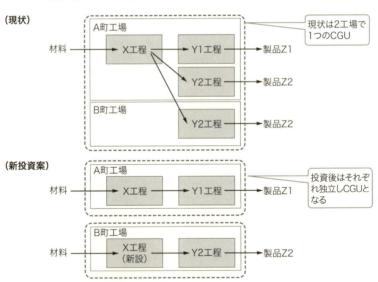

図表序・5　A町工場とB町工場の生産工程図（新・旧）

今回生産戦略本部から起案されたのは、A町工場のY2工程は廃止するとともに、B町工場敷地内に新たに工場建屋を増設し、B町工場においてX工程からY2工程へ一貫生産できる生産プロセスを新設するという内容である。

はじめに、今回の投資の内容と投資金額の説明がなされた。B町工場の

序章 // 管理会計とは何か

建物、機械などの投資額やA町工場からB町工場への資産の移設費用が報告された。

次に報告されたのは、投資前後におけるCGU（Cash Generating Unit：資金生成単位）の変化とキャッシュフローの変化である。ABC社の投資稟議でもっとも重視されるのは、投資実行によるキャッシュフローの変化である。当社ではキャッシュフローの変化を検討するために、CGU（資金生成単位）を設定して、キャッシュフローの変化を算定している。

現状は、A町工場とB町工場の全体を1つのCGUとして設定していた（図表序・5参照）。CGUは各工場の工程や機能を踏まえて設定される。A町工場はX、Y両方の工程を備えているため、A町工場だけで原料から完成品の製造までを行うことができる。しかし、B町工場ではA町工場で生産した中間品を加工するだけで、原料から完成品を製造することはできない。こうした場合、B町工場は単独ではCGUとはみなされず、あくまでA町工場と一体で製品を生産し、その販売によってキャッシュを稼いでいると考える。

今回の投資実行によって、CGUの再設定とキャッシュフローの変化予想が報告された（図表序・6参照）。A町工場、B町工場それぞれ単独のCGUとして予想キャッシュフローを試算のうえ、それらを合算したものと現状のキャッシュフローの比較が示された。

ベース、ベスト、ワーストの3つのシナリオで、キャッシュフローの変化が示された。ベースケース、ベストケースであれば、投資に見合うキャッシュフローの増大が見込まれる一方、ワーストケースにおいては20年分の

図表序・6 投資案件の比較検討表

	ベースシナリオ		ベストシナリオ		ワーストシナリオ	
	現状	投資後	現状	投資後	現状	投資後
20年FCF（フリーキャッシュフロー）	1,000	1,440	1,200	1,828	800	1,038
10年FCF（フリーキャッシュフロー）	500	440	600	628	400	238
NPV（割引現在価値）	604	654	724	885	483	410
IRR（内部収益率）	—	9%	—	12%	—	7%
回収期間	—	11.2年	—	9.5年	—	14.0年

ワーストシナリオではIRRが8%を下回ってしまう

23

キャッシュフローは若干増加するものの、NPV（Net Present Value：正味現在価値）が現状を下回り、かつIRR（Internal Rate of return：内部収益率）が8％を下回ることになり、基準に見合うとはいえない額であった。

今回の投資は、さまざまな課題を複合的に解決しようとするものであった。

① 製品Z2のさらなる増産対応
② A町工場からB町工場への中間品輸送のための輸送コスト削減
③ B町工場の一貫生産ライン構築によるY2生産ラインの歩留まり改善
④ A町工場機能のB町工場への分散によるBCP（Business Continuity Plan：事業継続計画）対策

上記の目的のうち、とくに議論がなされたのは、④のBCP対応である。A町工場はA町の海岸線沿岸にあり、10年ほど前に大型台風がこの地域を直撃した際には、高潮により一部が浸水被害に見舞われたことがある。その後防潮対策は実施したものの、いつまた同じような被害に見舞われるとも限らなかった。キャッシュフローの算定において盛り込まれた効果は①～③までの効果であるが、生産戦略本部としては、事業継続リスクへの対応の効果として、A町工場が1ヵ月操業停止となった場合の損害額も試算した。損害額は定性効果として稟議書に記載して提出した。

この日の役員会において、B町工場増設の投資案件は保留とされ、次回の役員会であらためて審議されることとなった。追加検討指示は、以下のとおりである。

● Y2工程の最終仕上設備の投資額の見積りを再取得すること
● A町工場Y2工程廃止による原価影響を再算定すること

以上、管理会計とは何かをつかんでもらうために、ABC社のケースを紹介しました。内容の詳細は本編でご説明しますが、ケースの内容を振り返りながら、「管理会計とは何か」について考えてみましょう。

序章 // 管理会計とは何か

2. 経営ダッシュボード

　管理会計の目的の1つは、経営ダッシュボードの提供です。ABC社の CEO・大谷はタブレットでさまざまな情報を確認していました。相場情報や各種の業績速報の情報です。ABC社では、グローバルに展開した各拠点からさまざまな情報が日々収集されています。今日では、これらの情報の中から経営者にとって有益な情報を一覧にまとめ、一元的、リアルタイムに提供できるようになってきています。

　大谷の確認していた情報を振り返ってみましょう。

2・1 先行指標管理（各種相場情報の管理）

　ケースにおいて、CEOの大谷は為替相場と株価、商品相場を確認していました。これらの情報を確認することで、自社の置かれている経営環境の変化を日々実感することができます。まず為替相場ですが、グローバルに展開する企業にとって、為替相場の変動は業績に直結します。為替相場には、政治経済における世界情勢のさまざまな変化や地政学リスクがリアルタイムに織り込まれていきます。日々の為替相場の変化や中長期的なトレンドを眺める中で、自社が「どこでつくってどこで売るべきか」といった中長期的なサプライチェーン構造の改革に思いが巡ることもあるでしょう。

　上場企業の経営者にとって株価は、経営に対する評価指標そのものでもあり、とても気になる指標です。決算発表などのIR(インベスター・リレーションズ) 活動を通じて、さまざまな情報を投資家に提供することにより、株式の売買がなされ、株価が変動します。また、自社から何の情報発信がなかったとしても、世界情勢の変化や業界の置かれた環境変化によって株価は上下します。株価には、自社の置かれた外部環境、内部環境の変化がリアルタイムに織り込まれていっているといっても過言ではありません。それらを把握するために、経営者は自社および競合他社の株価の変動を日々注視するのです。

25

ABC社の大谷は、商品相場を確認していました。ABC社にはさまざまな事業がありますが、事業業績と直結する情報として、重油や大豆などの相場があります。ABC社では、さまざまな製品の製造過程で加熱調理の工程があり、ここで使われる燃料として重油が多く使用されています。重油相場の変動は製造コストへの影響も大きく、結果として業績にも直結するものなのです。

　相場変動情報では、大豆、トウモロコシといった商品相場もチェックします。これらの商品は、ABC社製品の材料として使用されることもあり、重油と同様に商品相場そのものの製品原価への影響を把握することが目的の1つです。

　ただ、ここで大谷がトウモロコシの相場に着目するのには別の理由があります。ABC社には薬品バイオ事業がありますが、この主力製品の1つには、競合他社の製造する代替品があり、その原料はトウモロコシに由来するのです。トウモロコシ相場の変動は、これらの商品の価格変動を通じてABC社の製品の需要にも影響を与えます。「風が吹けば桶屋が儲かる」といいますが、企業にとって、何かの指標の変化が回り回って業績の変動に関わるようものを「先行指標」といい、日々経営者にもレポートされるものとなっています。

2・2　連結事業業績管理

　次に大谷が確認したのは月次決算速報です。上場企業では、公表用の財務決算は四半期ごとに実施されますが、多くの企業では月次サイクルで収益と費用の集計を行い、管理会計としての決算（月次決算という）を実施します。月次決算は上場企業のみならず、非上場でもほとんどの企業で実施され、決算情報に基づいて、事業や機能の問題把握とそれらに対する対策立案が行われます。

　この日の朝、大谷が確認したのは「グローバル月次決算（速報）」と題するレポートでした。月次決算を、「速報」とあらためて後日にレポートされる「確定」の2回に分けて実施する企業は多くあります。これは、概

算でもよいから少しでも早く結果を把握し、できる限り早期に手を打つことで、業績悪化を食い止めたり、さらなる業績拡大を狙うことができるからです。

大谷は事業別のP/Lを確認していました。ABC社では、グループ全体を7つに区分した事業を最上位のマネジメント単位として設定しています。毎年事業ごとに予算が作成され、予算に基づく実績の管理が行われます。ABC社には数多くの子会社がグローバルに展開していますが、それぞれの子会社の業績は7つの事業ごとに区分され、毎月グループのHQ（ヘッドクォーター）へ報告されます。グループHQでは、報告された情報を事業別に連結し、月次決算レポートとして報告します。

グループ全体を統括するCEOとして、まずは最上位の管理階層である事業ごとの業績についての問題の有無を確認し、問題となる事業を把握したうえで、個々の事業の業績をより詳細に分析することとなります。

2・3　各種情報による要因分析

事業別の業績における問題の要因分析のために、管理会計ではさまざまな切り口の分析情報を提供しています。この日大谷が確認したのは、サプライチェーン別収益情報でした。グローバルに展開し、サプライチェーンもグローバル化しているABC社では、どの地域で生産され、どの地域で販売されているかというサプライチェーン別の収益が把握できるようになっています。これらを分析することで、生産・販売拠点に問題がないかを概観することができます。

この他にも、管理会計では製品別採算や顧客別採算、販売拠点別採算などの情報が提供され、分析に活用されます。これらの製品や顧客といった切り口を「管理軸」と呼び、どのような管理軸を設定し、それぞれの軸においてどのような管理を行うかは、管理会計の制度設計において重要な論点の1つです。

3. 将来の予測情報に基づく投資意思決定

　ケーススタディでは、役員会の中で投資案件に対する審議が行われていました。ここまでで解説した相場情報や月次の決算情報は、基本的には現在もしくは過去の情報であったのに対し、この投資の意思決定で活用される情報の多くは将来の情報です。現在や過去の情報に基づいて仮説を立てながら将来予測をして、予測結果に基づいて意思決定を行います。

　ケースでは、設備投資に関する意思決定を例に上げましたが、投資管理以外でも将来の予測情報は作成されます。

　前述のような事業業績管理についても、予算や実績による管理だけでなく、現時点において、当期末までの成行きの業績予測や中期経営計画の最終年度までの業績予測を立案し、それらの結果を踏まえて現時点での打ち手を検討することもあります。

　昨今では、多くの業界で経営環境変化のスピードがとても速くなっており、数ヵ月以上も前につくった月次予算と月次実績を比較するよりは、実績に基づいて着地見込を立案し、着地見込と目標との乖離に着目したマネジメントを行う企業も増えてきています。

　このように、将来の予測情報というものも、管理会計の提供する重要な情報の1つであるということができます。

序章 // 管理会計とは何か

4. 管理会計とは何か？

あらためて、管理会計とは何かについて整理してみましょう。

4・1 管理会計の居場所はどこか？

ここまでのケースでは、さまざまな情報が提供されていました。ABC社のCEO・大谷氏がタブレット端末で確認していた情報や役員会の中で報告されたさまざまなレポートの大半は、管理会計によって作成された情報によるものです。作成方法の詳細については本編の中で解説しますが、ここでは『管理会計とは何か』について、その目的や制度会計との違いから見てみます。

図表序・7　制度会計（財務会計）と管理会計の違い

	制度会計（財務会計）	管理会計
対象	外部ステークホルダのため ・投資家 ・債権者 ・国（税務当局）	自社のため ・経営者 ・事業部門管理者 ・現場管理者
ルール	・公開された統一ルールに基づく計上と処理	・企業は自由（勝手）に設定可能 （自社グループ内では統一されていることが望ましい）

主に企業の中で使われる会計制度は、大きく制度会計（財務会計）と管理会計に分けることができます。制度会計は、ざっくりいえば外部のステークホルダーに対する情報開示や報告のための会計だといえます。上場企業であれば、四半期ごとに決算を行い、情報の開示（ディスクロージャー）を行います。また、法人税の納税のために税務申告書を作成し、税務当局に対して税務申告をします。このような制度会計ではルールが公開されており、各社が同じルールに基づいて会計処理を行うこととなります。

制度会計のルールは、基本的には各国の当局により制定されることになりますが、国際財務報告基準（IFRS）のようにグローバルで統一の動きがある一方で、税法のように各国間で争って改正されるものもあります。いずれにせよ制度会計では、企業は決められたルールに基づいて記帳と決

算を行うことが求められています。

このように、制度会計が外部のステークホルダのために作成されるものであるのに対して、管理会計は自社のための会計だということができます。管理会計によって算定される情報は、前述のケースでわかるように、経営者が何らかの戦略判断をするための情報だけでなく、事業部門の責任者の判断情報や、営業現場や生産現場で活用される情報も含まれます。

また、管理会計は制度会計と異なり、企業が自由に算定ルールを定めることができます。売上高の計上基準や、在庫金額の評価方法、償却費の計算方法など、自社内の管理のために自由に決定することができます。ただし、社内だけで活用する情報とはいえ、社内もしくは子会社も含むグループ内では同じルールに基づいて作成されることが望ましいといえます。

近年では、制度会計においても、各企業が管理会計において管理しているセグメントでの実績の開示が求められるようになってきています。これをマネジメントアプローチといいます。

4・2　管理会計の目的①：責任を区分する

管理会計の目的の1つめは「責任の明確化」です。

企業活動では、年間予算を策定し、通常は毎月実績を集計のうえ、予実比較を行いながら問題や課題を認識し、解決のために手を打ちます。また、予算や目標に対する実績に応じて、その事業や組織・個人の評価が行われ、報酬（昇給や業績給）によって報いられることとなります。このとき企業グループ全体は、その事業特性に応じて、いくつかの責任単位に区分されます。

ABC社のケースでは、グループ全体を7つの事業に区分していました。7つの事業のそれぞれに責任者が置かれ、多くの企業でこの責任区分に応じた組織体制がとられます。そして管理会計においては、この責任区分ごとの予算や実績といった業績集計が行われることになります。

序章 // 管理会計とは何か

4・3 管理会計の目的②：原因を特定する

管理会計の目的の2つめは「原因の特定」です。

企業の活動は複雑な取引の組合わせと積上げで成り立っており、結果としての業績だけを見ても、なぜそのような結果となっているのかまで、すぐに把握することができません。そこで、さまざまな切り口で原因分析を行います。

たとえばABC社のような食品メーカーであれば、何を（製品軸）、どこから仕入れて（調達先、調達地域軸）、どこでつくって（生産工場、生産地域軸）、どこに売ったか（得意先軸、市場軸、販売地域軸）といったさまざまな切り口を分析し、起こっている問題を分析できるようにしておく必要があります。

4・4 管理会計の目的③：将来を予測する

管理会計の目的に3つめは「将来の予測（シミュレーション）」です。

かつて管理会計といえば、「予算と実績をいかに比較するか」「そのための予算策定や実績収集のしくみを整備する」ことが重要な取組みでした。

しかし、環境変化の激しい現在では、予算よりもむしろ「将来の見込に基づいた課題認識と解決策の検討」の重要性が高まってきています。したがって、管理会計の中でも、将来を予測するためのロジックの整備の重要性が相対的に高まってきているといえます。

Column

会計の公準と管理会計

企業会計（とくに制度会計）には、そもそも前提としていることがあります。これを「会計の公準」といい、「会計期間の公準（継続企業の公準）」「貨幣的価値の公準」「エンティティの公準」という3つの前提があります。

企業会計は企業活動が永続的に続くことを前提としています。したがって会計計算は、企業活動を一定期間に区切って行うことが必要となり、通常は1年間を会計期間としています。これを「会計期間の公準」または「継続企業の公準」といいます。

また、会計計算は貨幣価値すなわち金額で計算されます。これを「貨幣的価値の公準」といいます。さらに、制度会計は企業活動を実態のある単位を設定して計算するものとし、通常は法人別もしくは連結グループ別に実施します。これを「エンティティの公準」といいます。

管理会計ではどうでしょうか？　制度会計では当たり前の公準さえも、管理会計では自由に設定することができます。たとえば、ある事業が期間限定で何年か先には撤退することになっているのであれば、償却費計算は撤退までの期間で実施するという具合です。会計期間についても必ずしも暦年の1年で実施する必要はありません。しかし、ある程度は制度会計と管理会計を合わせておかないと、二重帳簿を記帳するわずらわしさが発生してしまうでしょう。

第1章 製品別採算管理

1. 製造業における製品別P/L管理

　ここでは、製品別採算管理のために、P/Lをどのような観点で作成し分析するかについて検討します。
　まずは、ABC社の加工調味料事業を例に、製品別採算管理レポートとはどのようなものなのか見てみましょう。

◆ CASE　ABC社の加工調味料事業での製品別採算管理
　―製品軸の採算管理レポートってどんな内容なの？―

　現在は総合食品メーカーであるABC社であるが、その祖業は醤油や味噌などの調味料を生産・販売する会社であった。現在では醤油や味噌だけでなく、麺つゆや鍋だし、ドレッシングなどにも商品ラインナップを拡大し、当該分野では国内有数のシェアを誇るメーカーへと成長した。
　ABC社の加工調味料事業本部の企画部企画管理課の鈴木は、製品別損益管理プロジェクトの起案作業に取り組んでいた。

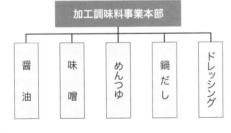

図表1・1・1　加工調味料事業本部の主な取扱い製品

　ABC社ではこれまで業績管理において、事業全体（このケースでは「加工調味料事業全体」となる）の収益の状況についてはおおよそつかんでいたのだが、製品群別損益、製品別損益といった詳細なセグメント損益が把握できていなかった。そこで製品企画や販売戦略立案時には、都度担当者が製品別の損益について、エクセルなどを用いて個別に計算し、判断がなされていた。この時の共通費用の配賦方法などにも統一したルールはなく、担当者ごとに異なる基準で行われていた。結果として部門全体としては、どの製品が儲かっていて、どの製品に損失が出ているのか、正確に把握できていないという問題意識があったのである。
　プロジェクトの起案に当たり、鈴木はまず今回のプロジェクトで最終的に出力したい管理レポートのイメージを作成することとした。

第1章 // 製品別採算管理

1・1 製品別P/L管理の3つの観点

　製品別P/L管理とは、どの製品がどれだけ儲かっているかを把握することで、新製品企画や製品別採算の改善施策の立案に活用することを主目的とした管理方法です。

　まず、ABC社の加工調味料事業を例に、具体的な製品群別P/Lや製品別P/Lを見てみましょう。「どの製品がどれだけ儲かっているか」を判断するには、以下の3つの観点で見ることが重要です。

① 成長性：売上・販売数量が伸びているか
② 収益性：利益率は高いか
③ 効率性：スピーディに大量に売れているか

　成長性は、売上高や利益額の前期比や前年同月比での上昇率・推移を指標とします。収益性は、売上高総利益率や売上高貢献利益率などの各種利益率を指標とします。効率性は、売上高や利益額の大小そのものに加えて、短期間かつ手間をかけずに販売できているかどうかを確認します。たとえば販売費粗利倍率や在庫回転期間などを管理指標とします。

1・2 製品別P/L管理のためのレポート

　製品別損益管理を行うための、3つのレポートを紹介します。

① 製品群別P/L
② 製品ポートフォリオ分析図
③ 製品別P/L

　まずは、製品群別P/Lを見てみましょう。今回のABC社の例は、加工調味料事業におけるケースでした。ABC社では製品群を「醤油製品」や「ドレッシング製品」といった具合に区分しています。

　製品群によって、成長性、収益性、効率性の何が重要となるかは異なります。醤油製品のように歴史も長く一定のシェアがあり、市場にブランドも浸透しているような製品であれば、一定の成長を保ちつつもしっかりと収益性を高めていくことが重要となります。一方で、ドレッシング製品の

35

ように市場参入が後発で認知度も低い製品では、収益性よりも成長性を重視しなければならないといった具合です。

図表1・1・2を見てください。醤油製品の売上高伸び率は前年比0.5％と決して高くありませんが、マーケットシェアは20％と高く、営業利益率も他の製品群を圧倒しているのがわかります。

次に、ドレッシング製品を見てみましょう。マーケットシェアは4％と

図表1・1・2　加工調味料事業の製品群別P/L

製品群別P/L		醤油	味噌	めんつゆ	鍋だし	ドレッシング	その他	共通	事業部計
	総売上高	3,060,000	808,000	1,010,000	304,500	507,500	408,000		6,098,000
	値引（リベート）	60,000	8,000	10,000	4,500	7,500	8,000		98,000
純売上高		3,000,000	800,000	1,000,000	300,000	500,000	400,000		6,000,000
売上原価		1,770,000	456,000	640,000	180,000	305,000	249,000		3,600,000
売上総利益		1,230,000	344,000	360,000	120,000	195,000	151,000		2,400,000
	物流費（保管）	33,000	21,000	12,000	3,000	14,000	7,000		90,000
	物流費（配送）	33,000	21,000	12,000	3,000	14,000	7,000		90,000
	物流費（センター）	22,000	14,000	8,000	2,000	9,000	5,000		60,000
	広告宣伝費	44,000	22,000	57,000	17,000	24,000	16,000		180,000
	・・・								・・・
販売直接費		169,000	100,000	114,000	32,000	78,000	47,000		540,000
製品貢献利益		1,061,000	244,000	246,000	88,000	117,000	104,000		1,860,000
	営業人件費							360,000	360,000
	販売促進費							60,000	60,000
	旅費交通費							12,000	12,000
	減価償却費							42,000	42,000
	賃借料							18,000	18,000
	・・・							・・・	・・・
	共通費	390,000	104,000	130,000	39,000	65,000	52,000	-780,000	0
	本社費	300,000	80,000	100,000	30,000	50,000	40,000		600,000
その他販管費		690,000	184,000	230,000	69,000	115,000	92,000	0	1,380,000
営業利益		371,000	60,000	16,000	19,000	2,000	12,000	0	480,000
シェア		20.0%	10.0%	7.0%	10.0%	4.0%	ー		3.0%
成長性	純売上高伸び率	0.5%	-3.0%	-1.0%	5.0%	20.0%	10.0%		3.0%
	総利益伸び率	1.0%	-4.0%	-2.0%	6.0%	18.0%	9.0%		4.0%
	貢献利益伸び率	2.0%	-4.0%	-2.5%	7.5%	30.0%	8.0%		4.5%
	営業利益伸び率	4.0%	-5.0%	-3.0%	9.0%	ー	10.0%		5.0%
収益性	総利益率	41.0%	43.0%	36.0%	40.0%	39.0%	37.8%		40.0%
	貢献利益率	35.4%	30.5%	24.6%	29.3%	23.4%	26.0%		31.0%
	営業利益率	12.4%	7.5%	1.6%	6.3%	0.4%	3.0%		8.0%
効率性	在庫回転期間（月）	2.5	4.4	1.9	1.4	1.5	2.4		2.5
	販売費粗利倍率	7.3	3.4	3.2	3.8	2.5	3.2		4.4

一番の稼ぎ頭

収益性は高いが衰退気味

競争が激しく収益性・成長性悪化

販売経費が多く収益性・効率性ともに悪いが、成長性重視

36

まだまだですが、売上高の成長率は前年比20％と、この製品カテゴリが成長ステージにあることが確認できます。

また、このレポートでは、製品群ごとの効率性を示す指標として、販売費粗利倍率と在庫回転期間を記載しています。

定義はそれぞれ以下のとおりです。

・在庫回転期間＝月初月末平均在庫÷月次売上高
・販売費粗利倍率＝売上総利益÷販売直接費

在庫回転期間は在庫がどれだけ社内に留まっているかを示す指標であり、「材料の仕入れ〜製造〜社内物流〜保管〜販売」までのスピード感を示しています。もう1つの効率性指標である販売費粗利倍率は、販売直接費1円につき粗利（売上総利益）をいくら生み出せたかを示します。販売直接費を販売活動・営業活動の手間と考え、小さな手間でどれだけの粗利を稼げたかという意味になります。

また、製品群別P/Lの情報を用いて、製品事業ポートフォリオ分析図を作成することができます。

図表1・1・3を見てください。グラフの縦軸は売上高伸び率、横軸は営業利益率を表しています。グラフ内の円の大きさは各製品群の売上高で、％はABC社の市場シェアを表しています。

図表1・1・3 製品事業ポートフォリオ分析

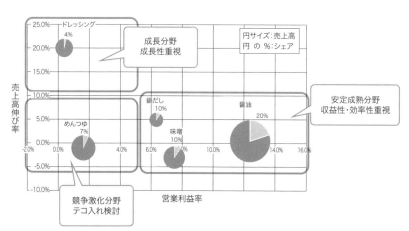

領域をいくつかに区分することで、それぞれの製品群の位置づけが明らかになります。すでに説明したとおり、醤油製品はここでは右下の領域に位置づけられています。売上の伸びはさほど大きくありませんが、利益率が高く、稼ぎ頭であることがわかります。いわゆる「金のなる木」です。一方ドレッシング製品は、利益率は低くても売上高の伸び率が高く、成長分野であることがわかります。

次に、製品別P/Lを見てみましょう。**図表1・1・4**を見てください。

これまで見てきたのは製品群別P/Lでしたが、1つの製品群をさらに個別製品にブレイクダウンして作成しているのが製品別P/Lです。ここでは、ドレッシング製品についてさらに個別の製品に分解して管理するためのレポートを掲載しています。

製品群別P/Lの説明の中では、ドレッシング製品は成長製品分野でした。しかしドレッシング製品を個別に見てみると、その製品によって成長性、収益性、効率性の違いが明らかになってきます。各項目の基本的な見方は

図表1・1・4　製品別P/L

製品別P/L	ゴマ	シーザー	イタリアン	中華	・・・	合計
総売上高	50,800	45,700	40,600	35,500		507,500
値引（リベート）	800	700	600	500		7,500
純売上高	50,000	45,000	40,000	35,000		500,000
売上原価	30,200	27,500	24,600	21,600		305,000
売上総利益	19,800	17,500	15,400	13,400		195,000
物流費（保管）	1,400	1,300	1,100	1,000		14,000
物流費（配送）	1,400	1,300	1,100	1,000		14,000
物流費（センター）	900	800	700	600		9,000
広告宣伝費	2,400	2,200	1,900	1,700		24,000
・・・						
販売直接費	8,000	7,000	6,000	5,000		78,000
製品貢献利益	11,800	10,500	9,400	8,400		117,000
共通費	6,500	5,850	5,200	4,550		65,000
本社費	5,000	4,500	4,000	3,500		50,000
その他販管費	11,500	10,350	9,200	8,050		115,000
営業利益	300	150	200	350		2,000
純売上高伸び率	25.0%	21.0%	5.0%	3.0%		20.0%
総利益伸び率	20.0%	19.0%	2.0%	1.0%		18.0%
貢献利益伸び率	35.0%	31.0%	-2.5%	-2.0%		30.0%
営業利益伸び率	50.0%	―	―	―		―
総利益率	39.6%	38.9%	38.5%	38.3%		39.0%
貢献利益率	23.6%	23.3%	23.5%	24.0%		23.4%
営業利益率	0.6%	0.3%	0.5%	1.0%		0.4%

ゴマやシーザーを伸ばすか、イタリアン・中華をテコ入れか？

製品群別P/Lと同じです。同種製品同士で比較を行い、それぞれの製品の強み・弱みを理解して製品戦略や各製品の改善策を進めていきます。

　ドレッシング製品の場合、製品群全体としては成長性重視です。ここで、成長をけん引する製品と一定の利益率を確保すべき製品を明確にするのか、収益性はあえて気にせず、売れ筋製品のさらなる拡販によりシェアアップを狙うのかなど、どのような販売戦略をとるのかについて検討する必要があります。

　ABC社では、売上が増加傾向にあるゴマやシーザーをさらに拡販するか、売上が伸び悩んでいるイタリアンと中華をテコ入れするかについて検討しました。ドレッシング製品の収益性指標はいずれも同程度であることから、ゴマやシーザーの拡販よりもイタリアンと中華をテコ入れした方が全体の売上を底上げすることができ、かつ利益率も維持しやすいと判断しました。

　ここまでABC社の加工調味料事業を例に製品群別P/Lと製品別P/Lを見てきました。これらのレポートは事業部などの損益責任を負っている組織（プロフィットセンター）が確認・管理するレポートです。ABC社でも、加工調味料事業本部が、管轄する各製品群の業績の状況判断のために使っています。

まとめ

・製品群別P/L、製品別P/Lでは成長性、収益性、効率性の3つの観点で、製品群や製品の比較を行うことができるように段階利益や管理指標を設定する
・製品群や個別製品の実績の良し悪しを判断するためには、各製品群や製品の位置づけを明確にする必要がある

2. 採算管理における販管費の取扱いと多軸管理の考え方

　ここでは、販促費や物流費などさまざまな販売費や一般管理費をどのように管理すべきかについて検討します。ABC社の加工調味料事業を例に管理会計における販管費の管理について検討してみましょう。

◆ **CASE**　　**加工調味料事業の製品別P/Lにおける販売費管理**
　　　　　　　—この費用はどの軸に直課すべき？—

　ABC社の加工調味料事業本部の企画部企画管理課の鈴木は、製品別損益管理プロジェクトの起案作業に取り組んでいた。

　今回の取組みの大きな目的は、商品を販売する過程で、さまざまに発生する販売費をどのように計上すれば製品別損益を正しく把握できるかというものである。まずは、醤油や味噌を販売する過程で発生する主要な費目の洗い出しと、その発生状況を整理した（図表1・2・1参照）。

① 営業人件費

　営業担当者の人件費である。ABC社の加工調味料事業の営業部隊は、本社本部にある広域量販営業部と全国各支社にある調味料営業課に分かれていた。主に大手流通チェーンやコンビニエンスストアなどとの商談にあたるのが広域量販営業部であり、各支社の営業課は地場のスーパーや卸業者向けの営業活動を行う。

② 物流費（保管料）

　ABC社では国内に10ヵ所の倉庫を抱えていた。子会社であるABC物流の倉庫もあれば、外部業者の倉庫もある。これらの倉庫には加工調味料事業本部だけではなく、国内食品事業本部など他の事業部の商品も保管されており、注文の内容によっては同梱されて出荷される。

③ 物流費（配送費）

　工場から倉庫への配送料と倉庫から顧客への配送料が含まれる。

④ 物流費（センターフィー）

　大手流通チェーンの倉庫（物流センター）へ納品した場合の物流センターの利用料である。メーカーとしては、流通チェーンの各店舗への配送は不要となるが、納品する量に応じた手数料が必要となる。

⑤ 広告宣伝費

テレビCMや新聞雑誌などマス広告、Web広告などの費用である。特定商品に特化したものからシリーズ全体の宣伝を行う場合もある。

⑥ 販売促進費

メーカーとして実施するキャンペーンのための販促用グッズの製作費から、各チェーンや小売店が企画する特売への協賛金も含まれる。

⑦ リベート（割戻金）

一定期間の販売額に対して一定割合をメーカーから小売店に支払うのが報奨金である。支払額は契約により決まっており、一定期間の販売額の一定割合を支払うものや、販売金額がある一定額に達したら定額を支払うものなど、契約によりさまざまな場合がある。実質的には販売後の値引きである。

図表1・2・1　鈴木氏が洗い出した主要な販管費とその発生状況

費目	関連性の高い管理軸
営業人件費	部門、顧客
物流費（保管料）	製品
物流費（配送料）	部門、顧客
センターフィー	部門、顧客
広告宣伝費	製品
販売促進費	部門、顧客
リベート	顧客

その他通常の事務所家賃や光熱費、消耗品費などの一般経費も含め、商品を販売するにはさまざまな費用がかかる。

製品別損益の把握においてとくに難しいのは、これらの費用が内容・性質によって、特定の製品ごとに発生するものもあれば、特定の顧客ごとに発生するものなど、発生要因もさまざまであるという点である。

鈴木はプロジェクトチームを編成し、新たな製品別損益管理システムの構築を企画することとした。

2・1 製品以外の管理軸も考える

前節で説明したP/L管理の観点は、製品群別や製品別に限らずさまざまな「軸」で考えることができます。代表的な軸は、部門別、顧客別、拠点別（地域、工場、店舗、営業所）、チャネル別などがあります。こうした軸のことを、管理会計では「管理軸」と呼びます。

ABC社では、部門軸、製品軸、顧客軸の3軸を主要な管理軸として設定しています（図表1・2・2参照）。部門別、製品別、顧客別のデータを持っておくことで、部門別P/L、製品別P/L、顧客別P/Lを自由な組み合わせで出力できるようにしています。

図表1・2・2　多軸管理のデータイメージ

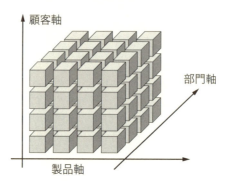

各管理軸では、たとえば製品軸であれば、製品群─製品─荷姿といった階層があるのと同じように、顧客軸も業種─顧客（会社）─顧客（支店）、といった階層をつくって管理します。ABC社では図表1・2・3のように部門軸・製品軸・顧客軸の階層を設定しています。

すでに前節の製品別管理の視点を説明しましたが、顧客軸も製品軸と同じように、新規顧客は成長性を重視して、大口既存顧客は効率性重視、小口顧客は収益性重視というように、顧客の属性別に重視すべき観点を変えながら管理することになります。

第1章 // 製品別採算管理

図表1・2・3　主要管理軸の階層表（抜粋）

管理軸	階　　層
部門軸	事業本部　―　支店　―　営業所 　　　　　―　工場　―　製造部署・補助部署
製品軸	製品カテゴリ　―　製品群　―　製品　―　荷姿
顧客軸	業種　―　顧客（会社）　―　顧客（支店）

2・2　販管費の多軸配賦による管理軸別P/L管理

　販管費をどう取り扱うべきか、ここでは以下の2つの目的から整理していきます。

① 販管費自体を削減することおよび販管費を効果的に活用すること

② 販管費を適切に各管理軸に負担させることによって、製品別の採算・顧客別の採算・部門別の採算といった各管理軸の採算を正確に把握し、製品戦略や顧客戦略とそれらの改善施策を検討すること

　いずれの目的を達成するためにも、販管費がどこから何のために発生したのかを把握することが必要です。そのうえで、販管費を各管理軸に負担させ、発生目的や発生要因を明らかにする必要があります。

　ABC社では、主要な管理軸である部門軸、製品軸、顧客軸で販管費を負担させることにしています。

　販管費を各管理軸に負担させる方法は3つあります。直課・個別配賦・一括配賦という方法です。

① 直　　課：特定の部門・製品・顧客のために直接発生したことがわかる場合に、その部門・製品・顧客に費用を直接負担させる方法

② 個別配賦：ある費目に対して親和性の高い管理軸がある場合に関連性の高い配賦基準で、費目・管理軸ごとに個別に配賦する方法

③ 一括配賦：関連性の高い配賦基準がない場合に、売上高などの「無難な」配賦基準で一括して配賦する方法

　目的から照らし合わせると、各製品への負担のさせ方の基本は「直課」

図表1・2・4 直課配賦順位表

費目	直課配賦順位		
	1位	2位	3位
営業人件費	部門・直課	顧客・個別配賦（人員比）	製品・一括配賦
物流費（保管料）	製品・個別配賦（平均在庫数量比）	部門・一括配賦	顧客・一括配賦
物流費（配送料）	部門・直課	顧客・直課※1	製品・個別配賦（販売数量比）
センターフィー	部門・直課	顧客・直課	製品・個別配賦（販売数量比）
広告宣伝費	製品・直課＆個別配賦（売上高比）※2	部門・一括配賦	顧客・一括配賦
販売促進費	部門・直課※3	顧客・直課	製品・一括配賦
リベート	顧客・直課	製品・個別配賦（売上高比）	部門・一括配賦
その他の費用※4	部門・直課	製品・一括配賦	顧客・一括配賦
本社費	部門・一括配賦	製品・一括配賦	顧客・一括配賦

※1：厳密には倉庫から顧客への配送料は直課し、工場から倉庫への配送料は顧客には直課できないので、倉庫から顧客への配送料の比率で按分して負担させている
※2：特定商品の広告宣伝は製品に直課。シリーズ全体向けは売上高比で製品に個別配賦
※3：複数部門共同のキャンペーンなどもあるが、各部門の負担割合を都度決定し按分して負担させている
※4：減価償却費や消耗品費、雑費などの自部門で発生した費用

です。どの部門／どの製品／どの顧客が負担すべきかがわかる費目は直課するようにします。そして、直課とまではいえなくても、特定の費目で関連性の高い配賦基準値（売上高・販売数量・在庫数量・人員数・業務時間・面積・配送距離・重量など）があれば個別配賦します。ABC社では図表1・2・4のような順番で直課や個別配賦を行っています。

　営業人件費は部門に直課し、人員比で顧客に個別配賦しています。物流費（保管料）は、在庫数量で製品に個別配賦しています。物流費（配送料）は部門、顧客に直課し、販売数量比で製品に個別配賦しています。センターフィーは部門、顧客に直課し、販売数量比で製品に個別配賦しています。広告宣伝費は、特定製品の費用とわかる金額は製品に直課し、特定できない費用は売上高比で製品に個別配賦しています。販売促進費は部門、顧客に直課しています。リベートは顧客に直課し、売上高比で

第1章 製品別採算管理

図表1・2・5　多軸での直課・個別配賦・一括配賦のイメージ図

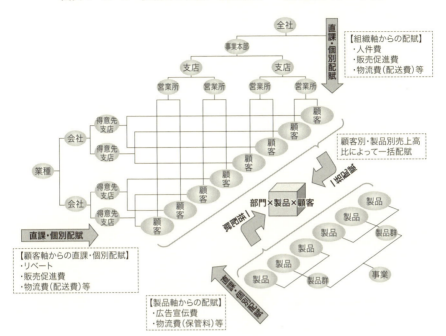

製品に個別配賦しています。

　図表1・2・6は、管理軸別のP/Lイメージです。販管費の直課と個別配賦を行うことで、各軸の貢献利益を確認することができます。これによってどの部門、どの製品、どの顧客の採算が良いのか悪いのかが識別できるようになり、「この費用は意図せず増えてしまっている」、または「費用を増やしたのに売上増加に結び付いていない」といったことがわかるようになります。

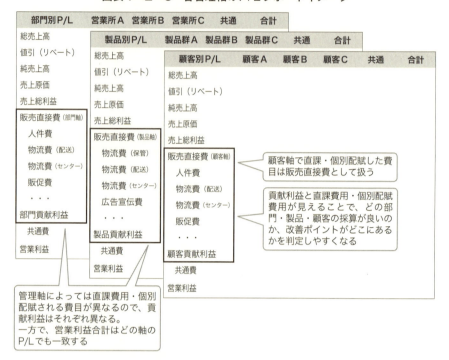

図表1・2・6 各管理軸のP/Lレポートイメージ

　このように、直課と個別配賦を行うことで、販管費の削減ポイントや重点的に投入するべきポイントを見ることができます。

　ここで、「固定費や埋没費用は削減できないのでは？」という疑問が出るかもしれません。たとえば、営業人件費や自社で保有する倉庫の減価償却費のことです。しかし、① 固定費か変動費かというのは、対象期間次第であいまいであり、長期的に見れば削減可能な費用です。② 削減ばかりに気を取られるのではなく、どれだけ能力（営業能力や保管能力）を使っているのかを把握し、能力を別の製品や顧客に割り振ることができないかという観点で費用負担を見るべきだという考え方で、改善を進めていくことも重要です。

　変動費・固定費に分解することも、短期的に改善可能か、長期的に改善を目指すかを分けるために重要な手法の1つですが、固定費だと決めつけて無視するべきではないということです。

第1章 // 製品別採算管理

　最後に、直課または個別配賦できなかった軸について、共通費として一括配賦します。この作業は必須ではありませんが、各製品が回収すべき共通費の負担を明らかにして、事業全体の利益への貢献状況を把握し、製品戦略や総括的な改善策を図るために一括配賦を行います。また、何よりも、部門別P/L、製品別P/L、顧客別P/Lすべてにおいて営業利益まで見えている方がわかりやすいというメリットもあります。**図表1・2・6**のP/Lレポートイメージでも、営業利益まで算出しています。

　一括配賦はあまり手間をかけないように行います。一般的には規模を表す配賦基準で配賦します。たとえば、売上高、標準売上総利益、販売数量などです。負担する能力がある部門・製品・顧客が負担するという考えであり、公平な負担になっているかどうかについては、あまり気にする必要はありません。直課や個別配賦できるものはすでにやったうえでの一括配賦ですから。また、売上総利益だけあえて「標準」とつけていますが、実績を取ると、赤字の製品が出たときの負担のさせ方が複雑になる（赤字の製品にはゼロ円にする、または機械的にマイナスの金額で配賦するなど）ので、標準総利益で配賦した方が良いと考えられます。

まとめ

・販管費は多軸で管理する

・費目ごとに親和性が高い軸を識別し、施策を検討する

・費目ごとに親和性が高い管理軸から直課→個別配賦→一括配賦の順で費用を負担させ、軸別の貢献利益や営業利益を算出し管理する

Column

P/L でよく出てくる段階利益について

　ここでは、売上総利益、貢献利益、営業利益という３種類の利益が登場しました。管理会計でも財務会計でも、さまざまな種類の利益が存在しますが、それぞれどのような意味を持っているのか整理しておきましょう。

図表１・２・７　代表的な段階利益

代表的な段階利益	算出式
売上総利益	売上高－売上原価
貢献利益	売上総利益－販管費（直課・個別配賦分のみ）
営業利益	貢献利益－販管費（一括配賦分）
経常利益	営業利益＋営業外収益－営業外費用
税引前当期純利益	経常利益＋特別利益－特別損失
当期純利益	税引前当期純利益－法人税等
包括利益	当期純利益＋その他の包括利益（≒当期純利益には入らない含み益のようなもの）

　売上総利益は、製品・サービスにどれだけ価値を乗せられたかを意味します。製品・サービス自体の価値だけでなく「うまい売り方」「うまいつくり方」ができているのかも含めた総合力というイメージです。売上総利益は、製品別や顧客別など細かい粒度で管理することが多いです。

　貢献利益は、売上高から製品・サービスに直接かかった費用を差し引いた利益で、製品・サービスの直接的な儲けを意味し、本社費や共通費などを回収するための原資となります。製品別や顧客別など細かい粒度で管理する利益概念で、解説したように製品別貢献利益、顧客別貢献利益のように管理軸別に設定することもあります。

　営業利益は、会社の本業の儲ける力を意味します。事業部レベルのようにある程度大きな粒度で管理することが多いです。

　経常利益は、会社の総合的な儲ける力を意味します。たとえば、今年の経常利益が100であれば、来年もきっと100の経常利益が出るであろうという予測をするための利益概念です。会社全体や事業部などの大きな粒度で管理します。

第1章 // 製品別採算管理

　税引前当期純利益はその期間で発生した突発的な事象（特別損益）を含んだ、結果としての儲けを意味します。国による税率の違いなどを無視するので、事業の実力値として比較することができます。

　当期純利益は税金の影響も含んだ利益概念です。税金対策の巧拙も含めた会社全体の実力を示しています。

　包括利益は、資産と負債の増減の差額（資本取引による増減を除く）から結果的に導き出される利益概念です。現在の会計基準では、P/LよりもB/Sが重視される流れになっているためB/S（資産と負債）の増減から導き出された包括利益が最終利益になっています。業績管理で使われることはめったにありません。

3. 社内取引と仕切り価格

ここでは、社内の部門間で製品を内部販売する場合の仕切り価格をどうすべきかについて検討します。ABC社の加工調味料事業を例に見てみましょう。

◆ **CASE**　　　**かつてのABC社での社内仕切り制度**
―社内取引における仕切り価格の設定方法―

　現在のABC社は、主に製品群ごとに切り分けられた事業部と、それら事業部を束ねる事業本部が設置されている、いわゆる「事業部制組織」となっている。

　ABC社が現在のような組織形態へ移行して、すでに十数年が経過する。それ以前のABC社は、営業本部、生産本部といった組織のいわゆる「機能別組織」であった。事業部制への移行は、製品分野の拡大に伴って「機能軸だけの判断では、歴史が長く規模の大きい製品分野中心の業務プロセス整備や投資判断となりがち」で、どうしても新規事業や規模の小さな製品分野への投資が後回しになってしまいがちであったことへの対応である。事業戦略をよりきめ細かに立案し、投資回収についてもより細分化した事業単位で考えられるように、事業部制組織へと移行したのである。

　さて、このケースはABC社が事業部制組織へ移行する前、まだ機能別組織であった頃の話である。当時の組織は営業本部、生産本部、管理本部という3つの本部が設置されていた。このうち営業本部、生産本部の2つについては、いずれも損益責任を負うこととなっていた。いわゆるプロフィットセンターである。営業本部の中では、全国の支店別にプロフィットセンターが設置され、支店別P/Lが作成されていた。一方、生産本部では、工

図表1・3・1　ABC社はかつて機能組織ごとに独立採算単位となっていた

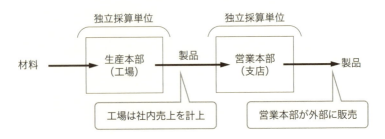

第1章 // 製品別採算管理

場を損益管理単位として、工場別P/Lを作成していた。

　この頃のABC社で常に問題となっていたのは、工場と支店の間での取引単価である。社内取引における取引単価は「生産工場別×製品別」にそれぞれ設定されていた。営業部門、生産部門ともに業績評価はそれぞれの営業利益によってなされるが、当然のことながら取引単価の設定水準いかんでそれぞれの利益水準は大きく変動する。

　本来、工場は「いかに安く品質のよいものをつくるか」、営業は「いかに多くの商品を効率よく販売するか」を追求すべきであるが、業績目標を達成するために、社内の取引単価の交渉に多くの時間が割かれてしまっていた。

　そもそも社内取引やその中での取引単価、いわゆる仕切り価格はどのように設定されるべきものなのだろうか？

3・1 仕切り価格とは

　会社組織が大きくなると、営業部も工場も組織が大きくなり別々に業績評価を実施したくなってきます。また、ABC社の加工調味料事業部のように事業部内が機能別組織に分かれている場合も、営業部と工場を切り分けて、それぞれ独立採算を目指す管理を行うことがよくあります。このときに「仕切り価格」が重要なポイントになってきます。

　仕切り価格とは、会社内部の部署が別の部署に材料・仕掛品・半製品・製品・サービスなどを提供するときに、製品の受取り側が計算上支払う対価のことをいいます。内部取引価格とか内部振替価格、社内引渡し価格ともいいます。

　まず、簡単な例で見てみましょう。工場で製造する製品Aの原価が100円、外部への販売価格が150円、工場から営業への仕切り価格が120円だったとすると、工場のP/Lや営業のP/Lは**図表1・3・2**のようになります。

51

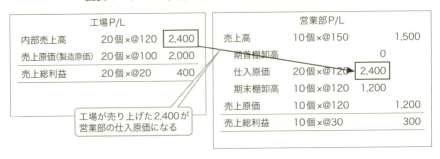

図表1・3・2 仕切り価格を利用した部署別P/Lの例

工場では2,000でつくった製品を営業部に2,400で販売して400の利益が出ています。営業部では2,400で工場から仕入れた製品の半分を外部に1,500で売り上げ、300の利益が出ています。このように、工場と営業部どちらも利益を意識した経営にすることで、競争力を高めていくという管理会計手法です。

3・2 仕切り価格の典型的な設定例

仕切り価格をどのように設定するかによって、工場と営業部の利益が大きく左右されてしまうので、仕切り価格の算出ルールは各利害関係者にとって重要です。以下に仕切り価格の典型的な設定方法を紹介します。

図表1・3・3 仕切り価格算出の基準表

	単価			仕切り価格
外部販売価格	150円	→ ①10%引き →		135円
製造原価(標準)	100円	→ ②20%乗せ →		120円
市場価格	150円	→ ③そのまま →		150円

① 外部販売価格から一定額 もしくは 一定率を差し引く方法

外部販売価格が150円の製品に対して、たとえば10%を引いた135円を仕切り価格として設定する方法です（図表1・3・3参照）。販売価格は実際販売価格を使うことが多いですが、標準売価を使うケースもあります。

この方法によると、営業部は売上総利益率または製品1個当たりの総利益額が一定になります。したがって、営業部は売上げが大きくなればなる

ほど、多くの利益を生み出せます。一方で、販売価格の騰落や製品ごとの原価率の違いによる影響、稼働率の良し悪しなどにより発生する原価差異の影響は、すべて工場が負担することになります。

② 標準原価から一定額 もしくは 一定率を上乗せする方法

製造原価が100円の製品に対して、たとえば20％を上乗せした120円を仕切り価格として設定する方法です（図表1・3・3参照）。製造原価は標準原価を使うケースがほとんどです。

この方法によると、工場は標準原価どおりに製品を製造できていれば、売上総利益率または製品1個当たりの総利益額が一定になります。逆に、営業部が販売単価や標準原価単価の変動の影響を負担することになります。

③ 市場価格を基準に設定する方法

市場価格である150円をそのまま仕切り価格として設定する方法です（図表1・3・3参照）。内部取引により販売直接費が浮く分を差し引くケースもあります。

この方法は、主に中間部品の製造工場から完成品の製造工場へ販売するときや、完成品を別の用途として外部販売するために別の事業部に販売するときに適した方法です。今回のケースのような工場から営業部への内部取引では、市場価格＝外部販売価格になるため、採用してもあまり意味がありません。

しかし、中間品の取引や別用途での外部販売のための内部取引で適用する場合は、客観的かつ経済合理的な価格設定ができるので、もっとも適切な価格設定方法だといえます。しかし、一般的には中間品・半製品の状態での市場価格が存在していないことが多いため、現実的には難しい方法といえます。

3・3 仕切り価格の弱点

3つの典型的な方法を紹介しました。それぞれ一長一短がありますが、一般論として次のような弱点を抱えています。

どちらかが一方的に変動要因を被ることが多い

市場価格により仕切り価格を設定できる場合は当てはまりませんが、原価から利益を上乗せして設定する場合は工場の利益が一定となり、販売価格から差し引いて設定する場合は営業部の利益が一定になりやすいという傾向にあります。どちらか一方の損益がさまざまな変動要因にさらされることになり、不公平感を感じやすいといえます。

部分最適の考え方に陥ってしまいやすい

仕切り価格を設定すると、営業部と工場が独立した採算単位として管理されることになるので、自部署さえ良ければいいという意識が働きやすくなります。とくに前述のとおり、どちらか一方が変動要因を被っていることが多いので、原価改善や利益改善への意識のギャップが生まれやすく、協力できなくなってしまうことがあります。また、原価に一定率を上乗せする方法の場合、工場側は標準原価を高くすればするほど内部売上も増加するので、会社全体としては逆効果になるような活動を誘引してしまう可能性があります。

未実現利益の処理がわずらわしい

先ほどの例に戻って説明します。図表1・3・4を見てください（図表1・3・2と同じP/L）。会社全体で見ると原価2,000でつくった製品のうち、半分は期末に在庫として残り、もう半分は1,500で外部に販売したことになります。つまり、会社全体の利益は売上高1,500－売上原価1,000＝500となります。

しかし、工場P/Lと営業部P/Lを見ると、それぞれ400、300の利益を計上しているので、合計は700の利益になっています。なぜか200だけ利益が多くなってしまっています。これは、工場が営業部に利益を上乗せして販売した製品のうち、その半分が営業部の在庫として残ってしまったからです。そのため、工場が計上した400の利益のうち、半分の200は会社全体では未実現だということです。

各部署P/Lの利益の単純合算は、会社全体のP/L利益と一致してい

第1章 製品別採算管理

図表1・3・4 未実現利益を消去する計算例

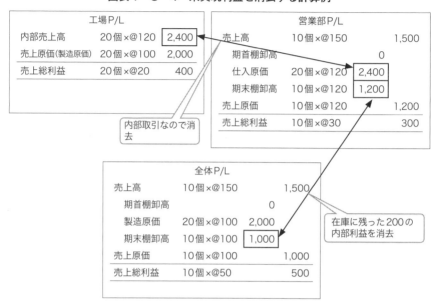

とが望ましいので、未実現利益の調整作業が必要になります。この処理がかなり面倒です。この問題は、工場が利益を乗せていれば、必ず発生してしまう問題です。

3・4 仕切り価格のもう1つの設定方法

3・2では仕切り価格の設定方法を3つ紹介しましたが、販売側と購入側のどちらかが多くの変動要因を引き受けることが多く、販売側と購入側がもめる原因にもなります。この問題に対応するため、仕切り価格の4つめの設定方法を紹介します。

④ 利益折半方式

工場と営業部が利益を折半するように仕切り価格を決定する方法です。たとえば、工場での製造原価が1,000、外部の販売単価が1,500、営業部で標準的に発生する販売直接費（物流費や販売促進費、リベートなど）が100だとした場合、販売直接費も考慮した400の利益を営業部と工場で折半し、仕切り価格を1,200と設定する方法です（**図表1・3・5参照**）。

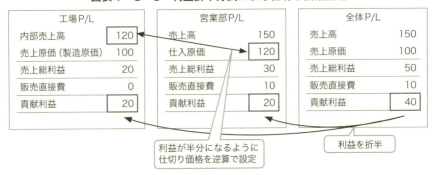

図表1・3・5 利益折半方式による仕切り価格設定

　販売価格も原価も把握したうえで仕切り価格を設定するので手間はかかりますが、変動要因を互いに共有し、全体最適の観点で改善を考えられるというメリットがあります。

　たとえば、工場は原価低減だけでなく、製品の付加価値向上による販売単価アップの施策に協力するメリットがあります。営業部も原価低減の施策として稼働率の向上や平準化、ロットまとめ生産への協力などを行うメリットがあります。また、工場が原価を上げて仕切り価格を上昇させても折半する利益が減少するため、工場にはあまりメリットがありません。会社全体の利益を大きくする方がメリットが大きくなり、全体最適の観点を持ちやすくなります。

　厳密に行うと仕切り価格の設定に手間がかかりますが、既存製品は一律で前年の平均売価と平均標準原価から自動算出するなど、負担を減らして仕切り価格を設定することで負担を軽減することができます。

　なお、わかりやすくするために利益を「折半する」と書きましたが、必ずしも50%ずつを配分しなければならないわけではありません。工場と営業部の規模（人員規模や資産規模）に差がある場合には、70%対30%で配分したり、1人当たり利益のバランスを見るなどして、不公平にならないような価格設定をするべきです。

3・5　未実現利益の処理方法

　仕切り価格を利益折半方式で算出することで、独立採算の考えと全体最

適の考えを両立できる（かもしれない）と述べましたが、未実現利益の処理がわずらわしいという弱点は解消されていません。そこで、未実現利益の処理の手間を軽減させる方法を紹介します。

工場が2,000で製造した製品を営業部に2,400で内部販売し、営業部は工場から仕入れた製品の半分を外部に1,500で販売したケースを例にとります。営業部が工場から2,400で仕入れる際に、通常は2,400の在庫を計上しますが、そうではなく2,000の在庫と400の売上原価（内部利益控除）を計上することとします。こうすることでP/Lはどうなるかというと、図表1・3・6のようになります。

図表1・3・6　未実現利益の控除を簡便にする方法

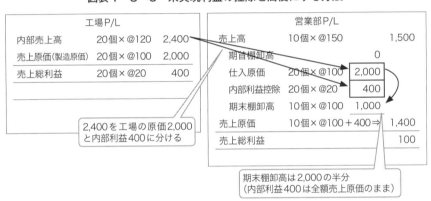

こうすると、会社全体の利益は2,000でつくったもののうち半分（1,000の原価）が1,500で外部に売れているので、全社利益は500になります。そして、工場と営業部の利益を単純合算しても500になるので、未実現利益の控除を後から行う必要がなく、正しく計算できます。また、翌年営業部が在庫として残った1,000の在庫を外部に1,500で販売すれば、500の利益を計上できるので、営業部としてはトータルで600の利益を計上することになります。内部取引の利益について、工場から2,400で仕入れたものを合計3,000で外部に販売したことになっているので、正しく計算できています。

ポイントは、通常であれば工場から営業部に内部売上した際に営業部は内部仕入した金額（2,400）を在庫として計上するところを、工場から営

業部に製品を内部販売したときに、工場の内部利益を営業部で直ちに費用として認識させる（2000の在庫と400の売上原価に分けて計上する）ということです。こうすることで未実現利益の控除と実現の処理が自動的に行うことができます。

　実は、もう1つ未実現利益処理の手間を省く方法があります。仕切り価格を原価（標準原価）で設定することです。このように設定すると、基本的に未実現利益はほとんど発生せず、原価差異が有利差異であれば工場P/Lが黒字になり、原価差異が不利差異であれば工場P/Lが赤字になるというシンプルな構造になります。

　原価を仕切り価格にすると、独立採算の考え方はなくなりますが、同じ利益の尺度で工場と営業部を競わせたいという特別な事情がない限り、そもそも工場P/Lと営業部P/Lを分けて管理する必要はありません。仮に、工場P/Lで100の黒字が発生した一方で、営業部P/Lが100の赤字になっていた場合、工場は頑張ったけれども営業部は怠けていたという判断がなされがちです。しかしこれでは、営業部は仕切り価格の設定が高過ぎると不満を持つ可能性があります。ゼロサムゲームのようになってしまうと社内の協力体制が失われてしまうので、全員で会社全体の利益を大きくしようという意識共有ができる手法の方がよいのではないでしょうか。

　ABC社でも、今では標準原価を仕切り価格として管理しています。

　仕切り価格を設定して部署別に独立採算を求めるのであれば、その必要性や目的を明確にして行うようにしましょう。

まとめ

・独立採算を求める明確な必要性がないのであれば、仕切り価格を設定した管理会計手法を行うべきではない
・それでも仕切り価格を設定するならば「利益折半方式」が現実的かつ効果的である
・未実現利益を即消去する方法を取ることで、未実現利益処理の手間を軽減できる

4. 多品種変量生産での標準原価設定

製品の採算管理をするとき、製品を製造するための費用（製造原価）と完成した製品を顧客へ出荷するための費用（販売費用）では管理方法が異なります。ここでは、製造原価にスポットを当てて製品の採算管理方法を検討します。

◆ CASE　デザート事業部における製品原価分析
―製造ロットサイズ別の標準原価設定―

ABC社のデザート事業部は、国内食品事業本部に所属している。取扱い製品は、ゼリーやプリンなどのカップデザート製品、スポンジケーキやシュークリームなどの焼菓子製品、ヨーグルト製品である。製品の出荷温度帯はいずれの製品群も常温製品とチルド製品のみで、冷凍製品の取扱いはない。ただし、一部の製品は中間製品を冷凍状態で保管しているものもある。

主な販売先はスーパーやコンビニエンスストアなどである。大手流通チェーンとは直接取引を行っているが、その他の販売のほとんどは食品商社経由の商流となっている。

デザート事業の主力工場は愛知県にある。一部の製品は協力工場へ外注しているが、多くは自社工場で製造され全国へ出荷されていた。

カップデザート製品の製造工程は、どのような製品であっても、大きく以下3つの工程に分けることができる（図表1・4・1参照）。

図表1・4・1　カップデザートの製造工程概略図

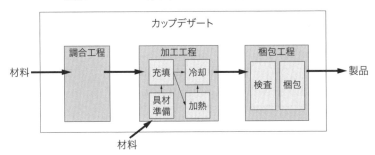

① 工程1：原材料調合工程
原材料を計量し、混ぜ合わせる工程である。ステンレス製の大型タンク

に原材料を投入して攪拌し、次工程へと運ばれる。このとき、どうしても
タンクには原材料が残ってしまうため、ムダなくつくる（歩留りをあげる）
ためには、できるだけ生産量をまとめることが望ましい。

　また、別の製品を製造するには、タンクの洗浄、殺菌が必要となるので、
その点からもまとめ生産した方が効率はよい。

　②　工程2：加工工程

　混ぜ合わされた材料を調理する工程である。製品によって加工内容は異
なる。ゼリーやプリンであれば、材料を容器に充填して、冷やし固める。ケー
キや焼き菓子などは型に充填され、オーブンで焼かれる。

　同じ製品群でも、製品によって加工の手間は大きく異なる。たとえば、
ゼリーのようなカップデザートであれば、果肉などの具材の有無によって、
焼き菓子ならば、デコレーションの内容によって生産プロセスの手間は異
なる。

　③　工程3：梱包工程

　完成した製品を梱包し、保管する工程である。製品によっては、3個パッ
ク、6個パックなどとまとめられたり、店頭でのばら売り用にケースに梱
包されるものもある。どのような荷姿をどれだけ生産しておくかについて
は、需要予測や販売計画に基づいて決定されるが、この数量の予測を誤る
と欠品や過剰在庫に繋がる。場合によっては、バラ売用の梱包を3個パッ
クに梱包し直したり、逆に3個パックのものをばらしたりすることもある。

　製品別採算管理において製造原価を分析するには、個々の製品の固有の
要因が製造原価にどのように影響を与えているかをとらえて原価を計算す
る必要がある。このとき基準として設定するのが標準原価である。

　標準原価はあくまで「標準」であって、すべての製品が標準原価どおり
に生産されるわけではない。原価というものは、生産量や生産時のさまざ
まな条件によって大きく変わるものである。標準原価とはそもそもどのよ
うに設定すべきであろうか。

第1章 // 製品別採算管理

4・1 製品別原価計算

製品別採算管理において利用価値の高いレポートを作成するには、前提として利用価値の高い、すなわち製造の実態を反映した正確な製品別原価を算出することが重要です。そのような原価管理を行うために、いわゆる「標準原価」を設定して「実際原価」と比較するという管理が一般的です。それらをどのような考え方でどのように工夫して行うべきかについて解説します。

4・2 製品別原価管理の目的

製品別原価管理は、製造業の業績管理の基本のキとなるものです。では、製品別原価管理は何のために必要なのでしょうか。

① 製品別原価を正しく算出することで、販売単価を適切に設定し、採算が取れるようにする

② 製品別原価を正しく算出することで、各種原価差異を算定し、原価低減の施策を検討する

③ 製品別原価を正しく算出することで、原価企画（新製品の原価のつくり込み）の精度を向上させる

製品別原価管理は、以上のような目的のために行います。

なお、原価低減施策を検討する上で、製品別に原価計算をしますが、原価低減の施策を製品単位で行うとは限りません。これについては「原価差異分析」で詳しく解説します。

4・3 標準原価とは

標準原価とは「財貨の消費量を科学的、統計的調査に基づいて能率の尺度となるように予定し、かつ予定価格または正常価格をもって計算した原価をいう」と原価計算基準において定義されています。一般的に、標準原価計算には次のようなメリットがあります。

① 原価管理：目標値として設定し原価差異分析を実施

② 予算作成：売上原価や棚卸資産などの予算に利用

③ 財務会計：売上原価や棚卸資産などの実績としても利用可能

4・4　元来の標準原価の役割

　標準原価計算の元来の目的は、目標値を科学的に設定して、徐々にその目標値に実際原価を近付けていくことを目指すということでした。かつては製造工程のほとんどが人手作業だったからです。

　熟練の作業者による効率的な製造作業を調査し、どれだけの時間でどれだけの生産ができるのかを科学的に測定し、各作業者は日々経験を積むことで熟練度が増し経験曲線的に標準原価に近付いていく、という改善活動をしていました。したがって、昔は標準原価よりも実際原価の方が低くなる、いわゆる「有利差異」が発生することは基本的にはないという考え方でした。

4・5　標準原価の役割はどう変わったか

　現代においては、以前に比べて次のような環境の変化にさらされており、「経験曲線的に徐々に標準原価に近付ける」という意図が薄れてきています。

①　生産の機械化・自動化が進んだ

　機械は設定どおりのスピードで動きます。人間のように目標に少しずつ近付こうという意思は持っていません。機械作業においては、スピードのバラツキは少なく、熟練者のノウハウを新人に共有するといった標準原価管理的な改善施策はとりにくくなっています。

　また人手作業が残っている工程でも、ベルトコンベアが導入されると、作業スピードは個人ではなくベルトコンベアのスピードで決まることになります。

　さらに、機械化されることで作業の正確性のバラツキも少なくなり、不良の発生も規則的になることが多いため、熟練による不良率の改善効果も少なくなってきます。

②　多品種小量生産化が進んだ

「多品種変量生産」といった方が正確かもしれません。多品種化が進んだ

ことで、1品種ずつ原価標準を設定することが大きな手間になっています。

また、多品種少量化によりロットサイズが小さくなり、工程での段取替えの回数が増加しました。かつては同じものを数日間つくり続けることも珍しくなかったのですが、現在は1日に何度も品目切替えを行うため、正味の作業時間よりも段取替え時間の方が長くなってしまうこともあります。こうなると、正味の作業時間を短縮して得られる効果はあまり大きくなく、むしろ段取替え時間の短縮や、外段取化、段取回数自体の削減などが改善ポイントとなってきます。

③ 製品ライフサイクルが短くなった

多品種化の影響も大きいのですが、製品のライフサイクルが短くなったことにより、標準原価が意図する標準作業時間に近付いていく途中で新製品に置き換えられたりしてしまうため、熟練による効率化の効果があまり享受できなくなってきたという面があります。

④ 間接費・固定費に分類される金額割合が格段に増加した

以前は、原価のほとんどが「材料費」と「直接労務費」で占められていました。したがって、材料をムダにせずに短時間で作業をすることが原価改善の大きな割合を占めていました。

もちろん現在もそれらは重要ですが、機械設備の減価償却費、機械設備などのメンテナンスや生産管理などの業務に携わる間接労務費など、間接費・固定費に分類する原価費目が大きくなってきています。したがって、原価改善のポイントが「素早く正確な作業で時間短縮を図る」だけでなく、「間接費・固定費の管理」という別の観点も重要になってきました。

こうした環境変化を踏まえて、標準原価による原価管理の仕方を考えなければなりません。原価標準（1単位当たりの標準原価）の設定方法を工夫することで、今の時代にも適合する原価管理手法を取ることが可能です。工夫のポイントは次のとおりです。

- 原価標準の設定は効率的に（短時間で）行う
- 科学的に設定すべきではあるが、有利差異が出ても構わない。原価差異が平均的にゼロになるようないわゆる「予定原価」と呼ばれるレベルのものでもよい
- 工法の変更や機械の改善もあるため、定期的に原価標準の更新を行わなければならない
- ロットサイズ、段取替えを考慮に含めて原価標準を設定する

4・6　原価標準を設定しよう

それでは、デザート事業部の代表製品である「果実まるごとゼリー」の原価標準を設定してみましょう。ここで紹介する原価標準の設定方法は一般的な内容が多いのですが、少し異なる点は「ロットサイズに応じた原価標準」を設定するということです。

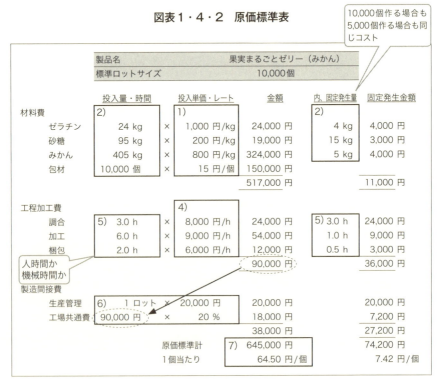

図表1・4・2　原価標準表

第1章 // 製品別採算管理

① 原料費・外注加工費

1) 主要原料の標準単価を見積る

原料の単価は、相場変動など外部環境に依存する要素が大きく、コントロールは難しいため、前年の平均値などを取ることが多いです。ただし、調達量を増やせば単価を下げられる、購入先の原価管理も協同して行う（自動車業界などではよくあります）場合には、標準単価の見積りの重要度も上がってきます（図表1・4・2の1) を参照）。

2) 各製品の標準ロットサイズにおける材料（主要原料）の標準投入量を見積る

1個の製品を製造するために必要な投入量（正味の量と1個当たりで発生する標準ロス）と、調合後に配管に残ってしまう材料のように、ロットサイズにかかわらず固定的に発生するロスの数量を見積ります（図表1・4・2の2) を参照)。

3) 標準ロットサイズにおける標準外注単価を見積る

外注している作業がある場合には、標準ロットサイズにおける標準外注単価を見積ります。ロットサイズ別に単価が異なる場合には、材料費と同様の考え方で、固定的にかかる外注費と1個当たりでかかる外注費を分けて把握してください。

② 製造工程費用

4) 標準チャージレートを算出する

製造工程で発生する費用（先述した材料費や外注加工費以外）を工程別に集計します。補助材料費、労務費、減価償却費などの費用です。製造工程へ費用を直課（たとえば製造工程にいる直接作業者の労務費）するか、関連性の高い配賦基準値を用いて製造工程へ個別配賦（たとえば電力料を製造工程設備の規格消費電力の比率で割る）を行います。

なお、製造工程の稼働と関連のない費用については、図表1・4・2の6) の製造間接費の取扱いで後述します。

次に、製造工程の発生費用を、各製造工程の見積り総稼働時間で割って標準チャージレート（1時間当たりの工程費用）を算出します（図表1・4・

65

図表1・4・3　チャージレート算出例

工程名	人or機械	年間工程費用	年間総時間	チャージレート
ゼリー調合	機械	240,000,000 円	30,000 時間	8,000 円/時間
ゼリー加工	機械	480,000,000 円	48,000 時間	10,000 円/時間
ゼリー梱包	機械	108,000,000 円	18,000 時間	6,000 円/時間
ゼリー梱包（人）	人	60,000,000 円	20,000 時間	3,000 円/時間
		A	B	A÷B

3を参照）。製造工程の稼働時間は、人がメインで作業する工程であれば「人時間」、機械がメインで作業する工程であれば「機械時間」で把握するのがポイントです。

なお、工程費用を変動費と固定費に分けるべきかという論点があります。変動費とは操業時間に比例して発生する費用、固定費とは操業時間にかかわらず固定的に発生する費用です。生産量や稼働時間が増えると発生費用がどれだけ増加するのかを管理するために、固変分解を行うことがあります。

ただし、現実的には正確に工程変動費を分けて管理することは難しいケースが多いです。たとえば燃料費や水道光熱費は工程変動費に該当すると考えられますが、工程別に電力メーターや水量メーターを設置していることはまれで、工程別に費用の発生実績を測定することができません。そうすると工程固定費と変動費を分けていても、原価分析上のメリットはあまりありません。

5)　各製品の標準ロットサイズにおける標準作業時間を見積る

各製造工程でどれだけの時間がかかるかを見積ります。

1個製造するために正味で動いている時間だけでなく、ロットサイズにかかわらず固定的に発生する段取時間を含めて見積りを行います。他の製品製造に回せない時間という意味で「占有時間」という考え方で見積もってください（図表1・4・2の5）を参照）。調合工程のようにロットサイズが100kgでも200kgでも、占有時間（混ぜる時間）が変わらないような場合もあります。

また、機械作業の場合は内段取と外段取という考え方も考慮に入れてください。内段取は機械の占有時間に含まれてしまう段取作業、外段取は機

第1章 // 製品別採算管理

械を占有しないで別の場所で段取できる作業のことです。作業を外段取化すれば、機械の占有時間を短くすることができます。

③ 製造間接費

6) 製造間接費の配賦方法を決め、標準ドライバー数量と標準ドライバー単価を設定する

生産管理部の費用など、いわゆる補助部門費をどのように配賦するかを決めます。ABC社のケースでは、生産管理部は生産計画の作成などを担当しており、ロットの数に応じて業務の手間がかかっている傾向があったため、1ロット当たり単価を算出し、ロットごとに費用を負担させることとしています。果実まるごとゼリーの生産管理費の標準ドライバー数量は1ロットで、1ロット当たり単価は20,000円ということです（**図表1・4・2の6）**を参照）。

製造間接費の配賦のポイントは、細分化しすぎないこと、複雑にしすぎないことです。金額的に大きく、かつコントロール可能な項目に絞るべきです。それ以外は「工場共通費」として1つにまとめ、負担能力主義的な配賦基準で一括配賦してしまえばいいでしょう。このケースでは、工程加工費の20％という配賦基準で一括配賦しています。

④ 最終的な積上げ計算

7) 製品1ロット当たりおよび製品1個当たりの原価を算出する

最後に、すべてのコストを積み上げて1ロット当たりの標準原価を算出し、ロットサイズの個数で割って1個当たりの標準原価を算出します（**図表1・4・2の7）**を参照）。

このようにして原価標準の設定をしますが、一番のポイントはロット当たりで固定的にかかる数量や段取時間を考慮しておくことです。これが「ロット当たり標準原価」という考え方です。

このように設定しておくのは、原価を大きく変動させる要因が「ロットサイズ」であるためです。このように原価計算を行うことで、原価が大き

67

く増減したときに、ロットサイズに起因するのかそれ以外なのかを分離して原価分析を行うことができるのです。

⑤ 原価標準設定のポイント
- ・ロットサイズが変わると原価が大きく変わることがある
- ・ロットサイズに関わらず固定的に発生する費用を把握する
- ・製造工程ごとに人時間と機械時間のどちらがメインか見極める

4・7 ロットサイズ差異の算出

4・6では、みかんゼリーを10,000個製造する場合の原価標準を設定しましたが、ロットサイズが5,000個になった場合、原価標準がどのように変わるのかについて計算してみましょう。**図表1・4・4**はロットサイズ10,000個の場合と5,000個の場合の原価標準表を並べたものです。固定的に発生する原価は金額が変わらないので、製品1個当たりが負担する金額は10,000個の時と比べて2倍になることがわかります。

これによって損する金額は原価差異の一部を構成するものであり、「ロットサイズ差異」と呼びます。

算出方法は、△（1－実際ロットサイズ／標準ロットサイズ）×ロット当たりの標準固定発生金額で算出します。

実際に算出してみると、ロットサイズ差異＝△（1－5,000／10,000）×74,200＝37,100円となります。つまり、ロットサイズを10,000個から5,000個に小さくすると、37,100円の不利差異が発生し、製品1個当たり7.42円の原価増加要因となっているという意味になります。

通常、原価差異は実際原価と標準原価の差異として算出されますが、ロットサイズ差異は実績が出る前から算出可能です。したがって、ロットサイズ差異を事前に見積ることができるので、営業部は納期の調整によりロットサイズを維持すべきなのか、ロットサイズを小さくすることによるロットサイズ差異の金額を販売単価に上乗せすべきなのかなどの判断に役立てることも可能です。

第1章 // 製品別採算管理

図表1・4・4 ロットサイズが変わることによる原価標準の変化

	製品名			果実まるごとゼリー（みかん）			
	標準ロットサイズ			10,000個			
	投入量・時間		投入単価・レート	金額		内、固定発生量	固定発生金額
材料費							
ゼラチン	24 kg	×	1,000 円/kg	24,000 円		4 kg	4,000 円
砂糖	95 kg	×	200 円/kg	19,000 円		15 kg	3,000 円
みかん	405 kg	×	800 円/kg	324,000 円		5 kg	4,000 円
包材	10,000 個	×	15 円/個	150,000 円			
				517,000 円			11,000 円
				×0.5			
工程加工費							
調合	3.0 h	×	8,000 円/h	24,000 円		3.0 h	24,000 円
加工	6.0 h	×	9,000 円/h	54,000 円		1.0 h	9,000 円
梱包	2.0 h	×	6,000 円/h	12,000 円		0.5 h	3,000 円
				90,000 円			36,000 円
製造間接費							
生産管理	1 ロット	×	20,000 円	20,000 円			20,000 円
工場共通費	90,000 円	×	20 %	18,000 円			7,200 円
				38,000 円			27,200 円
			原価標準計	645,000 円			74,200 円
			1個当たり	64.50 円/個			7.42 円/個

分母が半分になったので1個当たりは2倍

	製品名			果実まるごとゼリー（みかん）			
	標準ロットサイズ			5,000個			
	投入量・時間		投入単価・レート	金額		内、固定発生量	固定発生金額
材料費							
ゼラチン	14 kg	×	1,000 円/kg	14,000 円		4 kg	4,000 円
砂糖	55 kg	×	200 円/kg	11,000 円		15 kg	3,000 円
みかん	205 kg	×	800 円/kg	164,000 円		5 kg	4,000 円
包材	5,000 個	×	15 円/個	75,000 円			
				264,000 円			11,000 円
							金額合計は同じ
工程加工費							
調合	3.00 h	×	8,000 円/h	24,000 円		3.0 h	24,000 円
加工	3.50 h	×	9,000 円/h	31,500 円		1.0 h	9,000 円
梱包	1.25 h	×	6,000 円/h	7,500 円		0.5 h	3,000 円
				63,000 円			36,000 円
製造間接費							
生産管理	1 ロット	×	20,000 円	20,000 円			20,000 円
工場共通費	63,000 円	×	20 %	12,600 円			7,200 円
				32,600 円			27,200 円
			原価標準計	359,600 円			74,200 円
			1個当たり	71.92 円/個			14.84 円/個

69

また、製造部においても、特定の製品のロットサイズ差異が多額に発生し続けると想定される場合には、標準ロットサイズ自体を小さくできないかということを検討することも大事です。

4・8　原価標準の改定

原価標準は定期的（毎年〜毎半期）に改定してください。原価標準を設定してから何年も改定せず、もはや誰も原価標準を信頼していないという会社が多くあります。一方で、毎月とか毎四半期とか頻繁過ぎるのもそれはそれで問題です。手間が増え、混乱を招くだけです。ただ、定期的な改定とは別に、工法の変更のような大きな変更があった場合には、すぐに改定すべきです。

現代においては、多品種化が進んでいるメーカーが多くなっています。取り扱っている品種が多いのに、すべての品種で毎年原価標準を改定するのは実務上大きな負担になるかもしれません。そのため、原価標準の改定は効率的に行うべきです。

具体的には、前年度実績の平均値やそれよりもちょっと高い水準（たとえば上位3分の1の値）で自動的に設定することが効率的です。ただし、前年度実績に異常値が含まれているような場合があれば、その影響を排除した方がよいでしょう。

まとめ

- ・ロットサイズに応じた原価標準を設定する
- ・ロットサイズによる原価差異は、実際原価がなくても算出できる
- ・原価標準の改定は定期的に行うべきであるが、簡便的に改定できるための工夫が必要。

5. 多品種変量生産での原価差異分析

製品別に標準原価と実際原価を計算したら、差し引いて原価差異を算出します。原価差異は要因別に分離して分析することで、何がどれだけ悪かったのか、何を改善すべきかが明らかになります。

◆ CASE　デザート事業部における原価差異分析
―原価差異はどこまで細かく区分すればよいのか？―

（このケースは、**4.**デザート事業部における製品原価分析の続きです。まずは**4.**からお読みください。）

ABC社のデザート事業部は、国内食品事業本部に所属している。当事業部は**4.**のとおり、製品別の標準原価を作成している。一方、実際原価の計算は月初の3営業日目に実施していた。その際に標準原価と実際原価の差を分析することで、改善に向けたさまざまな知見を得ることができた。

デザート事業部で販売する商品の1つに「果実まるごとゼリー」という商品がある。カップ一杯に満たされたゼリーの中に、文字どおりみかんや桃といった果実がまるごと入ったゼリーである。

調合されたゼリー液を充填する際には、商品ごとに果肉も合わせて充填される。その後の工程で上フタが閉められ、殺菌、梱包される。この商品は内部に気体の部分はなく、カップの上限一杯までゼリー液が満たされている。

この商品の製造では、調合工程や充填工程でどうしてもロスが出てしまう（図表1・5・1参照）。また、実際に果肉を使用するため、果肉自体の大きさや量のバラつきがあり、その管理など生産管理上困難な点が数多く

図表1・5・1　ゼリーの材料ロスの発生状況

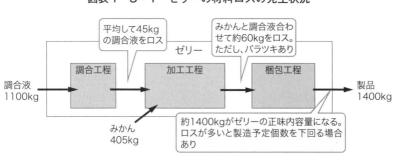

ある。生産管理では、日々の生産指図ごとに、歩留りや能率や工程全体の稼働率を把握し、生産性改善に取り組んでいる。

　ここでは、原価計算／原価管理において、実際原価を把握し、標準原価との差異を分析することが、日々の生産改善活動とどのように結びついているのか考えてみたい。

5・1　原価差異の分類

　ABC社では、原価差異は**図表１・５・２**のようにドリルダウンして管理します。

図表１・５・２　原価差異のドリルダウン

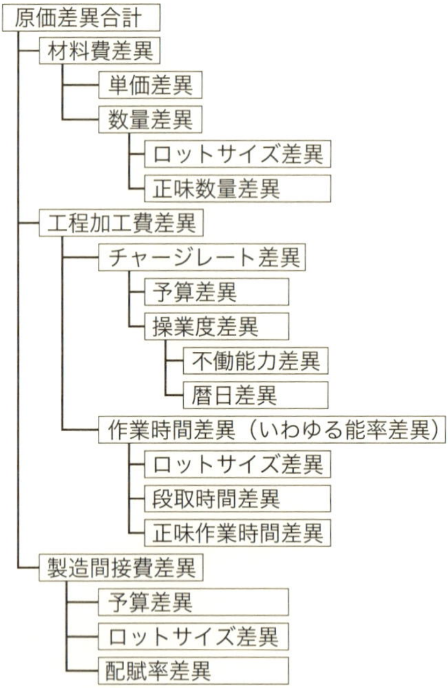

```
原価差異合計
├─ 材料費差異
│   ├─ 単価差異
│   └─ 数量差異
│       ├─ ロットサイズ差異
│       └─ 正味数量差異
├─ 工程加工費差異
│   ├─ チャージレート差異
│   │   ├─ 予算差異
│   │   └─ 操業度差異
│   │       ├─ 不働能力差異
│   │       └─ 暦日差異
│   └─ 作業時間差異（いわゆる能率差異）
│       ├─ ロットサイズ差異
│       ├─ 段取時間差異
│       └─ 正味作業時間差異
└─ 製造間接費差異
    ├─ 予算差異
    ├─ ロットサイズ差異
    └─ 配賦率差異
```

　※工程加工費差異は、変動費部分と固定費部分に分解することもあります。しかし、ABC社では変動費の割合が小さく、全額固定費扱いしても分析に影響を与えないと判断し、工程加工費差異で一括りにしています。

　分類した原価差異は、**図表１・５・３**のような原価差異分析表で管理します。このレポートは差異項目によって、製品別や材料品目別、製造工程

別などの粒度でドリルダウンして原因分析と改善施策を検討します。

　また、ABC社では製造原価だけではなく売上などの予算差異も含んだ差異分析表にしていました。売上高も製造原価の差異分析と同じように、販売単価の変動による影響と販売数量の変動による影響に切り分けることができます。こうした差異分析表は、主に営業部、製造部、調達部などの各機能を担当している部署が確認・管理するレポートです。

　たとえば、カップデザートは販売単価差異として1,000の有利差異が出ており、販売数量差異として1,500の不利差異が出ています。これは、主に営業部の業績評価になるもので、「単価を上げた、または単価の高い製品をたくさん販売できたが、全体的な販売数量は落ちてしまった」というように読み取れます。この表は原価差異の総括表なので粒度が粗いですが、ここから製品別や工程別などにドリルダウンして、分析を進めていきます。原価差異の算出方法や分析方法、分析のためのドリルダウンについては、**5・2**で詳細に解説します。

図表1・5・3　原価差異分析表（総括表）

（プラスが有利差異・マイナスが不利差異）

製品群		カップデザート	焼菓子	ヨーグルト	・・・
売上高差異		-500	-1,500	2,800	
	販売単価差異	1,000	-600	800	
	販売数量差異	-1,500	-900	2,000	
原価差異		-610	-1,070	-240	
	材料費差異	-100	-400	0	
	単価差異	200	100	-50	
	ロットサイズ差異	-100	-400	-50	
	正味数量差異	-200	-100	100	
	工程加工費差異	-100	-410	-200	
	予算差異	100	100	-40	
	不働能力差異	-100	-150	50	
	暦日差異	-100	-100	-100	
	ロットサイズ差異	-70	-300	-40	
	段取時間差異	30	20	-40	
	正味作業時間差異	40	20	-30	
	製造間接費差異	-410	-260	-40	
	予算差異	-300	-200	-100	
	ロットサイズ差異	-30	-100	-10	
	配賦率差異	-80	40	70	

5・2 原価差異分析と改善施策

原価差異項目ごとに、算出方法や分析粒度、どのような分析を行い改善施策につなげていくべきかについて解説します。それぞれの原価差異項目について、次のような項目を整理して解説します。

・分析粒度

どの程度の細かさで分析するかを示しています。たとえば、材料単価差異は材料別に単価が決まっているので、材料別に砂糖は安く仕入れた、卵は高くなってしまったということを把握して分析します。

・算出粒度

どの程度の細かさで算出するかを示しています。必ずしも分析粒度とは一致する必要はありません。たとえば、材料正味数量差異は製造ロット別材料品目別に算出する必要がありますが、分析する際には材料品目別にまで見ることはあまりなく、ロット別やさらに集約して製品別に分析することになります。

・算出方法

算出式を示しています。

・責任部署

典型的な例として、当該差異を管理し責任を負う部署を示しています。

では、原価差異項目ごとに見ていきましょう。

① 材料単価差異

・分析粒度：材料品目ごと

・算出粒度：材料品目ごと

・算出方法：（標準材料単価−実際材料単価）×実際投入数量

・責任部署：購買担当部署

ゼリーの原料の1つである砂糖の材料単価差異を算出してみましょう。

1ヵ月の砂糖の実際投入数量が50,000kg、標準単価が200円／kg、実際単価が205円／kgの場合、250,000円の不利差異が算出されます。

砂糖の材料単価差異＝（200－205）×50,000＝△250,000円

材料単価差異とは、標準よりも高い単価の材料を調達・使用してしまったことによる影響額を意味します。

この算出により、どの原料の調達活動に問題があったのかが特定できます。単に単価の高い材料を特定するのではなく、実際数量を掛け合わせることで、影響金額が大きい原材料を特定することができます。

一般的に、材料単価差異の金額が大きかった材料については、調達先の変更、調達に伴う物流費などの見直し、一括購入による調達先との単価交渉などの改善施策を検討することになります。

図表1・5・4　材料単価差異算出イメージ

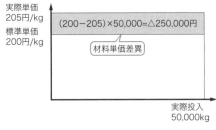

② 材料ロットサイズ差異

・分析粒度：製品、製造ロット
・算出粒度：製造ロット
・算出方法：△（1－実際ロットサイズ／標準ロットサイズ）×ロット当たり材料費の標準固定発生金額
・責任部署：営業担当部署、製造担当部署

考え方は5・1のとおりです。材料ロットサイズ差異は、標準よりも小さいロットサイズで製造してしまったことにより、製品1個が固定的に発生する材料ロスを割合的に多く負担しなければならなくなった影響額を意味します。

材料ロットサイズ差異の算出は、ロットサイズが決まれば製造前の段階で事前に把握できます。営業部の担当者も小ロットの受注が非効率だと定

性的に認識しているはずですが、影響額が定量的にわかることで、納期の調整によるロットサイズの維持や販売単価の上乗せなどの対応を取ることができます。

また製造部も、特定製品のロットサイズ差異が1ヵ月を通じて大きくなってしまう場合、標準ロットサイズ自体を小さくするなどの対応を検討することができます。

なお、ロットサイズ差異は材料費ロットサイズ差異と工程加工費ロットサイズ差異、製造間接費ロットサイズ差異を合算して管理することになります。

③　材料正味数量差異

・分析粒度：製品、製造ロット、材料品目
・算出粒度：製造ロット別材料品目別
・算出方法：（当該ロットサイズでの標準投入量－実際投入量）×標準単価
・責任部署：製造担当部署

果実まるごとゼリー（みかん）の材料の1つである砂糖の材料正味数量差異を算出してみましょう。

ある製造ロットのサイズが6,000個だった場合、このロットサイズの砂糖の標準投入量は63kgです（1個当たり8g×6,000個＋固定分15kg）。これに対して、実際投入数量が65kgであれば、400円の不利差異が算出されます。

材料正味数量差異＝（63－65）×200＝△400円

材料正味数量差異とは、不良の発生などにより材料をムダにしたり、材料がこぼれてしまったりなど、人作業の不慣れや機械の不備などによりムダにした材料の影響額を意味します。

材料の投入量が多くなってしまった製造ロットを特定し、製造日報などから何が起きたのかを確認・分析し、再発防止策を講じることになります。また、特定の製造ロットではなく、平準的に不利差異が発生している場合にも、機械に不具合が発生していないかなどの問題を特定し、改善策を講

じることになります。

また、成績が良かったロットと悪かったロットを抽出し、違いを分析して良かった製造ロットの工夫ポイントを全工員で共有するというやり方も有効です。

図表1・5・5　材料正味数量差異算出イメージ

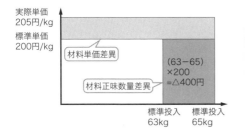

④　工程加工費予算差異

・分析粒度：製造工程、勘定科目
・算出粒度：製造工程、勘定科目
・算出方法：工程の費用予算額−工程の発生費用実績額
・責任部署：製造工程

原料調合工程の消耗品費の予算差異を算出してみましょう。

原料調合工程の消耗品費の費用予算額が1,000千円、実績額が1,100千円の場合、100千円の不利差異が算出されます。

工程加工費予算差異＝1,000千円−1,100千円＝△100千円

工程加工費予算差異とは、工程の費用予算に対して、実績がどれだけオーバーしてしまったかを意味します。

各費目に対して、使用量の適正化・節約、調達方法の見直しなどの改善策が考えられます。一般的な販管費の経費予算管理と似ています。

ただし、勘定科目によっては変動費的な要素が含まれていたりするので、勘定科目別に分析方法や対応を変える必要があります。たとえば人件費であれば、固定費である正社員と変動費であるパート社員の比率が変わった

影響で予算差異が発生したりもします。稼働率が上がったためにパート社員を増やした場合、予算差異の不利差異金額は増加しますが、後述する操業度差異は有利差異金額が発生することがあります。トータルで良し悪しを判断するとよいでしょう。

⑤ 不働能力差異
・分析粒度：製造工程
・算出粒度：製造工程
・算出方法：（該当月の総稼働時間実績−該当月の予算総稼働時間）
　　　　　　×標準チャージレート
・責任部署：営業担当部署、製造担当部署
原料調合工程の不働能力差異を算出してみましょう。
原料調合工程のある月の予算総稼働時間が2,400時間であるのに対して、実績の総稼働時間が2,300時間だった場合、800,000円の不利差異が算出されます。

不働能力差異＝（2,300h−2,400h）×8,000円／h＝△800,000円

不働能力差異とは、いわゆる操業度差異のうち純粋に稼働しなかった、またはできなかったためにムダになった時間の影響額を意味します。受注や販売予定数が減ったために減産した結果、稼働しなかった時間が増えたケースと、設備に不具合などがあり稼働できなかったケースの大きく2とおりが考えられます。

前者の場合、主に営業部が責任部署となり、生産能力を満たすために営業活動を推進するという対応策が必要になります。一方後者の場合は、製造部や生産管理部・生産技術部などが設備が不具合なく稼働するような対応策（定期的な修繕や日々のメンテナンス活動）が考えられます。なお、特定の製造ロットに起因する不具合（いわゆるチョコ停など）は、稼働時間に含め「正味作業時間差異」の改善活動として対応することになります。

図表１・５・６　不働能力差異と暦日差異の算出イメージ

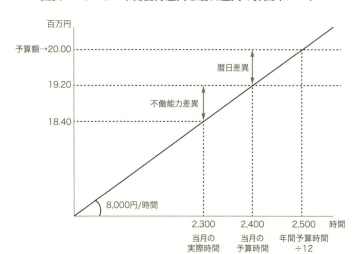

⑥　暦日差異

・分析粒度：全社
・算出粒度：製造工程
・算出方法：（該当月の予算総稼働時間－年間の予算総稼働時間÷12）
　　　　　　×標準チャージレート
・責任部署：なし

原料調合工程の暦日差異を算出してみましょう。

　ある月の予算総稼働時間が2,400時間で、年間予算総稼働時間が30,000時間だった場合、△800,000円の不利差異が算出されます。

暦日差異＝（2,400h－30,000h÷12）×8,000円／h＝△800,000円

　暦日差異とは、単純に１年の総稼働日数を12等分した数字と、実際の１ヵ月の稼働日数が異なることによる影響額を意味します。稼働日数が多い月は有利差異が発生し、稼働日数が少ない月は不利差異が発生します。12ヵ月分を通算すると、暦日差異はゼロになります。

　これは計算上発生してしまう差異であり、改善が必要なものではありません。

⑦ 工程加工費ロットサイズ差異
・分析粒度：製品、製造ロット
・算出粒度：製造ロット
・算出方法：△（1－実際ロットサイズ／標準ロットサイズ）×ロット
　　　　　　当たり工程加工費の標準固定発生金額
・責任部署：営業担当部署、製造担当部署

　工程加工費ロットサイズ差異は、材料費ロットサイズ差異と同じく、標準よりも小さいロットサイズで製造してしまったことにより、製品1個が工程加工費の固定投入部分を割合的に多く負担しなければならなくなった影響額を意味します。算出は材料費のロットサイズ差異と別々に行いますが、合算して管理することになります。

⑧ 段取時間差異
・分析粒度：製品、製造ロット、製造工程
・算出粒度：製造工程別製造ロット別
・算出方法：(標準段取時間－実際段取時間)×標準チャージレート
・責任部署：製造担当部署

　果実まるごとゼリー（みかん）の調合工程がある製造ロットの段取時間差異を算出してみましょう。

　調合工程の標準チャージレートは8,000円／hであり、この製品の標準段取時間は1時間です。ちなみに、標準段取時間はロットサイズにかかわらず一定です。あるロットの実際段取時間が1.5時間だった場合、4,000円の不利差異が算出されます。

　段取時間差異＝（1h－1.5h）×8,000円＝△4,000円

　段取時間差異とは、段取作業の不慣れや不手際などにより長い時間を使ってしまったことによる影響額を意味します。

　この差異を計算するためには、製造ロット別の稼働時間情報を記録する際に、正味の稼働時間と段取時間を分けて記録しておく必要があるので、

その点は注意してください。

　実際段取時間が長くなってしまった製造ロットを特定し、製造日報など
から何が起きていたのかを確認・分析し、再発を防止する策を講じること
になります。また、特定の製造ロットではなく、平均的に不利差異が発生
している場合も、機械に不具合が発生していないかなどの問題を特定し、
改善策を講じることになります。製造が機械化されている場合も、段取時
間は人作業であるケースもそれなりに多いので、後述する正味作業時間差
異と区別して分析するとよいでしょう。

　また、材料正味数量差異の分析で説明したものと同じく、良かったロッ
トと悪かったロットを比較して違いを分析する方法でも有効です。

図表1・5・7　段取時間差異算出イメージ

調合工程の実際段取時間	1.5時間
調合工程の実際チャージレート	8,500円/h
調合工程の標準段取時間	1.0時間
調合工程の標準チャージレート	8,000円/h

⑨　正味作業時間差異

・分析粒度：製品、製造ロット、製造工程
・算出粒度：製造工程別製造ロット別
・算出方法：（標準正味稼働時間－実際正味稼働時間）×標準チャージ
　　　　　　レート
・責任部署：製造担当部署

　果実まるごとゼリー（みかん）の加工工程の正味作業時間差異を算出し
てみましょう。

　ある製造ロットのロットサイズが6,000個だった場合、この製品の標準
正味稼働時間は3h（10,000個当たり5h）です。さらに加工工程のチャー

ジレートは9,000円／hです。実際の正味稼働時間が4hだったとした場合、9,000円の不利差異が算出されます。

正味作業時間差異＝（3h－4h）×9,000円／h＝△9,000円

　正味作業時間差異とは、人が正味の作業をしている、または機械が稼働している時間が標準よりも長くなってしまったことによる影響額を意味します。

　人作業の場合は作業者の不慣れなどによりバラツキが発生しやすいですが、機械作業の場合は設定したとおりの時間で動きますから基本的にはあまり発生しません。しかしそれでも、材料品質の問題や操作ミスによるチョコ停が発生したり、1ショットで10個同時につくれるものが、1個分のラインに不具合が出たために9個同時にしかつくれなくなってしまうなど、正味作業時間差異が発生することもあります。これについても、原因を特定して改善策を講じることができます。

　また、機械作業か人作業かに関わらず、材料の品質にバラツキがあったりすると、作業時間が長くなってしまうこともあるので、製造工程自身の問題以外に潜んでいるかもしれない真の原因をいかにつきとめるかも重要になってきます。

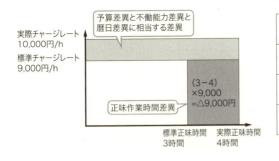

図表1・5・8　正味作業時間差異の算出イメージ

⑩　製造間接費予算差異
　・分析粒度：補助・管理部署、勘定科目
　・算出粒度：補助・管理部署、勘定科目

・算出方法：部署の費用予算額－部署の発生費用実績額

・責任部署：補助・管理部署

　基本的には、工程加工費予算差異と同じ意味を持ち、同じように改善策を考えます。

　製造数量とは直接的な比例関係はないため、製造工程に対する役務提供を必要十分に行い、その上でコストを最低限に抑えることがポイントです。「製造工程に対する役務提供」が十分にできているかを定量化するためにKPIを設定し、定量的に測定・改善する工夫を行うのもよいでしょう。

⑪　製造間接費ロットサイズ差異

・分析粒度：製品、製造ロット

・算出粒度：製造ロット

・算出方法：△（1－実際ロットサイズ／標準ロットサイズ）×ロット
　　　　　　当たり製造間接費の標準固定発生金額

・責任部署：営業担当部署、製造担当部署

　製造間接費ロットサイズ差異は、材料費や工程加工費のロットサイズ差異と同じく、標準よりも小さいロットサイズで製造を行ってしまったことにより、製品1個が製造間接費の固定部分を割合的に多く負担しなければならなくなった影響額を意味します。算出は材料費のロットサイズ差異と別々に行いますが、合算して管理することになります。

⑫　製造間接費配賦率差異

・分析粒度：補助・管理部署

・算出粒度：補助・管理部署

・算出方法：製品（製造ロット）への配賦実績総額－製造間接費予算総額

・責任部署：なし

　生産管理部の製造間接費配賦率差異を算出してみましょう。

　生産管理部費用は1ロット当たり20千円を配賦することになっています。1ヵ月の生産管理部の費用予算が12,000千円で、1ヵ月の実際ロッ

ト総数が580ロットだった場合、400千円の不利差異が算出されます。

$$製造間接費配賦率差異＝580ロット×20千円／ロット－12,000千円$$
$$＝△400千円$$

　製造間接費配賦率差異は各製造ロット（実績）に製造間接費を負担した総額と製造間接費予算額との差額です。

　計算の考え方は操業度差異に近いものですが、工場の操業ではなく、製造間接費配賦のための基準ドライバー量（生産管理部の場合はロット数）の多寡により差異が発生するため、あまり改善の視点を持つものではありません。

　たとえば、生産管理部の業務は製造ロット1ロットごとに公平に負担すべきだと考えて配賦方法を決定していますが、ロット数が減れば直ちに発生費用を削減できるわけでもなく、ロット数を決めているのは生産管理部ではないので、生産管理部自身もコントロールできません。したがって、あまり意味のない差異項目といえます。

図表1・5・9　製造間接費配賦率差異算出イメージ

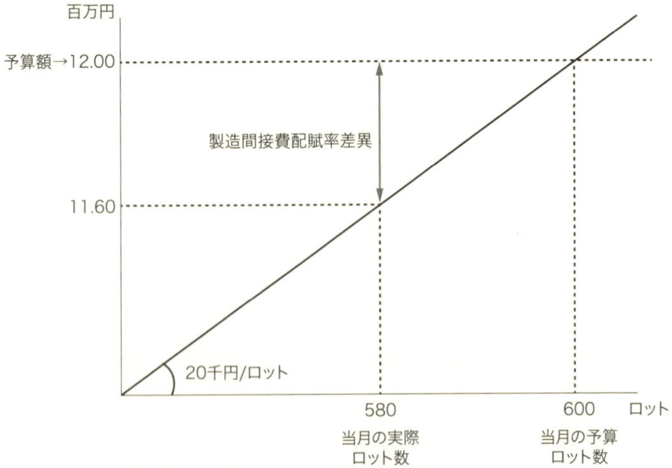

第1章 // 製品別採算管理

5・3 原価差異分析まとめ

　ここまでに解説した原価差異分析について、分析粒度、算出粒度、責任部署、差異の意味を整理すると**図表1・5・10**のようになります。

図表1・5・10　原価差異分析のまとめ

	分析粒度	算出粒度	責任部署	不利差異の場合の意味
材料費差異				
単価差異	材料品目	材料品目	購買担当	材料を高く買った
ロットサイズ差異	製品・製造ロット	製造ロット	営業担当 製造担当	小さいロットサイズで作った
正味数量差異	製品・製造ロット 材料品目	製造ロット 材料品目	製造担当	材料を使い過ぎた
工程加工費差異				
予算差異	製造工程 勘定科目	製造工程 勘定科目	製造担当	工程費用をかけ過ぎた
不働能力差異	製造工程	製造工程	営業担当 製造担当	稼働率が低かった
暦日差異	全社	製造工程	なし	カレンダー日数がたまたま少なかっただけ
ロットサイズ差異	製品・製造ロット	製造ロット	営業担当 製造担当	小さいロットサイズで作った
段取時間差異	製品・製造ロット 製造工程	製造ロット 製造工程	製造担当	段取作業の時間が長くなった
正味作業時間差異	製品・製造ロット 製造工程	製造ロット 製造工程	製造担当	正味作業の時間が長くなった
製造間接費差異				
予算差異	補助・管理部署 勘定科目	補助・管理部署 勘定科目	補助・管理部署	部署の費用をかけ過ぎた
ロットサイズ差異	製品・製造ロット	製造ロット	営業担当 製造担当	小さいロットサイズで作った
配賦率差異	補助・管理部署	補助・管理部署	なし	不働能力差異に近いがあまり意味はない

85

5・4 原価差異を財務会計P/L・管理会計P/Lでどう取り扱うか

　原価差異は、管理会計上は原則として全額売上原価に算入し、月次管理をすることが望ましいです。それは、当月に発生した原価差異は当月の業績に反映させ、対応策の検討も速やかに行うためです。翌月に繰り越す在庫は標準原価ベースで計上することになるので、業績管理上も見やすくなります。

　一方で、財務会計上は原則として原価差異を売上原価と月末棚卸資産残高に配分することが望ましいとされています。財務会計と管理会計で取扱いを変える場合、財管差異（財務会計上の数値と管理会計上の数値の差異）を会社全体で把握しておく必要があります。

まとめ

・原価差異は、種類に応じた正しい粒度で分析すれば、原因や改善の方向性が検討できる

・原価差異項目には責任部署を設定する

・管理会計上、原価差異を翌月以降に繰り越すメリットはない

第1章 // 製品別採算管理

6. 多品種変量生産での原価低減

標準原価と実際原価を比較して差異分析を行い、不利差異をゼロに近づけていくためのプロセスを紹介してきました。しかし、原価というものは、実はもっと前の段階でほぼ決まっており、標準原価自体を引き下げる活動が重要です。いわゆる原価企画と呼ばれる活動です。

◆ CASE　　デザート事業部における原価低減活動
―標準原価を下げることこそ真のコストダウン―

（このケースは**4.**、**5.**のデザート事業部における製品原価分析／原価差異分析の続きとなります。まずは**4.**、**5.**をお読みください。）

ABC社のデザート事業部は、国内食品事業本部に所属する。この事業部では、**4.**で解説したとおり製品別の標準原価を作成している。標準原価はそれ自体が目標となる原価の水準であるが、この標準原価自体をいかに下げるかに取り組むことこそ真のコストダウン活動である。

デザート事業部のプリンを紹介しよう。ABC社には数多くのプリン製品のバリエーションがある。自社ブランドとして売っている商品もあれば、他社ブランド商品の受託製造を行っているものもある。

自社ブランド商品についても、プリン自体がしっかり固められた商品や食感がなめらかな製品などさまざまである。その中で、定番のカッププリンについて考えてみたい。

この商品はカップに入れられたプリンと別添のカラメルソースがパックされた商品で、3個セットで売られている。プリンはプラスチック製の容器に入っており、内容量は100gである。

調合されたプリン液を充填し、加熱殺菌の後、包装工程で別添ソースを合わせて3個ずつでパック包装される。それをさらに、10パック入りケース、20パック入りケース、50パック入りケースと3つの大きさのケースで保存、出荷がなされる。

ABC社の他の製品と同様、品目ごとの標準原価が設定されており、月次での実際原価の集計と差異分析が行われている。

この商品を題材に、標準原価自体を下げるとはどういうことかについて考えてみよう。

87

6・1 原価標準自体の低減

　製品の量産開始前に実施する原価低減活動として、原価企画という考え方があります。量産がスタートしたら材料やつくり方などは簡単に変更できませんが、原価企画の考え方自体は量産開始後の改善活動にも役に立ちます。原価差異分析を実施しながら、そもそも標準原価自体をもっと低くできるのではないかという意識をもって原価管理活動を進めるとよいでしょう。機械化が進んだ現代においては、作業の慣れや経験により「実際原価を標準原価に近づける」よりも、機械の設定やつくり方自体を改善することで「標準原価自体を下げる」ことの方が効果は大きくなります。

　ここでは、標準原価自体を低減させることを考えるための切り口を紹介します。

①　材料費の低減

　材料費については「代替原料の検討」「投入量の抑制」「調達先の検討」が考えられます。

　まず「代替原料の検討」です。単純に考えれば、包材の素材を金属から安価なプラスチックに切り替えるなどがあります。しかしそれだけでなく、価格が多少高くなっても品質が高く安定した素材に切り替えることで、不良率を下げたり作業時間を短縮化するなどして、トータルとして原価を安くする検討も必要です。そのためには、ここまでで紹介したような製造実態を適切に反映する原価計算をすることが必須条件です。

　「投入量の抑制」は、完成品の正味重量を減らすことなく投入量を抑制するという意味です。たとえば、配管の短縮化や配管の素材改良などにより配管に残る調合液を減らしたりします。プラスチックや金属製品ならば、バリが多く発生しないような金型設計なども考えられます。

　他にも、測定精度を上げて完成品重量のバラツキをなくすことも考えられます。ABC社ではプリンの内容量を100gとしていますが、過去には機械の設定を110gに設定して実際重量が100gを下回らないようにしてい

た時期がありました。過去に使用していた充填設備は精度が低く、100〜120gの製品個体差が発生していたからです。その後、機械の精度を上げて、102gに設定しても実際の重量が100〜104gの間で収まるように改善しました。こうすることで表示上の内容量を変えることなく、投入量を減らすことができました。また、製品のバラツキがなくなったため、結果的に品質水準も上がるという効果も得られました。

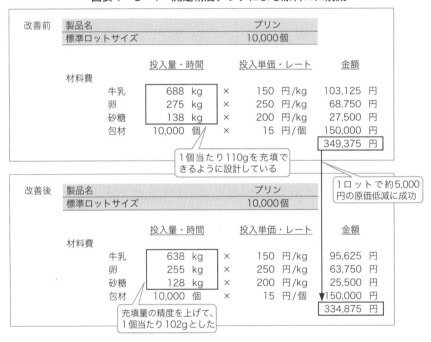

図表1・6・1　測定精度アップによる原料ロス削減

②　工程加工費の低減

次に、工程加工費については「正味時間の短縮化」「段取時間の短縮や外段取化」などが考えられます。

「正味時間の短縮化」は切り口がシンプルです。機械は設定しているとおりにしか動かないですが、製造条件の見直しなどで短縮化できることがあります。また、金型の容量を増加する（1ショットで1個ではなく10個つくる）など、単位時間あたりに製造できる量を増やすことも時間の短縮

化につながります。

　「段取作業の外段取化」は、たとえばプリンの調合工程において、1）タンクに原料を投入 → 2）原料をタンクの中で混ぜる → 3）次の加工工程に調合液を送液する → 4）タンクを洗浄するという作業順序がありますが、1）と4）が段取時間に該当します。ここで、あらかじめ原料を投入しておいたタンクを準備しておき、2）と3）の送液が終わった後にタンク部分を取り外し、原料投入済みのタンクと簡単に切り替えられるようにしておけば、2）と3）の作業をしている間に4）のタンク洗浄作業と次のロットの1）の原料準備作業を行うことができます。こうすることで、トータルの時間を短くすることができます。「ボトルネック部分の占有時間を極力短くする」という考え方が重要です。

　さらに事前にセッティングしておけば、自動的にタンクが切り替わって連続運転できるようにして、段取時間（切替時間）そのものを短縮することも考えられます。

　また、業種業態の特性によっては、ロット順序を工夫することで段取時間を短くすることもできます。たとえば、調合工程において、プレーン味 → オレンジ味 → フルーツミックス味のように、薄い味 → 濃い味または薄い色 → 濃い色の順番にすることで、洗浄を不要にまたは短縮できたりします。

　また、原価企画活動とは少し違いますが、生産の平準化も原価の低減に役立ちます。稼働率が低いときは操業度差異（不利差異）が発生し、固定費を有効活用できません。一方稼働率が高すぎるときは、操業度差異は有利差異となりますが、残業手当やパートタイム人件費が増加するなど、社外流出費用がかえって増えるので、予算差異は不利差異となります。つまり、閑散期と繁忙期が分かれていることで、トータルコストとしては増加してしまうということです。生産の平準化を図ることで稼働率を安定させ、固定費の有効活用と追加の社外流出費用の抑制を両立させることが必要です。

　生産の平準化を実現するには、在庫をある程度抱えることで、急激な需要の増減に対応できるようになります。必ずしも製品在庫を保有しておく必要はなく、ボトルネックになりやすい工程の後の中間品在庫を多めに

持っておくなどするとよいでしょう。

図表1・6・2 外段取化による原価低減

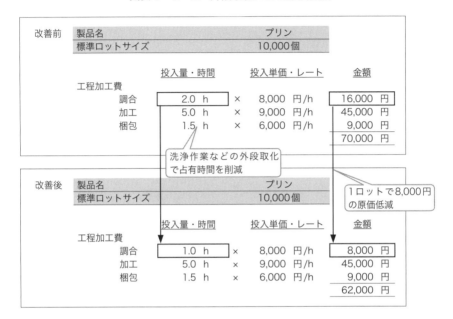

③ ロットサイズの柔軟化による原価低減

最後に、材料費と工程加工費どちらにもつながる要素として「ロットサイズの柔軟化」という切り口があります。

標準ロットサイズに満たない数量だと、材料や時間をムダにしてしまうことが多いといいましたが、標準的なロットサイズを柔軟に変更できるような製法を検討することで、結果的に原価低減につながります。ロットサイズの柔軟化は顧客のニーズに合わせやすくなることにもつながるので、営業担当者にとってもうれしいことです。

ABC社のプリン製造であれば、調合タンクの容量変更や温度管理の自動化により1ロット当たりの仕込み量を変動可能にしました。また、製品サイズや製品特性を調整することで加工工程のオーブンでの加熱時間を一律にして、複数種類の製品を同時に製造できるようにするなども考えられます。

図表1・6・3 ロットサイズの柔軟化

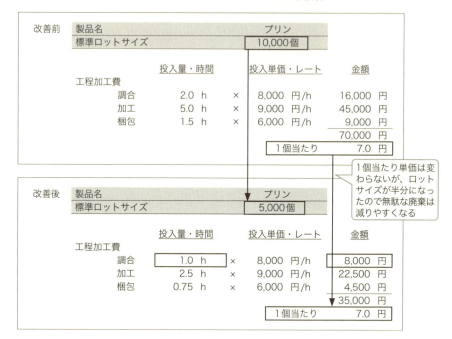

まとめ

- 機械化が進んだ現代の製造業では、実際原価を標準原価に近づける改善よりも、標準原価自体を低減させる改善の方が効果は大きい
- 基本的な考え方は、材料費を減らす視点、工程加工費を減らす視点である
- ロットサイズを柔軟にすることは直接的に原価を低減することにはならないが、廃棄ロスの削減や生産計画の融通が利くようになり、間接的に利益に貢献する

第1章 // 製品別採算管理

7. 製造・調達リードタイムが長い製品の採算管理

　企業にとって会計期間は1年が基本ですが、製品によっては製造に1年以上の期間を要するものもあります。このような製品は常に多くの仕掛品を抱えることとなり、長い製造リードタイムの中でさまざまな環境変化もあります。このような製品の製品採算管理／原価管理について考えてみましょう。

◆ CASE　　　三年物の味噌の採算管理
―製造リードタイム３年の製品をいかに管理するか―

　食品の中でも、味噌は日本人の食生活に欠かせない食材であるにも関わらず、今もなおコモディティとはなっていない消費者の志向性が強い食品である。事実、市場の寡占化も進んでおらず、国内に約1500社ものメーカーがひしめき合っている。最大手のメーカーでさえシェアは10％を超える程度であり、2番手以降のメーカーはいずれも1桁のシェアである。さらにシェア1％を超えるメーカーは数えるほどしかない。

　今ではABC社にとっての味噌事業そのものは全体の売上の1％にも満たないが、祖業であり、そしてABC社が多角化を進める上での中核技術の1つでもある発酵技術の原点でもある。過去に業績が悪化したこともあったが、事業撤退や事業売却の対象となることはなかった。そもそも収益性が高い事業ではないが、直近10年において赤字になったことは一度もなく、常に安定した売上と利益を確保できるようになっている。

　味噌は大豆と麹（こうじ）、そして塩から製造される。大豆と麹の種類および熟成期間によって製品バリエーションが異なる。仕込んでから数ヵ月以内に製品として出荷されるものがほとんどである。本来味噌は麹菌が自然に発酵し、長期間熟成することで製造されるが、現在では生産技術の進歩によって、発酵を促進するために温度や湿度の条件がコントロールできるようになり、早いものでは仕込みから1ヵ月で出荷するものもある。

　ABC社でも、多くの商品が仕込みから半年以内には出荷されるが、ごく少量昔ながらの製法でつくられる味噌も製造されている。仕込んでから出荷までの熟成期間が3年以上で、天然原料だけを用いて製造した天然醸造味噌であるため、社内では通称「三天味噌（さんてんみそ）」と呼ばれていた。

93

三天味噌の仕込みは年に1回3月頃に行われる。三寒四温の春先の1週間ほどをかけて、麹づくりから仕込みまでの工程が行われる。他の製品はステンレス製の樽で熟成するが、三天味噌だけは杉樽での熟成である。

　杉樽に仕込まれた味噌はそのまま約1年間をかけて発酵蔵の中で発酵し味噌となる。年が明けて1月の終わり頃、今度は発酵蔵から貯蔵蔵へ移動され、さらに2年間熟成されることになる。こうして仕込みから3年間を経てはじめて容器に充填梱包され、出荷される。

　三天味噌は、年に1度仕込まれたロットごとに原価管理を行う。完成までに3年以上と長期にわたり、その間発生するさまざまな費用をロットごとに集計し、最終的にはロットごとの製造原価を集計していた。

図表1・7・1　三天味噌の製造スケジュール

　ABC社の三天味噌の価格は相応に高かったが、それでも人気商品であったため、十分な利益を確保できている。したがってそれほど採算管理を厳密に行う必要性はなかったが、このような長期間を要する製品において、その間に起こるさまざまな原価変動要因をどのように管理するかということは、製品採算管理上の課題の1つである。

7・1　製造・調達リードタイムが長い製品の管理会計上の課題

　製造・調達リードタイムが長い製品の原価管理や採算管理では、リードタイムの短い製品では無視できるようなことが、採算管理上大きな影響を及ぼすこともあります。どのような課題が発生し、どのような対応策があるかを考えていきましょう。

第1章 // 製品別採算管理

製造・調達リードタイムが長い製品を取り扱っている場合、その会社のP/LやB/Sに計上されている売上原価や棚卸資産には、数年前に発生した費用が計上されていることになります。つまり、原価情報が古いため、その時点でP/Lを見てもいまさら対処のしようがない、対処ができる幅が狭いという問題があります。

図表1・7・2は三天味噌の通常のP/Lとロット別原価表です。これを見ると、2020年度に販売した製品はすべて2016年度に仕込んだ製品であることがわかります。そして、2016年度に仕込んだ製品の総原価61,422の

図表1・7・2　通常の2020年度P/Lとロット別原価表

	2020年度
販売数量	120
販売単価	900
売上高	108,000
期首棚卸高	168,460
材料費	39,600
労務費	10,000
経費	8,000
償却費	6,000
当期製造費用	63,600
期末棚卸高	170,638
売上原価	61,422
売上総利益	46,578
物流費	4,800
貢献利益	41,778
販管費	30,000
営業利益	11,778
営業利益率	10.9%

2020年度の売上高は全て2016年物
（2016年度に仕込んだ製品）

当期発生した製造費用のほとんどは期末繰越になる

当期の売上原価のほとんどは前期以前に発生した費用である

ロットNo	2016年物	2017年物	2018年物	2019年物	2020年物
ステータス	当期完成	仕掛中	仕掛中	仕掛中	仕掛中
仕込数量	120	125	125	130	135
期首繰越	47,222	44,125	40,868	36,245	0
材料費	7,200				32,400
労務費	3,000	1,000	1,000	1,000	4,000
経費	3,000	1,000	1,000	1,000	2,000
償却費	1,000	1,500	1,500	1,500	500
期末繰越	0	47,625	44,368	39,745	38,900
当期完成	61,422	0	0	0	0

大部分は2019年度以前に発生した費用（47,222）であり、2020年度時点ではもはや何も対策ができない費用です。そして、2020年度に発生した当期製造費用63,600も、ほとんどが翌期に繰り越されることになります。

今回のABC社のケースでは、味噌を長期間熟成させること自体に価値があるので、リードタイムを短くすべきとはなりません。長い製造リードタイムを制約として受け入れた上で、どのように管理すべきかを考えることになります。ただし、通常ならば、そもそもリードタイムを短くできないかということも検討すべきであり、その論点については**7・3**で解説します。

7・2　実力値P/Lによる最新情報管理

P/Lやロット別原価表の情報が古いことにより、改善施策の検討ができないという問題に対応するために、「最新の実力値P/Lを作成して管理する」という管理手法を紹介します。

これは、ABC社のケースのように標準的な製品を継続的に製造する業種に当てはまる方法です。建設業などのように個別受注生産で物件ごとに原価が異なる業種では適用できません。

ABC社では三天味噌のようなリードタイムが長い製品に対して、下記で示す手順で実力値P/Lを作成しています（図表1・7・3参照）。

①　手順1：最新の原単位P/Lを作成する

原単位P/Lとは製品1個当たりのP/Lのことです。1個当たりの販売単価に加えて、原料費、包材費、物流費のように製品1個当たりに発生する変動原価と変動販売費だけを集めて、製品1個当たりの限界利益を算出するP/Lを作成します。すべての製品の原単位P/Lを作成する必要があるので、直近の実績をそのまま使ったり過去数ヵ月分の実績平均を使うなど、半自動的に作成する方法が望ましいです。

②　手順2：生産数量（仕込量）実績×原単位P/Lを算出する

製品別の生産数量実績を把握し、製品別に生産量実績×原単位P/Lを計

算し、売上高総額と変動費総額を算出します。

③ 手順3：最新の固定費見積り情報を作成して足し合わせる

事業部もしくは対象の製品群に関する最新の固定費見積りを作成します。固定費は固定製造原価と固定販管費のどちらも集計します。また、労務費・経費・償却費のような形態別分類での費用集計をすることが基本ですが、費用の発生を回避できるかどうかの観点で「埋没費用」「必須費用」「裁量費用」に区分しておくことも有用です。

・埋没費用：減価償却費のようにすでに支出済みで戻ってこない費用や、解約不能のリース料のように支出を回避できない費用
・必須費用：人件費や家賃、修繕費のように、支出を回避しようすればできるものの、通常の事業運営をする上では必ずかかる費用
・裁量費用：広告宣伝費や研究開発費、交際費のように、政策的に費用を増減できる費用

このように区分することで、固定費の見積りにどの程度の柔軟性があるかがわかります。全額が埋没費用であれば固い見積り、全額が裁量費用ならば、増やすことも減らすこともある程度自由に決められるということになります。

そして、手順2までで作成していた売上高総額と変動費総額を足し合わせると、営業利益までのP/Lが完成します。これが「実力値P/L」で、数年前の古い情報を無視した、「今」の実態を積み上げたP/Lを意味します。

このような実力値P/Lを定期的に（月次・四半期・半期・年次）作成して推移を見ることで自社の収益力や外部環境の動向が確認でき、最新の情報を踏まえた改善施策の検討を行うことが可能になるのです。

なお、実力値P/Lによる管理は最新情報を重視した手法なので、製造・調達リードタイムが長い場合にとくに有効ですが、それだけでなく、リードタイムが1～2ヵ月程度の業種業態であっても、予算策定などに役立つ有効な管理手法です。

図表1・7・3　実力値P/L作成の流れ

【最新の原単位P/L】　手順1

	2020年度
販売単価	1,000
原料費（大豆等）	240
副材料費（包材等）	60
物流費	40
変動原価	340
限界利益	660
限界利益率	66.0%

手順2

生産数量	2020年度
実績	135

【固定費見積り】　手順3

	2020年度
労務費	10,000
経費	8,000
償却費	6,000
固定原価	24,000
販管費	30,000
固定費計	54,000

【最新の実力値P/L】

ロットNo	2020年度
シナリオ	実績
仕込数量	135
販売単価	1,000
売上高	135,000
材料費	40,500
労務費	10,000
経費	8,000
償却費	6,000
売上原価	64,500
原価単価	478
売上総利益	70,500
物流費	5,400
貢献利益	65,100
販管費	30,000
営業利益	35,100
営業利益率	26.0%

7・3　実力値P/Lの考え方を活用したシミュレーションの実施

　ABC社では、実力値P/Lの考え方を応用してシミュレーションを行い、三天味噌の来期の仕込量を検討しています。

　実力値P/L作成手順2で原単位P/Lに生産数量を掛け合わせていましたが、ここに複数のシナリオで想定した生産数量を掛け合わせるだけです。厳密には数量が変われば需給バランスの関係で販売単価が変わったり、材料費が変わることもあるので、必要に応じて調整するとよいでしょう。

　ABC社では、ミニマム（本社費控除前の営業利益率10％）、マックス（現

在の生産能力に基づく最大の仕込量)、というシナリオを設定してシミュレーションを実施しています。なお、マックスシナリオでは、販売単価が1,000円から920円に下落すると予測して設定しています。

ABC社では生産能力ギリギリまで仕込むのではなく、需給バランスを踏まえたブランド価値や販売単価の維持を目指して、仕込数量を135トンと決定しています。

図表1・7・4　実力値P/Lの考え方でシミュレーションを実施

【最新の原単位P/L】

	2020年度
販売単価	1,000
原料費（大豆等）	240
副材料費（包材等）	60
物流費	40
変動原価	340
限界利益	660
限界利益率	66.0%

×

生産数量	2020年度
実績	135
ミニマム	97
マックス	150

複数のシナリオでシミュレーションを実施

+

【固定費見積り】

	2020年度
労務費	10,000
経費	8,000
償却費	6,000
固定原価	24,000
販管費	30,000
固定費計	54,000

【最新の実力値P/L】

ロットNo	2020年度	2020年度	2020年度	
シナリオ	実績	ミニマム	マックス	
仕込数量	135	97	150	生産量97tが最低利益率10%を達成するための最低限の数量。生産量150tは最大生産能力
販売単価	1,000	1,000	920	150t製造時は在庫リスク・値下がりリスクを考慮
売上高	135,000	97,000	138,000	
材料費	40,500	29,100	45,000	
労務費	10,000	10,000	10,000	生産量に関わらず労務費・経費・償却費は一定
経費	8,000	8,000	8,000	
償却費	6,000	6,000	6,000	
売上原価	64,500	53,100	69,000	
原価単価	478	547	460	
売上総利益	70,500	43,900	69,000	
物流費	5,400	3,880	6,000	
貢献利益	65,100	40,020	63,000	
販管費	30,000	30,000	30,000	
営業利益	35,100	10,020	33,000	
営業利益率	26.0%	10.3%	23.9%	需要予測に基づき、営業利益が最大になる仕込量を決定

7・4 リードタイムそれ自体を短くできるか

　ABC社のケースでは、味噌を長期間熟成させること自体に価値があるので、リードタイムを短くすべきという視点は無視されていましたが、通常はリードタイム自体の短縮を検討すべきです。

　それは、リードタイムが短くなるとさまざまなメリットがあるからです。たとえば、次のようなメリットがあります。

　・生産数量を増やせる

　・原価が安くなる

　・納期を短縮でき、欠品リスクも低減できる

　・在庫を削減できる

　　—在庫が減ると外部倉庫がなくなり、保管料を削減できる

　　—在庫が減ると滞留リスクが減少し、廃棄損を削減できる

　もちろん、リードタイムを短縮する打ち手の種類によって、一部のメリットしか享受できない場合もあります。たとえば、生産数量を増やせても売れ残ってしまえば意味がありません。また、製造リードタイムが短くなれば加工費が安くなることが多いのですが、リードタイム短縮のために高価な機械を導入すると、加工費が高くなる場合もあります。また、後述のとおり、在庫を保有することでリードタイムが短縮できることもあります。この場合は、在庫の削減には結びつきません。リードタイムの短縮を目指す場合には、どのような効果を得たいのかを明確にしておきましょう。

　それでは、リードタイムを短くする打ち手としては、どのようなものがあるでしょうか。

① 調達リードタイム

　・調達先を近くする

　・納期が早い調達先を確保

　・発注点管理（早めに発注しておく）

　・材料在庫を持っておく

② 製造リードタイム

・機械の稼働スピード向上などによる生産スピードアップ
・スピードアップ以外の生産方法の工夫
　（並列生産、外段取化、小ロット化）
・製品在庫を持っておく
・中間品在庫を持っておく

③ 物流リードタイム

・拠点ごとに物流倉庫を保有する
・自社の配送網を持つ

　調達・製造・物流といった業務機能別の観点では、上記のようなものがあげられます。

　また、機能別の区別だけでなく、受注から納品までのサプライチェーンのプロセス全体を見る改善施策の検討も重要です。とくにプロセス間のつなぎ目に注意して検討してみましょう。

　たとえば、受注連絡を受けてからシステムに登録し、在庫の有無を確認、在庫がない場合に製造依頼または発注処理をするという一連のプロセスでは、つなぎ目の待ち時間が多いと、ムダな時間が経過することになります。こうした場合、受注入力を行おうとする段階で、自動的に在庫の有無確認→ 在庫引当てまたは発注依頼と納期確認を行えるようにプロセスの改善を行えば、工場はすぐに製造を開始でき、全体のリードタイムが短縮できることになります。

　そのほか、発注した材料が到着してからつくり始めるまでの時間、製品が完成してから発送するまでの時間も同様に隠れたムダ時間になりやすい部分ですので、改善効果も出やすい領域です。

　より高度な対策として、需要予測の精緻化、調達・生産計画の精緻化のような予測や計画の精緻化ができるようになると、在庫を最小限に抑えつつ、リードタイムが短縮できます。予測精度の精緻化は、現実にはなかなかうまくはいかないですが、理想的な状態とはどのような状態なのかを

イメージしながら、少しでもより良い姿を実現できるように考えることが重要です。

> **まとめ**
>
> ・実力値P/Lを作成することで、最新情報に基づく業績評価・意思決定が可能となる
> ・リードタイムが長くない業態でも、予算策定などの用途で実力値P/Lは有用である
> ・リードタイム自体を短くすることができないかの検討も重要である

第1章 製品別採算管理

8. 需給変動が大きい場合の採算管理

日本には春夏秋冬の四季があります。季節ごとの気候やイベントに合わせて消費者の購買行動は大きく変化し、企業は外部環境要因としての需要変動に直面します。季節によって大きく販売量が変動する商品の管理について考えてみましょう。

◆ CASE　　クリスマスケーキのつくりだめ
―季節商品の生産平準化と採算管理―

　総合食品メーカーABC社のデザート事業部では、クリスマスケーキの販売を行っている。クリスマスケーキの出荷はクリスマス直前の数週間に集中するが、商品の生産は10月初旬から始まる。

　商品企画は前年の販売実績が確定した2月から検討が始まる。この年は、自社で企画した製品2種類と、有名パティシエとのコラボ商品2種類の計4品目を投入することとなった。このうちコラボの2商品については、コンビニエンスストアのPB商品として発売される。

　いずれの商品も、実際の販売は10月中旬から11月初旬の予約開始からであるが、生産は10月初旬から始まる。生産といっても、最終的な加工がなされるのは出荷直前で、それまでは中間製品として冷凍保存される。

　冷凍保存の状態には2つの形態があり、スポンジの状態で冷凍保存される場合と、スポンジにホイップクリームによるデコレーションを施した状態で冷凍保存する場合である。

　企画段階でおおよその販売数量の計画は立てられるものの、最終的に販売数量が確定するのは12月に入ってからである。したがって生産数量は、もともとの企画段階の計画数量と予約状況を見ながら日々調整が行われることになる。

　このように販売時期が一時期に集中し、かつ販売数量が読みにくい製品はどのような採算管理を行えばよいだろうか？

図表1・8・1　クリスマスケーキの生産販売スケジュール

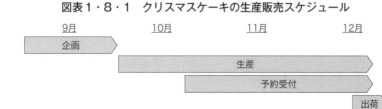

103

8・1 季節的変動が激しい製品の管理上の課題

　季節的変動の大きな製品を抱える事業では、事業全体の業績管理が難しくなります。年間を通じて販売される通常製品を抱えていて、そこに季節製品が入り込んでくるため、閑散期と繁忙期の販売量の差が激しく、通常製品と季節製品の管理を合わせて行う必要があるからです。具体的にどのように難しいのかを整理しておきましょう。

　まず、業務上の課題としてあげられるのは次のとおりです。

①　業務上の課題

・一瞬のピークを見極める需要予測

　クリスマスケーキが多く売れるのは、12月24日およびその前後1日程度の限られた期間だけです。その瞬間的な需要量を見極めるのは非常に難しいものです。

・平準化が求められる生産計画

　需要のピークは一瞬ですが、その総量を1日で製造することは不可能です。限られた生産能力の中で一瞬の需要を満たすために、生産を平準化して少しずつつくりだめをする必要があります。

・在庫／廃棄リスクの最小化

　クリスマスケーキは、12月25日を過ぎるとほぼ売れません。売れ残りがあれば、大幅な値引きをするか、それでも売れなければ廃棄するしかありません。廃棄による損失だけでなく、CSR（企業の社会的責任）の観点から企業イメージにも悪影響を与えます。

・季節商品と通常商品とのバランス

　クリスマスケーキをつくりだめする10〜12月においても、通常のケーキの製造・販売はいつもどおり行っています。季節製品と通常製品のどちらもバランスを見て生産計画を立てる必要があります。

・閑散期への対応

　クリスマスケーキをつくりだめしている10〜12月以外は、通常製品

第1章 // 製品別採算管理

のみの製造・販売となり、稼働率が下がってしまいます。閑散期に余裕の
ある生産能力を有効活用することはできないか、検討が必要です。

そして、これらの課題に対する計画や実行結果の良否を管理会計により
表現する必要があります。管理会計上の課題としては次のようなものがあ
げられます。

② 管理会計上の課題

・固定費の負担方法と在庫金額の測定方法

通常の実際原価計算を月次サイクルで行うと、閑散期に生産される製品
は生産数量（販売数量）が少ないので、1個当たりの固定費負担が重くな
ります。逆に繁忙期に生産される通常製品や季節製品は1個当たりの負担
が軽くなります。この固定費負担金額の大小が、在庫金額にも影響を与え
ます。

・月次の損益管理

ABC社のデザート事業のようなケースでは、1〜9月は売上が少なく、
10〜11月になると販売量は変わらないのに生産量・発生費用・月末仕掛
品棚卸高が膨れ上がり、12月には生産量と販売量が瞬間的に激増します。
この状況では、通常製品の業績は月次比較で何が良くて何が悪かったのか
判断できません。

8・2 季節的変動が激しい製品を扱う場合の管理会計手法

季節的変動が激しいABC社のデザート事業では、次のような管理会計
手法を取っています。基本的な考え方は**4.**、**5.**で解説した原価差異分析
と同じですが、この考え方に加えて、閑散期と繁忙期の評価を同じ基準で
合わせ、平等に扱えるようにすることがポイントです。

まず、年間を通しての月別の稼働時間計画と工程費用予算を作成します。

図表1・8・2　年間予算表

（単位：時間・千円）

		4月	5月	6月	7月	8月	9月	10月	11月	12月	1月	2月	3月	合計
調合工程	変動費	10,000	10,000	10,000	10,000	10,000	10,000	15,000	15,000	15,000	10,000	10,000	10,000	135,000
	固定費	10,000	10,000	10,000	10,000	10,000	10,000	10,000	10,000	10,000	10,000	10,000	10,000	120,000
	工程加工費計	20,000	20,000	20,000	20,000	20,000	20,000	25,000	25,000	25,000	20,000	20,000	20,000	255,000
	稼働時間	2,200	2,200	2,200	2,200	2,200	2,200	3,400	3,400	3,400	2,200	2,200	2,200	30,000
	チャージレート													8,500
加工工程	変動費	20,000	20,000	20,000	20,000	20,000	20,000	30,000	30,000	30,000	20,000	20,000	20,000	270,000
	固定費	20,000	20,000	20,000	20,000	20,000	20,000	20,000	20,000	20,000	20,000	20,000	20,000	240,000
	工程加工費計	40,000	40,000	40,000	40,000	40,000	40,000	50,000	50,000	50,000	40,000	40,000	40,000	510,000
	稼働時間	3,700	3,700	3,700	3,700	3,700	3,700	5,550	5,550	5,600	3,700	3,700	3,700	50,000
	チャージレート													10,200
仕上梱包工程	変動費	10,000	10,000	10,000	10,000	10,000	10,000	10,000	10,000	25,000	10,000	10,000	10,000	135,000
	固定費	10,000	10,000	10,000	10,000	10,000	10,000	10,000	10,000	10,000	10,000	10,000	10,000	120,000
	工程加工費計	20,000	20,000	20,000	20,000	20,000	20,000	20,000	20,000	35,000	20,000	20,000	20,000	255,000
	稼働時間	2,800	2,800	2,800	2,800	2,800	2,800	2,800	2,800	6,700	2,800	2,800	2,800	37,500
	チャージレート													6,800

繁忙期の稼働時間が長くなると同時に、変動費予算も多くなる

　ABC社のデザート事業部の焼き菓子製造ラインには「調合工程」「加工工程」「仕上梱包工程」の3つの工程があります。各工程とも通常月（1〜9月）は、2交替で1日16時間稼働となっています。

　しかし、10〜12月は3交替24時間稼働になり、稼働時間が通常月の約1.5倍になります。さらに、仕上梱包工程は12月だけ24時間体制になり、加えてパートタイム労働者を大幅に増加させることにより、稼働時間を約2.5倍にしています。また当然、変動費も稼働時間にほぼ比例して増加します。そして、上記のような年間の稼働時間の変動を踏まえて、各工程の年間発生費用計画を作成します（図表1・8・2参照）。

　そして、ここからがポイントです。

　年間のチャージレートを固定します。たとえば、調合工程ではチャージレートを年間の工程加工費合計255百万円÷年間総稼働予定時間30,000時間＝8,500円／時間と算出しています。

　もし、調合工程の標準チャージレートを月々で計算した場合、10〜12月は7,353円／時間、それ以外の月は9,091円／時間になります。これで

は、まったく同じものを同じつくり方で同じ時間をかけてつくったとしても、繁忙期には安くなり閑散期には高くなるため、公平に評価できなくなってしまうのです。

年間で統一した標準チャージレートで標準原価計算を実施し、実際原価・実際の費用発生額との原価差異分析を行います。図表1・8・3、4は、4月の加工費の原価差異を算出したイメージ図と差異分析表です。4月の原価差異総額は、4月発生の加工費の実績額21百万円と、製造実績個数×原価標準の加工費で算出した17百万円の差額の4百万円の不利差異です。これを各種の原価差異に分解しましょう。

まず、予算差異を算出します。4月発生の加工費の実績額21百万円と予算額20百万円の差額で1百万円の不利差異が算出されます。そして、不働能力差異を算出します。4月の実際稼働時間2,100時間と4月の予算稼働時間2,200時間の差100時間に8,500円／時間を掛け合わせて、850千円の不利差異が算出されます。

次に暦日差異を算出します。暦日差異は5.では「カレンダー上稼働日数が多かったり少なかったりするために発生する差異」と解説しましたが、ここではそれに加えて「閑散期と繁忙期の差によって生じる差異」も含まれることになります。

暦日差異は2つに分けて算出します。1つめ（暦日差異①）は年間予算時間を単純に12ヵ月で割り算した2,500時間と4月の予算時間2,200時間の差300時間に8,500円／時間を掛け合わせて、2,550千円の不利差異が算出されます。2つめ（暦日差異②）は、年間予算加工費額を単純に12ヵ月で割り算した21.25百万円と4月の加工費予算額20百万円の差額で、1,250千円の有利差異が算出されます。暦日差異①（2,550千円の不利差異）と暦日差異②（1,250千円の有利差異）を足し合わせて、暦日差異は1,300千円の不利差異と算出されます。

最後に、作業時間差異を算出します。4月の製造実績個数×原価標準の標準加工時間で算出した2,000時間と4月の実際稼働時間の差100時間に8,500円／時間を掛け合わせて、850千円の不利差異が算出されます。

図表1・8・3 加工費原価差異分析のイメージ図

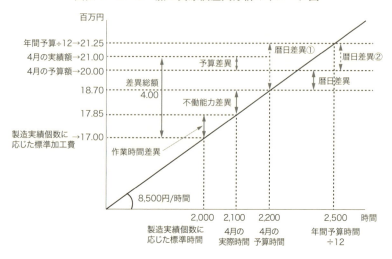

図表1・8・4 加工費差異分析表

単位：千円

加工費予算差異	△1,000	4月の予算額と実績額の差異
不働能力差異	△850	4月の予算時間と実績時間の差異
暦日差異	△1,300	①と②の合計額
暦日差異①	△2,550	年間予算時間の12等分と4月の予算時間の差異
暦日差異②	+1,250	年間予算金額の12等分と4月の予算金額の差異
作業時間差異	△850	製造実績個数に応じた標準時間と実績時間の差異
合計	△4,000	

作業時間差異は**5.**で解説した通り、正味作業時間差異と段取時間差異に更に分解して分析する

　このように算出した原価差異のうち、暦日差異については当月の業績評価から外し、翌月以降に繰り延べることで、繁忙期と閑散期を平等に評価することができます。また、暦日差異は閑散期には不利差異が計上され、繁忙期になると有利差異が計上されます。暦日差異は計算式からわかるとおり、12ヵ月分を通算するとゼロになるようになっています。

　暦日差異以外の原価差異項目は閑散期も繁忙期も同じように算出されるので、**5.**で解説したようにドリルダウンして分析し、改善施策を検討するだけです。

第1章 // 製品別採算管理

　このようにABC社では、繁忙期と閑散期の業績評価を同じ基準で行う
管理会計手法を取っていますが、閑散期の生産能力の余剰がもったいない
という状況は変わりません。したがって、閑散期につくりだめをしたり、
閑散期の生産能力の転用方法を検討するなど、生産の平準化をして閑散期
の生産能力を有効活用するための改善は必要です。閑散期の稼働率をアッ
プすることができれば、原価計算上はチャージレートを小さくすることに
つながり、原価低減が会計数値で確認することができます。

> ## まとめ
> ・年間の予算費用と予算稼働時間を算出し年間統一チャージレートを算出
> 　することで、繁忙期と閑散期を平等に評価する
> ・操業度差異のうち、不働能力差異は評価対象とするが、暦日差異は繰り
> 　延べて評価対象外とする
> ・他の原価差異は**5.**と同じように評価分析を行い、改善策を検討する

9. 製品別採算管理によるPB製品の受注可否判断

製品をたくさんつくればつくるほど原価は下がります。したがって、原価のことだけを考えるのであれば、多少安くても大量に受注してしまおうと思うものです。「CVP分析」では限界利益がプラスであれば受注すべきとはいいますが、これって本当でしょうか？

◆ CASE　　　　　PB製品の受注可否判断
―PB製品をいくらなら受注すべきか？―

　ABC社のヨーグルト製品には、プレーン、ブルーベリー、ストロベリー、アロエの4つのバリエーションがある。販売量はプレーンが圧倒的であるが、自社ブランド製品を拡販していくにはある程度のバリエーションが必要となる。製品バリエーションがあることによって、店頭の売り場の棚も広く確保できる。

　今、ABC社のデザート事業部は、1つの問題に直面していた。大手流通グループから、PBヨーグルトの生産委託について打診を受けていたのである。

　ABC社のヨーグルト市場参入は後発であり、市場シェアは乳飲料メーカーに圧倒されている。健康志向の高まりに伴い、トクホ（特定保健用食品）の取得と共に市場に参入した。ABC社のブランドと、もともと持っていた流通チャネルを活用し、順調に売上を伸ばしてきている。とはいえ現状では、生産能力はまだ余裕のある状態が続いている。プレーンのフレーバーはともかく、他の製品バリエーションは生産量も少なく、生産のための切り替えロスも大きい。今回大手流通から委託を受けたPB商品の量は現在の設備稼働率から見れば、十分に魅力的な量である。今後のさらなる量の拡大も期待できる。

　一方、ここで生産を受託するPB製品は、当然自社ブランド製品にとっては競合製品となる。さらにいえば、打診されている受託価格は相当な低価格である。

第1章 // 製品別採算管理

図表1・9・1　ヨーグルト製品のラインナップ

ヨーグルト製品	月間生産量（概算）
プレーン	15万ケース
ブルーベリー	5万ケース
ストロベリー	3万ケース
アロエ	1万ケース
その他	1万ケース
合計	25万ケース

※今回のPB製品の打診数量：10万ケース/月

　デザート事業部は、営業、開発、生産それぞれの部門から担当者を選定のうえタスクフォースチームを結成し、今回のPB製品の受託生産を受けるべきかどうかを検討することになった。

111

9・1 会計学的な考え方

　いくらなら受注すべきかという論点は、営業活動におけるもっとも重要かつ難しいテーマの1つです。

　ABC社では、図表1・9・2のような販売価格見積表を作成し、受注価格の判断を行っていました。販売価格の見積りは総原価（材料費＋加工費＋製造間接費＋販売直接費）に、必要利益を上乗せして計算するというベーシックな計算方法です。図表1・9・2でいうと、総原価65.5円に対し、利益を50％上乗せした98.25円が標準的な販売価格となり、それに対して営業部の裁量で3.25円の値引きをし、95円の販売価格を設定したということになります。そして、総原価65.5円よりも安い金額を設定すると

図表1・9・2　当初の社内用販売価格見積表

製品名		ヨーグルト（従来品）					
		投入量・時間		投入単価・レート		金額	
材料費							
	原料A	2.4	g	×	1.0 円/g	2.4	円
	原料B	9.5	g	×	0.2 円/g	1.9	円
	原料C	40.5	g	×	0.8 円/g	32.4	円
	包材	1.0	個	×	15.0 円/個	15.0	円
						51.7	円
工程加工費							
	調合	0.0003	h	×	8,000 円/h	2.4	円
	加工	0.0006	h	×	9,000 円/h	5.4	円
	梱包	0.0002	h	×	6,000 円/h	1.2	円
						9.0	円
製造間接費							
	工場共通費	9	円	×	20 ％	1.8	円
						1.8	円
					原価標準計	62.5	円
販売直接費							
	物流費	1	個	×	3 円/個	3.0	円
総原価						65.5	円
利益など		65.5		×	50 ％	32.8	円
特別値引き額						-3.3	円
販売価格						**95.0**	円

112

第1章 // 製品別採算管理

赤字になるということを意味しています。

　しかし、要求されたPB製品の単価を満たすためには、営業部の裁量限度を超える値引きをしなければならないことがわかりました。

　そこで、ABC社では「限界利益が1円でも黒字であれば受注すべき」というCVP分析で検討も行いました。会計理論的には正しいはずです。

　まず、従来の考え方をあらためて整理します。**図表1・9・3**を見てください。これは、ABC社のヨーグルト製品の現状をデフォルメしたP/Lと販売価格見積表です。もともと売上高100,000で営業利益が10,000だったときに、従来品とほぼ同種の製品をPB製品として単価60で200個発注させてもらえないかという注文があり、それを受けるかどうか検討するという例です。従来の販売価格見積表によれば、基本的な販売価格は100であり、少なくとも90の値付けをしないと赤字になるという計算結果が出ています。

図表1・9・3　簡易版のP/LとPB製品の従来形式の販売価格見積表

P/L	
販売数量	1,000
販売単価	100
売上高	100,000
売上原価	60,000
売上総利益	40,000
販売直接費	10,000
一般管理費	20,000
営業利益	10,000
（営業利益率）	10%

PB製品の販売価格見積表	
製造原価	60
販売直接費	10
共通費配賦	20
総費用	**90**
利益上乗せ	10
販売単価	**100**

総費用（90）以上の値付けをしないと赤字になると思っていた

　しかし、P/Lを固定費と変動費に分けて再計算すると**図表1・9・4**のようになります。固定費は総額40,000であり、販売数量・生産数量が増加しても固定費は変わりません。そして、製品1個当たりの変動費用は50であるため、販売価格が60であれば、限界利益が10の黒字になり、トータルで見ればPB製品を受注することによって、10,000の利益が12,000の利益に増加することになります。そのため、このPB製品の注文は受注すべきという結論になります。

113

図表1・9・4　限界利益により受注可否を判断する

変動原価P/L	現状	PB製品差分	合計額
販売数量	1,000	200	1,200
販売単価	100	60	93
売上高	100,000	12,000	112,000
製造変動費	40,000	8,000	48,000
販売変動費	10,000	2,000	12,000
限界利益	50,000	2,000	52,000
（限界利益率）	50%	17%	46%
製造固定費	20,000	0	20,000
一般管理費	20,000	0	20,000
営業利益	10,000	2,000	12,000

変動原価P/Lを作り直すと、限界利益率は50%だった

固定費は追加でかからないため、単価60でも利益が出る

利益合計は増加するので、PB製品は受注すべきと判断されるべき

9・2　安値で受注すると実際にはどうなるか

　もし、**9・1**で示したように「限界利益が1円でも黒字になるのであれば受注すべき」という判断基準で受注判断をするとどうなるでしょうか。

　実は、**9・1**の考え方はごくごく限られたケースでしか採用すべきではない判断基準です。限られたケースとは、短期的で1回限りの注文であるという場合です。このときは受注するという判断が合理的であり、利益の最大化につながるといえます。

　ただ、この「限界利益が1円でも黒字になるのなら受注する」という方針を続けていくとどうなるでしょうか。長期的な観点が抜け落ちてしまい、次のような問題が発生します。

① 固定費を回収しなくてはならないという意識が軽薄になる

② 安売りが当たり前になる

③ 利益率が高い受注を受けるすき間がなくなる

④ 短期的に固定費だと思っていた費用も長期的には変動費になる（そもそも厳密な固変分解は難しい）

　また、とくにPB製品の受注の場合はさらに問題が大きくなります。

⑤ PB製品は大量受注であることが多いので、生産能力の余剰を埋めて

くれるありがたい存在である。しかし、そのために、気づけばほとんどが利益率の低い受注だらけになってしまう

⑥ 稼働の多くを占められてしまうと、価格交渉力がさらに低くなってしまう。いったん下げた価格は上げにくい

⑦ 仕様や品質の主導権も握られることが多い

このような問題が発生し、最終的には次のようなP/Lになってしまいます。

図表1・9・5　PB製品を安値受注した場合の数年後の姿

変動原価P/L	もともと	PB製品差分	合計額	数年後の姿	
販売数量	1,000	200	1,200	1,500	PB製品の受注数量が増加しかし、平均販売単価の下落幅も大きい
販売単価	100	60	93	70	
売上高	100,000	12,000	112,000	105,000	
製造変動費	40,000	8,000	48,000	48,000	
販売変動費	10,000	2,000	12,000	12,000	
限界利益	50,000	2,000	52,000	45,000	
（限界利益率）	50%	17%	46%	43%	
製造固定費	20,000	0	20,000	24,000	高稼働率が続き、長期的に固定費増加
一般管理費	20,000	0	20,000	20,000	
営業利益	10,000	2,000	12,000	1,000	

短期的には利益増加

結果的に昔よりも利益が減少

　図表1・9・5は、従来品と同等のヨーグルト製品をパッケージだけを変えてPB製品として受注した場合の、受注直後のP/L（左）と受注して数年後のP/Lイメージ（右）を示したものです。

　PB製品を受注したことにより、短期的には利益が増加していたはずが、PB製品の数量が増加していくことで稼働率に余裕がなくなり、既存製品の数量が減少しています。結果として平均的な販売価格も下落し、トータルの売上高は減少しています。さらに、高稼働の状態が続くことで製造固定費が徐々に増加し、結果的にPB製品を受注する前よりも利益合計が減少しています。こうした状況に陥ってしまうメーカーが、さまざまな業種で増加しています。

9・3 それならばいくらなら受注すべきか

　このように、販売価格をムリに引下げて稼働率の向上を目指すと、長期的には利益が減少する可能性が高いと解説しましたが、そうであれば現実的にはどのような販売価格で受注判断を行うべきでしょうか。

　そのポイントは3つです。

① 貢献利益率にハードルを設ける（限界利益ではなく貢献利益）

② 大量生産やロットサイズが大きいことによるコストメリットは原価

図表1・9・6　あるべき販売価格見積表（従来品）

製品名		ヨーグルト（従来品）			
標準ロットサイズ		5,000個			

ロットサイズの大きさを考慮した販売見積りを行う

	投入量・時間	投入単価・レート	金額	内、固定発生量	固定発生金額
材料費					
原料A	14 kg ×	1,000 円/kg	14,000 円	4 kg	4,000 円
原料B	55 kg ×	200 円/kg	11,000 円	15 kg	3,000 円
原料C	205 kg ×	800 円/kg	164,000 円	5 kg	4,000 円
包材	5,000 個 ×	15 円/個	75,000 円		
			264,000 円		11,000 円
工程加工費					
調合	3.0 h ×	8,000 円/h	24,000 円	3.0 h	24,000 円
加工	3.5 h ×	9,000 円/h	31,500 円	1.0 h	9,000 円
梱包	1.25 h ×	6,000 円/h	7,500 円	0.5 h	3,000 円
			63,000 円		36,000 円
		原価標準（直接）計	327,000 円		47,000 円
		1個当たり	65.40 円/個		9.40 円/個
販売直接費					
物流費	5,000 個 ×	3 円/個	15,000 円		
営業人件費	2.0 h ×	2,500 円/h	5,000 円		
直接コスト			347,000 円		
			69.40 円/個		
最低値入率	347,000 ×	30 %	104,100 円		
最低販売価格			**451,100 円**		
		1個当たり	**90.22 円/個**		
標準値入率	347,000 ×	50 %	173,500 円		
標準販売価格			**520,500 円**		
		1個当たり	**104.10 円/個**		

計算の中で算出し、販売価格に反映させる

③ 稼働率100%を前提とせずに利益が出る収益構造にしておく

図表1・9・6、7は従来品（通常の場合）とPB製品（大量受注を前提とした場合）の販売価格見積表を比較したものです。

まず、貢献利益率に最低限のハードルを設けます。貢献利益が1円でも出ていればよいというのではなく、工場共通費や一般管理費や本社費など、全体としてコストを回収できる最低限の率をあらかじめ設定しておく必要があります。直接費間接費の比率や本社費の比率などにもよるので、ハー

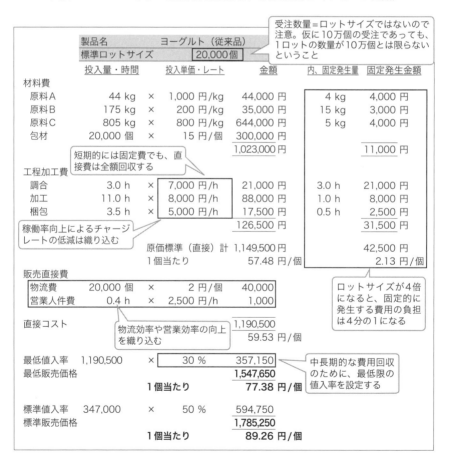

図表1・9・7　あるべき販売価格見積表（受注検討しているPB製品）

ドルの率は会社や事業部によって個別設定します。また、限界利益でなく貢献利益とすべきであり、「直接固定費」を考慮した価格設定が必要です。とくにPB製品の受注のために専用設備が必要な場合は、専用設備の投資額の負担関係を明確にしておかなければなりません。

次に、PB製品を受注する際には大量生産を条件にして価格の引下げを行うことになります。大量生産やロットサイズが大きいことによるメリットは、**4.**で解説したロットサイズに応じた原価見積りを行ってください。そこで確認できるコストメリットが値下げ可能な幅になります。主に、「材料や物流の大量一括調達によるコスト削減」「ロットサイズごとに固定的にかかる材料・時間の負担軽減」の2つが値下げ可能なポイントとなります。そしてもう一つ、「稼働率向上によるチャージレートの低減効果」もあります。チャージレートの改定は慎重に行う必要がありますが、長期的に稼働率の改善が見込まれるのであれば、値下げ可能な幅とすることが可能です。

最後に稼働率が向上することは計算上チャージレートの低減につながるため、良いことではあります。しかし、そもそも稼働率が100%でなくても利益が出るような収益構造にしておくことが重要です。つくればつくっただけ売れる時代であれば、100%稼働を前提した価格設定や投資計画を行っても問題ありません。しかし、多品種化かつ1つの製品のライフサイクルが短くなっている現代においては、稼働率は管理が難しく、外部要因に近いものになっています（当然、機械の整備不良などによる不稼働時間の削減といった取組みは行うべきです）。

このような、見込生産よりも受注生産が主流である環境下では、稼働率を安定させることは難しく、受注は一時的に多くなったり少なくなったりします。そのため、稼働率がたとえば60〜80%程度であっても、十分利益が出るような収益構造を目指すべきです。100%稼働でなければ利益が出ないような業界・製品になってしまったら、むしろ撤退を視野に入れるべきです。さらに、受注生産形態なのに稼働率が100%というのは、生産計画にも余裕がなくなるため、品質低下・納期遅れなど、コスト以外の面

第1章 // 製品別採算管理

でも悪影響が生まれる要因になります。

　ABC社ではPB製品の単価検討の結果、単価が77.38円未満では受注しないこととすることを決定し、交渉することとしました。

まとめ

- 短期的に見れば、限界利益が1円でも出れば受注すべきだが、長期的にはすべてが変動費であるという意識を持つ
- 長期的に考えると、販管費・本社費・支払利息なども含めたすべてのコストが回収できる販売価格を最低価格とすべき
- 受注生産形態であれば、稼働率が100%でなくても利益が出る収益構造にしておく

10. サービス別採算管理

ここまでは、主に製造業における製品別採算管理について解説してきましたが、サービス業の採算管理についても考えてみましょう。製造業と比べて何が違うのでしょうか。

◆ CASE　スポーツクラブのサービスメニュー別採算管理

ABC社のCEOである大谷進之介は、週に3回はフィットネスジムで汗を流すことにしている。大谷の通うスポーツクラブは、都心のホテルに併設された会員制のスポーツクラブである。

このスポーツクラブは、フィットネスジムとスイミングプール、スタジオが併設されており、利用するためには入会金と年会費が必要となる。ジムやプールの利用だけであれば利用の都度、利用料を支払う必要なないが、パーソナルトレーニングやスタジオでの特別プログラムに参加する場合には別途利用料が必要となる。

また、このスポーツクラブはホテルの宿泊者も利用できる。ホテル宿泊者が利用する場合は都度、利用料が必要だが、ホテルの上級会員については無料である。

クラブの管理マネージャー早野茉優は、クラブ全体の採算管理とそれに基づく各種オプションプログラムの企画を担っていた。彼女がマネージャーに就任して以降、さまざまな会員制度やオプションメニューを用意し、クラブ全体の利用者は増加している。管理が難しいのは、さまざまなトレーニングマシンやフィットネスプログラムを新規に導入しても、それに関わる費用と収入を対応させるのが難しいということである。さまざまな取組みにより、結果としてクラブ全体の魅力度が上がり、会員数が増えることで固定収入が増えるという収益構造の中で、何をどのように管理すればよいのか、早野は悩んでいた。

図表1・10・1　スポーツクラブのサービスメニュー表

トレーニングジム	基本無料・有料プログラムあり
プール	基本無料・有料プログラムあり
スタジオ	有料プログラム
テニス	基本無料・有料プログラムあり
サウナ	無料
整体・マッサージ	有料サービス

第1章 // 製品別採算管理

10・1 サービス事業の収益構造

スポーツクラブのような形態の事業で、サービス別採算管理を行うのはとても難しい問題です。こうしたビジネスの収益構造の特徴を考えてみましょう。

① 固定費の比率が大きい

② 固定収入の比率が大きい

③ 固定収入と固定費の直接的な関連が見えにくい

④ 販売価格を頻繁に変えられない

これが管理を難しくしているポイントです。入会金や年会費、都度利用料を支払えばジムもプールも使えるので、ジムとプールの収入が区分できません。また、プールの利用者が少ないからといって、プールの水の量を半分にするわけにもいきません。費用は当然固定費になります。

ホテルやテーマパークなど一部のサービスでは、需要に応じて販売価格を柔軟に変更するような会社も増えていますが、一般的に販売価格は頻繁に変えられないケースが多いです。

では、スポーツクラブの業績管理を考えるために、あらためて収益と費用を整理してみましょう。

まず、入会金収入です。このスポーツクラブでは、入会時に500,000円を一括で支払うことになっています。これは会員が短期間で退会したとしても返金する必要はありません。財務会計上は平均継続期間24ヵ月で月割りして売上計上していますが、管理会計上は入金時に一括で売上計上して業績を評価しています。

年会費は480,000円です。年度途中で退会した場合には未経過分の会費は返金されることから、管理会計上も財務会計上も月割りで売上計上しています。

プログラム収入は、利用の都度参加者から受け取る収入です。プログラムによって利用単価は異なり、また利用人数に応じても変動する変動的な売上項目です。

121

宿泊者都度利用料は、ホテル宿泊者が都度利用するときに支払うもので、1人1回あたり6,000円で設定されています。また、ホテル上級会員の利用料は無料ですが、スポーツクラブはホテル側から社内取引として6,000円を受け取るようになっています。

費用項目の主なものは、人件費、業務委託費、水道光熱費、広告費、減価償却費、賃借料、本社費で構成されます。そして、プログラム別費用は個別に把握して管理することにしています。プログラム人件費、外注費、直接経費はプログラムごとに直課できる経費であり、減価償却費や賃借料などの費用は、一定の配賦率でプログラム配賦費として負担させています。

図表1・10・2　スポーツクラブの主要科目表

収益項目	内　　容
入会金	財務会計上は平均継続期間24か月を分母として月割りで売上計上（管理会計上は入金時に一括売上計上）
年会費・月会費	定額収入（固定）
プログラム利用料	利用人数・回数に応じて変動する収入
宿泊者都度利用料	利用人数に応じて変動する収入
ホテル上級会員利用料	利用人数に応じて変動する収入。都度利用料とほぼ同じ金額がホテル事業からスポーツクラブ事業へ支払われる（社内取引）

費用項目	内　　容
人件費	受付やトレーナーの人件費
業務委託費	清掃費用や設備の維持管理
水道光熱費	プールのためのコストが大半
広告費	主に近隣へのチラシ代
減価償却費	空調設備やトレーニング器具等
賃借料	建屋の家賃、設備や用具の賃借
本社費	一定の率で一括で配賦される間接費
プログラム人件費	特別プログラムやパーソナルトレーニング見合いの人件費、外注費等の追加経費
プログラム外注費	〃
プログラム直接経費	〃
プログラム配賦費	特別プログラムやパーソナルトレーニング見合いの減価償却費や賃借料等の配賦費用

このように見ると、プログラム利用料収入とプログラムの各種経費は直接紐づけることができますが、それ以外は紐づけできません。たとえば、水道光熱費はほとんどがプールのための費用ですから、サービス別に直課できるのではないかと思われますが、水道光熱費をプールに直課したとしても、プールの収益を個別に把握できないので結局紐づけられないのです。「費用だけでなく、収入も直課できないことが多い」というところがポイントです。

122

第1章 // 製品別採算管理

10・2 継続率・退会率管理が重要

このような固定的な会費収入と固定費用のビジネスでは、「退会率」「継続率」がもっとも重要な業績指標となります。会員がずっと継続して会費を払い続けてくれる状況が最重要で、退会率は、

退会率＝当月退会人数÷月初時点の在籍会員数

で算出します。一般的なスポーツクラブの平均退会率は月6%程度で、これは1年間で半分以上の会員が退会してしまうことを意味しています。

また、退会率に次いで重要な指標は「稼働率」です。ただし、稼働率は高ければ高いほど良いわけではありません。稼働率が低すぎる場合は、会員を増やしてもっと収入を増やす努力をすべきであることを意味しますが、逆に稼働率が高すぎると顧客満足度が低下してしまい、これは退会率の上昇を招いている状態を意味しています。

図表1・10・3　収益KPI管理表

	4月	5月	6月
売上高計（円）	38,800,000	36,860,000	34,780,000
入会金収入（円）	12,500,000	10,000,000	7,500,000
入会者数（人）	25	20	15
入会金（円／人）	500,000	500,000	500,000
会費収入（円）	20,000,000	20,200,000	20,200,000
会員数（人）	500	505	505
会費（円／人）	40,000	40,000	40,000
都度利用収入（円）	1,800,000	1,860,000	1,980,000
都度利用者数※（人）	300	310	330
都度利用単価（円／人）	6,000	6,000	6,000
有料プログラム収入（円）	4,500,000	4,800,000	5,100,000
延べ利用者数（人）	1,500	1,600	1,700
プログラム単価（円／人）	3,000	3,000	3,000

	4月	5月	6月	
退会率	3.2%	3.1%	4.1%	退会率の最小化を最重要KPIとする
月初会員数（人）	475	485	490	
当月入会者数（人）	25	20	15	
当月退会者数（人）	15	15	20	
月末会員数（人）	485	490	485	
当月延べ利用客数（人）	2,400	2,330	2,098	多すぎても少なすぎても良くない
会員月当たり平均利用回数	4.2	4.0	3.5	

※都度利用者数にはホテル上級会員の宿泊者の無料利用の場合も含まれる（ホテルから社内取引として利用料を徴収する）

123

図表1・10・3を見てください。このスポーツクラブでは、このような収益管理表を作成し、退会率の最小化を目指して施策を検討しています。

このスポーツクラブは退会率が3.1 〜 4.1％程度に収まっており、業界平均の6％を大幅に下回っていますが、ホテルに併設しているフィットネスクラブは入会金が業界平均に比べてかなり高く設定されているので、退会率が低くて当然かもしれません。また、6月に退会率が悪化していますが、新年度が始まる4 〜 5月は入会者が多く、退会者は少なくなる傾向にあります。月次推移だけでなく、対前年同月比も確認して良否を判定することが必要です。

では、退会率の改善施策を見ていきましょう。

10・3 退会率改善施策

このスポーツクラブでは、退会率を改善するために次のような施策を実行しています。そして、定期的に効果を検証して入れ替えを行っています。

① 施策1：1年以内の会員で、月利用回数が2回以下場合にはDMを送付（2ヵ月以上の間隔を空ける）
② 施策2：1年超の会員で、月利用回数が1回以下の場合はDMを送付（ただし、2度目のDMは3ヵ月以上間隔を空ける）
③ 施策3：1年超の会員で、月利用回数0回が2ヵ月連続した場合は、パーソナルトレーニング1回無料クーポンを配付する（ただし、2度目のクーポンは6ヵ月以上間隔を空ける）

図表1・10・4は会員継続リストです。このリストは、会員を属性別（年

図表1・10・4　会員継続リスト

氏名	年齢	性別	職業	…	入会月	退会月	継続月数	利用回数						
								直近1年平均	2019/2	2019/3	2019/4	2019/5	2019/6	2019/7
Aさん	56	男	・		2019/3		11	3.0		4	3	5	4	2
Bさん	43	女	・		2016/4		46	8.2	8	10	7	8	9	10
Cさん	38	女	・		2015/3		59	0.5	1	0	2	0	0	1
Dさん	42	男	・		2017/2	2019/6	29	0.2	1	0	0	0	0	
・・・							・・・							
・・・							・・・							

DM送付　無料クーポン　DM送付

齢・性別・職業など）に整理したり、施策の効果を分析するための元データになります。たとえば、Aさんには2019年7月にDMを送付しています。Cさんには2019年3月にDMを送付し、さらに2019年6月にパーソナルトレーニングの1回無料クーポンを配付しています。Dさんには2019年4月に無料クーポンを配付していますが、Dさんは利用することなく2019年6月に退会してしまったということが記載されています。

そして、図表1・10・5のようなレポートを確認し、施策の効果がどれだけ出ているかを検証しています。たとえば、2019年に4月に施策1（継続1年以内の会員で月2回以下の利用回数の場合にDMを送る）の対象者が40人で、その後7月までの退会人数が2人でした。施策を打っていなかったときと比較して、1人分の退会人数改善効果が出ていたため、改善効果は120,000円であると算出しています。また、施策2は2019年4月実施分の退会人数が10人になっていて、施策開始前より2人分悪化しているという結果になっています。

このスポーツジムでは、施策2を実施してから3ヵ月連続でマイナス効果が出ていたので、施策2を廃止することにしました。原因分析を行った結果、利用回数が減少したときに利用を促すDMが届くと、かえってジムを利用するモチベーションが下がってしまうためであると結論付けられました。

このように、施策を打ち出して効果を検証して、施策を入れ替えていくというサイクルをどんどん回すことで目標指標を改善していくのです。

図表1・10・5　プロモーション活動リスト

	実施年月	対象者数	コスト単価	コスト合計	退会人数	改善効果人数	改善効果単価	改善金額
退会防止施策1	2019/4	40	400	16,000	2	1	120,000	120,000
退会防止施策2	2019/4	80	400	32,000	10	-2	120,000	-240,000
退会防止施策3	2019/4	50	5,000	250,000	2	3	240,000	720,000
退会防止施策1	2019/5	50	400	20,000	1	2	120,000	240,000
・・・	・・・	・・・	・・・	・・・	・・・	・・・	・・・	・・・
・・・	・・・	・・・	・・・	・・・	・・・	・・・	・・・	・・・

何も施策をしていないときとの比較

10・4 その他の重要指標

　ちなみに、このスポーツクラブでは会員の利用がメインなので、退会率の抑制と稼働率を高くしすぎないことを重視していましたが、都度利用の利用者の占める割合が大きい場合には、「回転率」も重要な指標になります。つまり、1人が8時間利用する場合と、8人が1時間ずつ合計8時間利用する場合では、都度利用料の収入は8倍の差がつきます。こうした場合には1回あたりの時間制限を設けたり、時間当たりの価格設定を行うなどの施策も考えるべきです。テーマパークで、混雑率が軽減される平日夕方から割引価格で入園できるようにする施策がありますが、これも稼働率（混雑率）が高くならないようにしつつ、回転率を高めたいという考え方から出てきています。

　また、都度利用が多く、メニュー別の価格差が大きかったり追加オプションが多かったりする場合には、「客単価」も重要です。限られたキャパシティの中で、客が何時間滞在し（回転率）、その時間内でどの程度の額を使ってくれたかを重視することになります。

　このような「回転率」「客単価」は、飲食店のように固定費比率が高く、キャパシティ（生産能力や収容人数）が限られており、収入は変動的という業態で重視されている典型的な指標です。

10・5 プログラム別損益管理

　このケースでは、スタジオで行う特別プログラムについて、プログラム利用料収入（延べ利用者数×平均単価）とプログラム費用（プログラム人件費・プログラム外注費・プログラム直接経費・プログラム配賦費）を取り出して、図表1・10・6のような帳票でプログラム別損益管理も行っています。延べ利用者数、貢献利益がとくに重要な指標です。

　プログラム別の貢献利益がプラスであることが望ましいのは当然ですが、貢献利益だけを気にするのではなく、各プログラムの設置目的別に管理しています。

第1章 // 製品別採算管理

図表1・10・6　プログラム別損益管理

	パーソナルトレーニング	パーソナルトレーニング （無料クーポン利用）	・・・
延べ利用者数	100	20	・・・
平均単価	8,000	0	・・・
利用料収入	800,000	0	・・・
人件費	320,000	64,000	・・・
外注費	0	0	・・・
直接経費	160,000	32,000	・・・
限界利益	320,000	-96,000	・・・
配賦費	64,000	12,800	・・・
貢献利益	256,000	-108,800	・・・

配付したクーポンがどの程度利用されたか要確認

プログラム単独で黒字になっていることが必須

キャンペーン費用・プロモーション費用として扱う

　このスポーツジムではプログラムの設置目的は、

① 利益拡大

② 継続率のアップ　　と考えています。

　図表1・10・6を見てください。パーソナルトレーニングは単独で採算が取れているか、つまり貢献利益がプラスになっているかが重要です。256,000円の黒字になっているので、プログラムの設置目的を果たしています。そして今後もさらに、延べ利用者数と貢献利益を伸ばすための施策を打ち出すよう検討しています。

　一方、パーソナルトレーニング（無料クーポン利用）は、利用回数が少なくなった会員の退会防止策として配付しているクーポン利用の損益管理表です。こちらの貢献利益は当然マイナスになりますが、この赤字金額△108,800円をキャンペーン費用やプロモーション費用として把握し、施策の費用対効果の算出根拠として利用します。

127

まとめ

・固定収入・固定費用ビジネスでは、サービス利用の継続率・退会率が最重要指標

・施策を打ち出す場合、実績データを取得して効果の有無を算出し継続的にモニタリングする

・良い場合も悪い場合も施策の効果の原因分析を行い、より有効な施策に入れ替えていく

第**2**章 連結製品別採算管理

1. 連結原価計算と連結製品別採算管理

グローバル化が進んだ現代において、製品の製造工程が国をまたぐケースは多くなっています。ここでは、連結ベースでの原価情報をどのように把握し活用するかについて考えてみましょう。

◆ CASE　　ニュージーランド工場と日本工場でのチーズ生産
―グループ会社間取引を連結して製品別採算管理を行うには？―

ABC社の国内食品事業部では、乳製品の製造販売を行っている。ここではプロセスチーズの製造に関わるケースを考える。

プロセスチーズとは、さまざまな動物の乳を発酵させてつくったナチュラルチーズを加熱して溶かし、改めて整形凝固させたものである。ABC社には、スライスチーズやキューブ型の商品やピザ用のとろけるチーズなど、さまざまな製品ラインナップがある。

プロセスチーズ製品の製造は、ABC社の北海道にある工場で行っている。主原料となるナチュラルチーズのほとんどはニュージーランドにあるABCニュージーランド社（以下NZ社）からの輸入によるものであった。ニュージーランドでは、生産された生乳の多くは乳製品に加工して輸出されている。NZ社でもさまざまな乳製品が製造されていたが、その多くが輸出されていた。

国内食品事業部営業企画部の田中は、プロセスチーズの製品群別採算の低さに頭を抱えていた。プロセスチーズは差別化が難しい、いわゆるコモディティ商品であり、そのためスーパーなどでは特売の対象となりやすい。それなりに、販売費も使いながら拡販をしているが、急激に販売量を伸ばしたりシェアアップができるものでもない。

一方製造コストは、主原料となるナチュラルチーズがNZ社からの輸入であるため、為替変動や輸送コストの高騰により原料の調達価格は変動する。また、NZ社とABC社の取引価格は、NZ社での製造原価を基準に一定の利益率を掛けて決定しており、原価変動の影響はABC社側が受けることとなっていた。

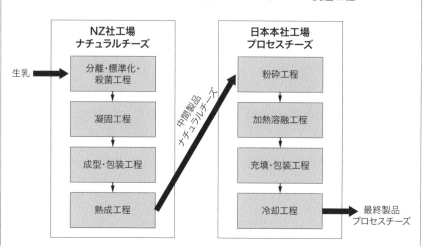

図表２・１・１　グループ全体のプロセスチーズの製造工程

　このような状況のなか、プロセスチーズ製品の製品群別採算は、月によっては営業赤字となるくらいの低採算の状態であった。一方、NZ社のナチュラルチーズ製品事業は、原価変動の影響をABC社への販売価格へ転嫁できるため、安定した利益を出している。

　ABC社サイドの利益改善のためには、NZ社との取引単価の見直し（引き下げ）を行えばよいとも考えられたが、移転価格税制の問題もあり、一度決めた取引価格（の算出方法）は簡単には変えられない。

　営業企画部の田中は、低採算で問題となっているプロセスチーズについて、連結ベースではどのようなコスト構造、収益構造となっているのかを整理して、製品の利益が出ているのかどうかを検証してみることとした。

1・1　個社単体で行うCVP分析

　グローバル化が進んでいる現代、中小規模の企業でも複数の生産拠点を持っていることが多くあります。こうした会社では、精密な基幹部品を日本で製造し、東南アジアや中国の工場で製品の組立を行うといったように、工程が国をまたがるように生産拠点を配置して、コスト削減に取り組んでいます。

　ABC社でも、ニュージーランドのNZ社で中間製品のナチュラルチーズを製造し、日本本社でそれを追加加工してから外部販売しています。

　図表2・1・2はABC社日本本社のプロセスチーズの簡易的なP/Lです。

図表2・1・2　日本本社のプロセスチーズの簡易版P/L

（単位：百万円）

		プロセスチーズ	
売上高		2,800	
	中間原料	1,400	
	輸入諸掛	300	
	その他原料	150	
	水道光熱費	150	← 変動原価合計 2,000
	固定原価	400	
売上原価		2,400	
売上総利益		400	
変動販売費		300	
製品貢献利益		**100**	
	貢献利益率	3.6%	← 利益は低水準
	変動原価比率	83%	← 原価のほとんどは変動原価
	固定原価比率	17%	

　日本本社は、NZ社から中間原料としてナチュラルチーズを1,400百万円で仕入れています。また、物流費や関税などの輸入諸掛が300百万円かかっています。そして、その他の原料や水道光熱費といった費用を合わせて、変動原価は2,000百万円かかっています。また、労務費や減価償却費などの固定原価は400百万円で、原価の合計は2,400百万円となります。

　貢献利益は100百万円、貢献利益率は3.6%であり、収益性がかなり低い状況です。

　プロセスチーズのCVP分析をしてみましょう。CVP分析とは、費用を

変動費と固定費に分解して、売上高（厳密には販売量）が増加すると利益がどれだけ増加するのかを分析する手法です。とくに、利益が出る最低限の売上高（損益分岐点売上高といいます）がいくらなのかを把握し、管理するために使われる手法です。図表2・1・3の日本本社のCVP分析図を見てください。

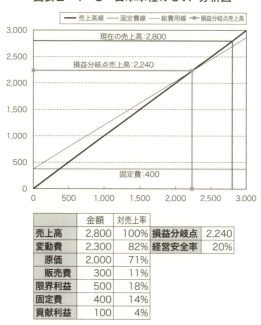

図表2・1・3　日本本社のCVP分析図

	金額	対売上率		
売上高	2,800	100%	**損益分岐点**	2,240
変動費	2,300	82%	**経営安全率**	20%
原価	2,000	71%		
販売費	300	11%		
限界利益	500	18%		
固定費	400	14%		
貢献利益	100	4%		

　このグラフは、ABC社の現在の売上高と損益分岐点売上高の関係性を示しています。現在の売上高と損益分岐点売上高がとても近く、このままでは「わずかに売上が減少するだけで赤字に転落しそう」ということを意味しています。損益分岐点売上高は総費用線と売上高線の交点になります。
　損益分岐点売上高の算出方法を紹介します。

①　費用を固変分解する

　まず、費用を変動費と固定費に分解します。変動費は変動原価2,000百万円と変動販売費300百万円を足して2,300百万円、固定費は固定原価

の400百万円です。固定の販管費については、チーズ製品以外にも関連する共通固定費なので、このケースでは固定原価のみを固定費としています。

② 限界利益と限界利益率を算出する

費用を固変分解できたら、限界利益を算出します。限界利益は「売上高から変動費だけを差し引いた利益」で、売上が増えるとそれに応じて利益がどれだけ増えるのかを示す利益概念です。

「限界利益＝売上高－変動費」ですからこのケースでは、

2,800－2,300＝500百万円

となります。そして次に、「限界利益率＝限界利益÷売上高」として

500÷2,800≒17.9%

も算出します。これは、売上が100円増えると、利益が17.9円増えることを示しています。

③ 損益分岐点売上高を算出する

「固定費÷限界利益率」により損益分岐点売上高を算出します（売上高×限界利益率－固定費＝利益ゼロになる売上高が損益分岐点売上高です）。ここでは、

400÷17.9%＝2,240百万円

となります。

④ 経営安全率を算出する

経営安全率という指標も紹介しておきます。

「1－損益分岐点売上高÷現在の売上高」で算出します。このケースでは、経営安全率は20%と算出されます。これは、現在の売上高が20%減少すると、利益がゼロになってしまうことを意味しています。

このように、プロセスチーズのCVP分析を日本本社単体で行うと、「この製品群は収益性が低いため、製品戦略上は別の製品事業に重点的に経営資源を配分したほうが良いのではないか」という分析がなされます。

第2章 // 連結製品別採算管理

1・2 連結ベースのコスト構造を見た方がよい

　さて、ここで考えてみたいことがあります。ABC社のプロセスチーズ製品は本当に収益性が悪いのでしょうか。

　まずは、中間原料のナチュラルチーズを製造しているNZ社の業績も確認してみましょう（図表2・1・4参照）。

　NZ社のナチュラルチーズの原価は、主原料である生乳、その他原料、水道光熱費の変動原価合計が600百万円、固定原価が400百万円で、原価合計は1,000百万円です。そこに400百万円の利益を乗せて、日本本社に輸出しています。貢献利益率は28.6%であり、日本のプロセスチーズ製品と比較するとかなり収益性が高いといえます。

図表2・1・4　NZ社のナチュラルチーズの簡易版P/L

	ナチュラルチーズ	
売上高	1,400	
主原料	400	
その他原料	100	変動原価 600
水道光熱費	100	
固定原価	400	
売上原価	1,000	
売上総利益	400	
変動販売費	0	
製品貢献利益	**400**	利益は高水準
貢献利益率	28.6%	
変動原価比率	60%	
固定原価比率	40%	固変比率は概ね半々

　ABC社単体、すなわち日本本社だけで考えると、プロセスチーズの収益性は低く、変動費が80%以上を占める製品だと認識されています。

　では、ABC社グループの連結ベースでプロセスチーズ製品を見るとどうなのでしょうか。ここで、連結ベースでの採算を管理するために「連結原価」という概念を導入してみましょう。

　図表2・1・5を見てください。

図表2・1・5 連結原価の算出イメージと連結原価で見たP/L

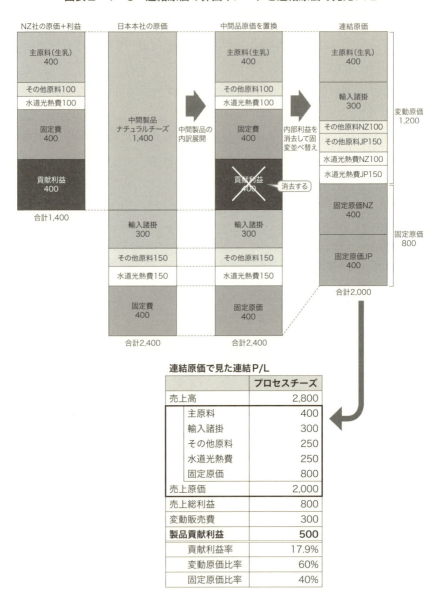

まず、ABC社のプロセスチーズの原価に含まれるNZ社から輸入したナチュラルチーズ（中間製品）の内訳を分解します。

ABC社の原価であるプロセスチーズ（中間製品）1,400百万円を、NZ

第2章 連結製品別採算管理

社ナチュラルチーズの原価明細にしたがって、主原料400百万円、その他原料100百万円、水道光熱費100百万円、固定費400百万円、貢献利益400百万円のように分解します。

次に、ABC社の原価明細の中で、グループ内取引での利益（NZ社の利益）400百万円を消去したのが連結原価です。

ここで改めて、連結原価を使ってCVP分析を実施してみましょう。

図表2・1・6を見てください。売上高は変わらず2,800百万円ですが、ABC社単体ベースの分析では、2,300百万円だった変動費が、連結ベースの分析では1,500百万円と大幅に減少しています。これは、ABC社単体ではすべて変動費であった主原料（ナチュラルチーズ）のうちの400百万円はNZ社の固定費であったことと、さらに400百万円のグループ内利益が消去されたためです。逆に、固定費はABC社単体ベースの分析では400百万円でしたが、800百万円に増加しています。

損益分岐点売上高も大きく変わりました。ABC社単体では2,240百万

図表2・1・6 連結ベースのCVP分析

〈日本本社単体のCVP分析〉　〈連結ベースのCVP分析〉

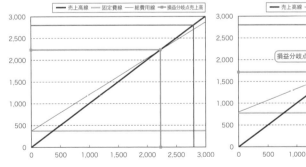

	金額	対売上率		
売上高	2,800	100%	損益分岐点	2,240
変動費	2,300	82%	経営安全率	20%
原価	2,000	71%		
販売費	300	11%		
限界利益	500	18%		
固定費	400	14%		
貢献利益	100	4%		

	金額	対売上率		
売上高	2,800	100%	損益分岐点	1,723
変動費	1,500	54%	経営安全率	38%
原価	1,200	43%		
販売費	300	11%		
限界利益	1,300	46%		
固定費	800	29%		
貢献利益	500	18%		

円だったものが1,723百万円まで下がり、経営安全率も20%から38%になっていることがわかります。

　つまり、連結ベースで見てみると、プロセスチーズ製品は貢献利益率18%という収益性の高い事業だということがわかります。

　このように連結原価を算出すると、CVP分析により連結ベースの損益分岐点や製品採算がわかるのです。

　このほかにも、連結原価を算出することでできることがあります。

①　最適なサプライチェーンの検討ができる

　連結原価計算を行うと、どこでつくってどのように運んでどのように売ると利益が出るのかをシミュレーションできるようになります。改めてABC社のケースで考えてみると、プロセスチーズの原価の内訳では「輸入諸掛」がかなり大きな割合で含まれていることがわかります。これは物流費や関税などのコストですが、生乳から最後まで全部国内でつくれば発生しない費用です。一方、国内の生乳を調達しようとすると生乳コスト自体は上がるので、それぞれのコスト差を検討して比較するときには、中間製品の原価も合わせて検討したほうが正しい分析が可能です。

②　利益の変動要因を多面的に検討できる

　ABC社単体で見ると、中間製品は全額まとめて変動費となっていましたが、たとえば、中間原料の前の原料である生乳価格の変動が最終製品の原価にどれだけ影響があるのか、NZ社の固定費増減や稼働率増減が日本の最終製品にどの程度影響があるのかがわかります。

　ただし、このように算出した連結原価を活用する際には注意点があります。それは「連結原価の良し悪しの責任の所在はどこにあるのか」という論点です。たとえば、ABC社単体のプロセスチーズ製造責任者やNZ社の社長は、プロセスチーズの連結原価についての責任は負えません。あくまでもそれぞれが製造する範囲内で、原価低減の責任を負うことになります。

第**2**章 // 連結製品別採算管理

　グローバルに製品を管轄する事業部があれば、事業部長が連結原価について責任を負うことができます。今回のケースでも、国内食品事業本部のチーズ事業部がナチュラルチーズからプロセスチーズまでのチーズ全体の連結原価の責任を負うことができます。

　しかし実務上は、連結原価を算出したい製品の中には、事業部をまたがって連結する必要があるケースも少なくありません。ABC社のような総合食品メーカーであれば、たとえば飲料事業本部の管轄下で豆乳を製造し、それを加工調味料事業本部管轄の連結グループの工場に販売し、その工場で豆乳ドレッシングを製造していることもあります。この場合は連結原価の範囲が事業本部をまたいでしまっているため、各事業本部長は豆乳ドレッシングの連結原価に関する責任を負うことはできません。

　連結原価管理を行う際には、責任の所在を明らかにして業績評価をしたいとか、製品事業ポートフォリオの分析や経営資源配分の決定など全社的な意思決定を行いたいとか、連結原価管理の目的を明らかにして、目的に合った範囲での連結原価の算出・管理を行う必要があります。

1・3　実務上の負担を考慮した現実的な連結原価管理

　ここまでは、チーズの1品目だけを取り扱っている単純な例で説明してきました。しかし現実には、複数の製品を複数の工場・複数の工程で製造しているのが一般的なので、連結原価算出方法を実務に適用しようとすると、かなり難しいと考えられます。

　実務上難しい大きなポイントは、連結ベースで会社別、工程別に積み上げていく原価計算は大変煩雑であるという問題です。単体ベースでも材料費・その他変動費・固定費などの費目を分けたまま工程別原価計算を行うのはかなり複雑な処理になります。単体ベースでも難しいのですから、連結ベースで行うことはなおさら厳しい作業です。

　さらに、連結原価による管理会計を導入する会社は、国をまたいで製造を行うケースが大半ですが、そのような場合は輸送のリードタイムが長期にわたります。そのような中で、積み上げ計算（ころがし計算）のために

139

NZ社が販売したナチュラルチーズと日本本社がプロセスチーズ製造のために投入したナチュラルチーズを、原価計算上紐づけることは非常に難しいです。

そこで、ここでは実務上有用性を確保できる範囲で、簡便的な連結原価の算出方法を紹介します。

まず、各社の単体の製品別P/Lを用意します（**図表2・1・7の上段**）。重要なポイントは、「売上原価の内訳」を用意することです。少なくとも「グループ内仕入の中間品原料費」「その他変動費」「固定費」の3科目に分ける必要があります（グループ内仕入品が複数あれば、さらに科目数は増えます）。この時点でも実際はかなり難しいので、正しい実際原価にこだわりすぎるのではなく、標準原価を使ったり、標準原価に原価差異を加味するなど、有用性と手間を天秤にかけて工夫してください。

次に、中間原料を製造する会社（NZ社）の内部売上高の内訳の構成比率を算出します。**図表2・1・7**の例では、主原料は売上高1,500百万円の30%、その他変動原価は15%、固定原価は25%、貢献利益は30%と算出されます。

最後に、中間原料を使用して最終製品を製造している会社（日本本社）の売上原価の中間原料費1,425百万円を、中間原料を製造している会社（NZ社）の比率で展開し、内部利益分は消去します。主原料は1,425×30%=427.25百万円、その他変動原価は1,425×15%に日本本社で発生したその他変動原価600を合算して813.75百万円というように計算します。

すると、**図表2・1・7**の下段のように連結原価によるP/Lを作成することができます。そのポイントは、期首在庫や期末在庫を無視して売上原価を比率で展開するというところです。前述したとおり、単体P/Lの売上原価を科目別に用意しなければならないという点では、少し難易度は高いままかもしれませんが、当期に発生した費用ではなく、売上原価ベースの比率を使うことで、コスト構造の歪みを少なくすることができます。また「標準原価ベースの比率」を使用するなど、さらに簡便的な方法を採用することも可能です。

140

第**2**章 // 連結製品別採算管理

図表２・１・７　簡便的な連結原価算出方法

日本社 P/L

	プロセスチーズ
売上高	2,800
中間原料	400
その他変動原価	200
固定原価	100
期首棚卸高	700
中間原料	1,500
その他変動原価	600
固定原価	400
当期製造費用	2,500
中間原料	-475
その他変動原価	-200
固定原価	-125
期末棚卸高	-800
中間原料	1,425
その他変動原価	600
固定原価	375
売上原価	2,400
売上総利益	**400**
変動販売費	300
製品貢献利益	**100**

期首・当期製造費用・期末は無視

NZ社 P/L

		ナチュラルチーズ	
売上高		1,500	
	主原料	200	
	その他変動原価	100	
	固定原価	100	
	期首棚卸高	400	
	主原料	400	
	その他変動原価	200	
	固定原価	400	
	当期製造費用	1,000	
	主原料	-150	
	その他変動原価	-75	
	固定原価	-125	
	期末棚卸高	-350	
	主原料	450	**30%**
	その他変動原価	225	**15%**
	固定原価	375	**25%**
売上原価		1,050	
売上総利益		**450**	
変動販売費		0	**0%**
製品貢献利益		**450**	**30%**

売上原価の中間原料の費用を比率で展開する

売上高に対する各費目と貢献利益の比率を算出する

連結原価によるP/L（簡易版）

	プロセスチーズ	
売上高	2,800	
主原料	428	=1,425×30%
その他変動原価	814	=1,425×15%＋600
固定原価	731	=1,425×25%＋375
売上原価	1,973	
売上総利益	**828**	
変動販売費	300	
製品貢献利益	**528**	

141

まとめ

- 連結ベースの製品の採算性の確認や連結ベースの製品損益シミュレーションを行うために、連結原価による管理は有効
- 連結原価を厳密に算出するのは難しいため、比率で連結原価を算出するなど、有用性を残せる範囲で簡便的な方法を検討する

第3章

EVA®、ROICによる事業業績管理

※EVA（Economic Value Added：経済的付加価値）は
スターン・スチュワート社の登録商標です。

1. 「事業」の定義

多くの会社が事業別に業績管理・業績評価を行っています。どのように管理・評価すれば良いのか検討する前に、そもそも事業とはどのようなもので、どのように区分すれば良いのかについて考えてみましょう。

◆ CASE　　　ABC社の事業ドメイン
―事業区分の定義・事業とは何か？―

　国内有数の総合食品メーカーであるABC社の創業は、昭和初期に遡る。創業者・大神遼太郎によって北関東のとある町で創業された。創業当初は醤油や味噌の製造販売を行う会社であった。北関東には当時から多くの醤油や味噌の醸造メーカーが存在しており、その中では後発であった。そのため大神遼太郎は、創業当初より販路拡大と事業領域の拡大にとにかく積極的に取り組んだ。

　当初は、工場（と呼べるほどの規模でもなかったが）で製造し、瓶詰や樽詰めされた商品を工場に併設された店舗で販売していたが、営業担当が東京へ売りに行くようになると、一気に売上規模を拡大した。

　ABC社とって事業拡大の転機となったのは、戦後の高度成長期、醤油を用いた調味料製品を販売するようになったことである。だし入り醤油に始まり、鍋だしや炒め用調味料などは、家庭用、業務用のいずれの市場でも数多くのヒット商品を生んだ。また、この時期には初めての海外法人を米国に設立し、海外での調味料の販売事業も開始している。その後、時代が平成に入って共働き世帯が増加すると、これに合わせて冷凍食品分野にも事業領域を拡大した。この時期のいくつかのヒット商品により、ABC社は単なる調味料メーカーではなく、総合食品メーカーとしてのブランドを獲得したのである。

　ABC社は、時代の変化や消費者の嗜好の変化に合わせて、徐々に事業分野を拡大していった。バイオ薬品事業は、創業当初よりの発酵技術を用いている。当初は健康食品の製造販売が主体であったが、現在は医薬品メーカーや、他の健康食品メーカー向けの原料の製造販売も行っている。飲料事業は、M&Aによって獲得した事業である。創業はABC社より古い老舗

第**3**章 // EVA®、ROIC による事業業績管理

飲料メーカーのミルシー社を買収した。ABC 社はその他にも、米国調味料メーカーやニュージーランドのチーズメーカーなど、数多くの M&A を実施してきた。

　ABC 社の事業拡大の経緯は以上のとおりである。まさに紆余曲折を経て事業を拡大させてきた。

　ここで、「事業」とは何なのかについて考えてみたい。創業当初の ABC 社は醤油と味噌を製造し、北関東で販売していた。醤油・味噌事業の単一事業会社であり、言い換えれば会社全体で 1 つの戦略があっただけである。その後東京へも販売拠点を拡大すると、組織は製造部門（工場）と営業部門に分かれた。この時点でも、事業は 1 つである。

　一方、現在の ABC 社は製品種類も販売先市場も大きく拡大した。会社の規模の拡大とともに事業の定義もさまざまに変遷してきた。では、現在の ABC 社の「国内食品事業」や「調味料事業」「デザート事業」という定義はどのような歴史を経て確立してきたのだろうか。

図表３・１・１　ABC 社グループの事業階層（抜粋）

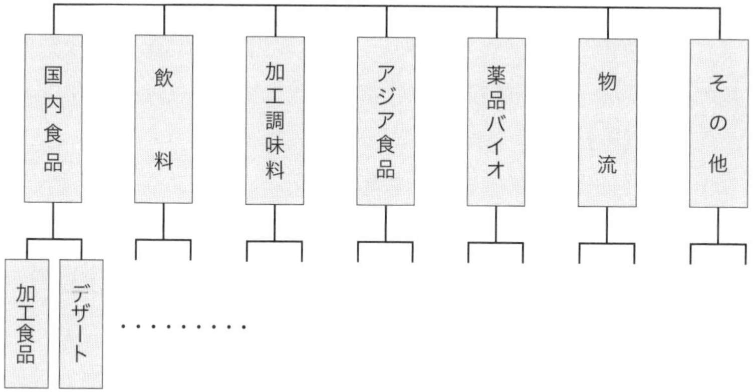

145

1・1 事業とは

この章では、事業業績管理について解説します。まず、「事業」とは何かについて整理しておきましょう。

事業とは、「単独でバリューチェーン[※1]が完結している単位で、かつ分離可能な単位」のことです。分離可能とは、分社化して独立させたり他社に売却したりできるという意味です。事業によって強みや弱みがあるのは当然ですが、「外部の委託先などを活用することも含めてバリューチェーンを完結できているか」という意味でとらえてください。

たとえば、一般的な製造業において、工場単独や製造子会社単独では事業の要素を満たすとは言えません。それは、工場は製造機能だけかもしくは製造機能にプラスして周辺機能（調達や開発）を持っている程度であり、営業活動や製品の物流などを担当することができないためです。

1・2 事業軸の階層区分

事業は、製品軸や顧客軸と同様に業績管理のための管理軸の1つです。製品軸に製品群 ― 製品品目 ― SKUのような階層があるように、事業軸にもたとえばSBU（ストラテジックビジネスユニット）― BU（ビジネスユニット）のような階層を持たせて管理します。

どのように階層を設定するか、階層レベルごとにどのような役割を持たせるかについては、各社の規模や多角化具合などに応じて自由に設定しますが、ここでは典型的な例を紹介します。

① 事業セグメント

事業軸の最上位の階層として「事業セグメント」が典型的な設定例となります。これは、上場会社が外部に開示するセグメント別情報と同一であることが多いようです（現在はマネジメントアプローチという考え方で開示が求められているので、当然と言えば当然です）。

「事業セグメント」は、企業グループの最高意思決定機関が経営上の意

思決定を行い、経営資源を配分する単位です。したがって、最高意思決定機関が事業セグメントへの投資額とそのリターンについて把握し、業績評価を行う単位ということです。

外部への開示にも関わり、最高意思決定機関が見る階層であるため、かなり粗い単位になることが多く、大規模な会社でもせいぜい5つか6つ程度の数に区分します。

② SBU

事業セグメントの1つ下の階層として、たとえば「SBU」という階層を設定します。SBUとはストラテジックビジネスユニットの略です。

SBUは独立して戦略を立案し遂行し、経営者による経営資源配分を行う単位であり、分離可能な事業区分の最小単位として設定します。

「事業セグメント」は、開示にも関わるため「ムリをしてでも強引に数を絞る」という側面がありますが、SBUの階層は前項で解説した事業の定義（単独でバリューチェーンを完結できる単位）に純粋に当てはまる単位ということができます。

一般的には、事業部などの組織がSBUごとに設定され、該当する事業部がSBUの運営を行い、業績に責任を持っていることが多いです。

③ BU

SBUの業績管理を行いやすくするために、1つ下の階層として「BU」という階層を設定することがあります。BUとはビジネスユニットの略です。

BUはSBUに配分された経営資源をさらにどのように細かく配分するかを

※1：バリューチェーン

バリューチェーンとは、原材料の調達から製品・サービスが顧客に届くまでの企業活動を、一連の価値（Value）の連鎖（Chain）として捉える、マイケルポーターによって提唱された考え方です。価値連鎖と訳されますが、わかりやすく言えば、利益が生まれるまでの業務活動の連鎖のことです。主活動（調達物流 → 製造 → 出荷物流 → 販売マーケティング → サービス）、支援活動（全般管理、人事労務管理、技術開発、調達）のすべてで大きな価値を生み出す必要はなく、どの活動で大きな付加価値を生み出すのか、不足している活動部分はどのように補うのかを検討することが重要です。

検討する単位であり、独立して事業運営がなされている単位として設定されます。BUを担当している組織が個別に存在するケースもあれば、SBUを担当している事業部が各BUを細分化して管理しているケースもあります。

SBUを担当している事業部がその傘下のBUを管理している場合では、BU別の業績管理はP/L管理が中心となり、B/Sは限られた項目（設備投資、在庫）でのみ行うことが多いようです。一方で、子会社とBUがキレイに紐づくように整理している企業グループでは、BU単位でもP/L管理とB/S管理ができていることが多いです。

会社によって事業軸の階層のつくり方はさまざまですが、おおむねここであげたような考え方で事業階層を設定するとよいでしょう。

1・3 ABC社の事業区分例

それでは、ABC社の事業をどのように区分するとよいかについて考えてみましょう。ABC社ではさまざまな製品をさまざまな顧客に販売しています。

事業とは、解説したとおり単独でバリューチェーンが完結する分離可能な単位ですが、ABC社を例に具体的に事業を区分することを考えてみましょう。たとえば、「製品群で区分する」ことを基本的な考え方としつつ、「同じ製品群でも、バリューチェーンが異なる場合には市場・顧客・チャネルで分ける」という方法で事業を区分するケースが多いです。

なぜ、こうした分け方をするのでしょうか。バリューチェーンで事業を考えるときには、「どの活動で大きな付加価値をつけて稼ぐのか」を考えますが、主な付加価値の源泉は「技術開発・調達・製造主導」で稼ぐか、「販売・マーケティング主導」で稼ぐかの2パターンであることが多いでしょう。すなわち、「自社にどのような技術や調達ネットワークがあり、どのような製品を製造しようかということから自社の戦略を考えるパターン」と「どのような顧客ネットワーク（市場・地域）を持ち、どのような製品を売っていこうかということから自社の戦略を考えるパターン」の2パターンがあります。そして、これはどちらか一方しか選べないというよう

な二律背反の考え方ではなく、まずどちらから戦略を検討するかということです。したがって、SBUは顧客市場軸で事業を区分し、BUは製品群別に事業を区分するということもあります。

さて、ABC社の事業区分を見てみましょう。**図表3・1・2**を見てください。まず、ABC社の主な製品群は、「食品全般」「飲料」「加工調味料」「薬品」の4つです（「物流サービス」については**本章の1・4**で解説）。ABC社では、それぞれの分野でどのような製品を販売するかというところから戦略を検討して経営資源配分をするので、「国内食品事業」「飲料事業」「加工調味料事業」「薬品バイオ事業」の4事業（事業セグメント）を定義しています。

この4事業に対しては、「アジア食品事業」という事業セグメントが宙に浮いているように見えるかもしれません。ABC社は、20年以上前に中国進出して子会社を設立しました。最初は中国で製造した食料品全般を日本に輸出するだけの製造子会社でした。その後、中国マーケットの拡大やノウハウの蓄積、現地の賃金上昇などのさまざまな環境変化を経て、中国国内で地産地消をする方針となりました。香港にもアジア地域を統括する子会社を設立し、中国をメインとしてアジア全般を管理する事業として独立区分させたという経緯があります。

アジア食品事業では、まず中国をはじめとするアジアの顧客に対して販

図表3・1・2　ABC社の事業区分

	国内	海外(アジア除く)	アジア
食品	国内食品事業		アジア食品事業
飲料	飲料事業		
調味料	加工調味料事業		
薬品バイオ	薬品バイオ事業		
物流	物流事業		
その他	その他事業		

売することは決まっており、どのような製品を企画開発して販売するかという戦略の検討がメインになるため、事業が市場（地域）で切り分けられているのです。

図表3・1・2の事業区分は、階層で言うと「事業セグメント」のレベルの区分です。ABC社では、さらにSBUレベル、BUレベルにも事業を区分して業績管理を行っています。食品・飲料・加工調味料事業について、どのようにSBUレベルの事業区分をしているのかを見ていきましょう。

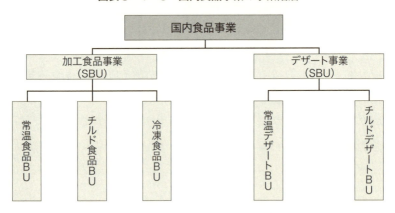

図表3・1・3　国内食品事業の事業階層

図表3・1・3は国内食品事業の事業階層です。国内食品事業は「国内」と記載していますが、アジア以外の海外の食品事業も統括しています。国内食品事業の大部分が国内向けであり、海外比率が高くないことからこのような事業の名称になっています。

国内食品事業は製品群別にSBUを区分しており、さらに製品の温度帯でBUを区分しています。製品群別に製品開発や地域別の製品戦略を策定している一方で、設備投資や製品在庫管理などは温度帯別に実施し、この単位で採算管理を行っているからです。

飲料事業と加工調味料事業についても事業階層の概略を解説します。図表3・1・4を見てください。飲料事業では、国によって顧客の嗜好が大きく異なることから、顧客地域別にSBUを設定しています。国ごとに製

第3章 // EVA®、ROICによる事業業績管理

図表3・1・4　飲料事業と加工加工調味料事業の事業階層

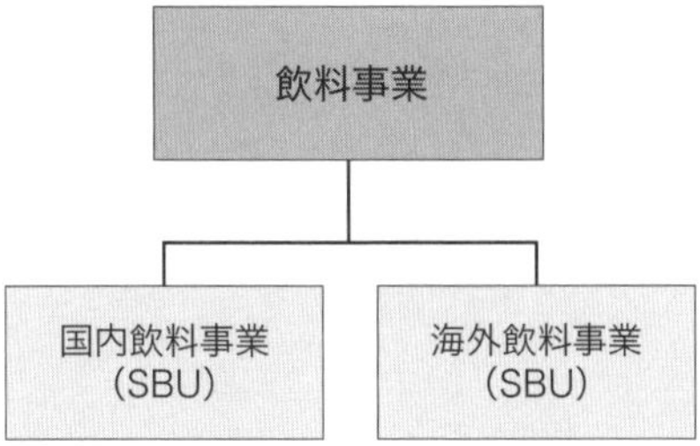

```
┌─────────────┐              ┌─────────────┐
│   飲料事業    │              │  加工調味料事業 │
└─────────────┘              └─────────────┘
       │                            │
   ┌───┴───┐                    ┌───┴───┐
┌──────┐ ┌──────┐           ┌──────┐ ┌──────┐
│国内飲料事業│ │海外飲料事業│          │家庭用事業│ │業務用事業│
│ (SBU)  │ │ (SBU)  │          │ (SBU)  │ │ (SBU)  │
└──────┘ └──────┘           └──────┘ └──────┘
```

品戦略を検討するためです。

　また、加工調味料事業は家庭用・業務用という用途顧客別にSBUを設定しています。加工調味料において、家庭用はブランドイメージや広告、パッケージなどをとくに重視した戦略検討を行っていますが、業務用ではコモディティ化しつつあるものの、味、価格、物流ネットワーク等で差別化を目指しており、家庭用と業務用では戦略がかなり異なるため、このようなSBUの設定にしています。

1・4　機能子会社の事業区分

　企業グループ全体のコーポレート業務・本社業務・共通的な業務を担う本社部門や間接部門に対して、競争力強化や独立採算を求めるなど、さまざまな目的で機能子会社として分社化することがあります。そして、このような機能子会社の業務を「物流事業」や「システム事業」などの独立した事業として区分することがあります。

　ABC社でも、物流事業を独立した事業として区分しています。通常、ただ単に本社部門を分離しただけの機能子会社はバリューチェーンが独立しているとは言えないことが多いものです。そのような場合にはコーポレート機能の1つとして扱ったほうがよいと考えられます。では、どのような条件を満たしていれば、機能子会社を独立した事業とみなすことができるのか、考えてみましょう。

　まず「外販をしている」、または「近い将来外販を行う計画がある」と

いう条件を満たす必要があります。単独で生きていけない子会社は「事業」とは呼べません。企業グループのバリューチェーンの一部を担っているだけであり、事業の定義に合致しません。

ただ、外販していなくても、内部取引価格を市場価格ベースで客観的に決定できる場合は、独立した事業と考えてもよいと思われます。言い換えれば「外販する能力がある」ということです。

物流子会社やシステム子会社だけでなく、製造子会社でも同じようなことが言えます。原価に一律20%を上乗せした仕切り価格で親会社と取引していたり、外販価格の一律20%引きの仕切り価格で取引をしたりしているだけならば、その製造子会社は独立した事業とは言えません。

ABC社の物流事業は国内の物流を自前でやっていましたが、積載効率をより高めるためにグループ外からも受注するようになり、これがきっかけとなり子会社化したものです。冷蔵・冷凍配送に強みを持っていることもあって規模が拡大していき、数年前から物流事業として独立の事業区分となりました。

まとめ

- 事業区分はバリューチェーンが独立・完結している単位で分ける
- 実務上では、製品群別に分けることをベースにし、市場・顧客・チャネル軸も加味して分けることが多いが、どちらの軸で戦略を考えているかが区分のポイント
- 機能子会社は外販する能力があれば、独立した事業区分とする

第**3**章 // EVA®、ROIC による事業業績管理

2. 資本コストを意識した事業業績管理

　会社は、株主などから集めた資金を事業に投資して利益を稼ぎます。単なる利益の大小ではなく、「事業に投下した金額に見合う利益かどうか」という視点が重要です。本章ではEVA®やROICという、資本コストを意識した事業業績管理の考え方を解説します。

◆ CASE　　　　ABC社の事業ポートフォリオ管理
―コーポレートによる事業業績管理はどのように行うか？―

　総合食品メーカーであるABC社とそのグループは、もともとは調味料を中心に製造販売する会社であったが、今日ではグローバルに事業を展開し、食品といってもその取扱いは多岐にわたる。

　ABC社では、その戦略事業単位を区分するために製品群や地域市場を軸として以下のような事業区分を設定している。

・国内食品事業

・飲料事業

・加工調味料事業

・薬品バイオ事業

・アジア食品事業

・物流事業

・その他事業

　コーポレートとしては、グローバルに展開するこれらの事業について、グループ全体での位置づけを明確にし、経営資源をどのように配分するかを検討、判断することとなる。管理会計の役割は、上記の事業の位置づけを表現することだ。

　ABC社が連結事業部制組織体制に移行してから相応の年月が経過している。事業部制に移行してから事業別の業績管理・業績評価は、連結事業売上や連結事業損益で行われてきた。個々の事業としての成長性や収益力を高めることがグループ全体の成長に繋がった。

　ABC社の事業区分は、その後何度か見直しが行われ、今の形に至っている。成長ステージにある事業は、意思決定スピードを高めるために切り出され、権限移譲が進められた。逆に不採算事業の中には、他事業と統合さ

153

れたり撤退に至ったものもある。またこの間、M&Aによって事業自体を買収したものもあれば、他社へ譲渡した事業もある。今、グループ全体の価値を高めるためには、既存事業の成長だけでなく、他社とのアライアンスやM&Aも不可欠となってきている。

コーポレート本社としては、どの事業にどれだけの投資を行い、どれだけのリターンが上がっているかを常にモニタリングしながら、経営資源配分を考えることになる。既存事業に投資するならば、どの事業のどの案件に投資するのか？ 既存事業とシナジーのありそうな他社とのアライアンスを行うのか？ といったことを検討しなければならない。さらにその事業区分自体も柔軟に見直すことが求められる。

ABC社のCEO（最高経営責任者）大谷進之介は、就任直後にさまざまなマネジメント改革を実行した。その中の1つが「ROIC（投下資本利益率）とEVA®による事業業績管理」であった。

図表3・2・1　ABC社グループの主要6事業の概況

	ROIC	売上高伸び率	売上高
国内食品	9.0%	2.0%	2,500億円
飲料	4.5%	-3.0%	1,500億円
調味料	10.0%	-1.0%	3,000億円
アジア	12.0%	8.0%	1,500億円
薬品	7.0%	6.0%	1,000億円
物流	6.0%	3.0%	500億円

2・1　ROICとは

第1章、第2章では、P/L中心の管理会計手法について解説しました。本章では、P/LとB/Sを組み合わせた業績管理手法を説明します。

まず、ROICという指標です。ROICとはReturn On Invested Capitalの略で、投下資本利益率のことです。

ROIC ＝ 税引後事業利益（NOPAT）÷ 平均投下資本

第**3**章 // EVA®、ROICによる事業業績管理

で算出できます。

　税引後事業利益（NOPAT）は、営業利益に「1－実効税率」を乗じるのが簡易かつ一般的ですが、利息以外の営業外収支を営業利益から差し引いたり、特別損益項目も差し引いたりなど、さまざまな考え方があります。

　そして、投下資本とは事業に投じた資金の総額のことであり、「ROICはどれだけの資金を使って、どれだけの利益を稼ぐことができたか」つまり「効率的に稼ぐ能力」を見るための指標です。

　事業に投じた資金というのは、裏を返せば「株主（非支配株主も含む）や債権者から集めた資金」と言い換えることもできます。

　投下資本の算出方法は、B/Sから**図表3・2・2**のように算出します。

　投下資本は、事業用資産（事業に投じた金額）側から算出する方法と、調達資本（株主や債権者から集めた金額）側から算出する方法があります。事業用資産は流動資産から流動負債（有利子負債を除く）を差し引いた「運転資本」と、固定資産から固定負債（有利子負債を除く）を差し引いた「（正味）固定資産」の合計額として算出します。運転資本とは、日常的な事業運営のために必要な資金を意味します。固定資産は設備投資やM&Aにより取得した株式やのれんなどの、事業のために投資した資金を意味します。

　そして、調達資本は有利子負債と純資産（株主資本と非支配株主持分など）の合計額です。貸借は一致するので、事業用資産側から算出した結果と調達資本側から算出した結果は一致します[※1]。

※1：厳密には、事業用資産だけではなく非事業用資産も区分する必要があり、非事業用資産の分だけ事業用資産と調達資本には差額が出ます。詳細は**2・6**の事業別B/Sの作成方法で説明します。

図表３・２・２　投下資本の算出方法

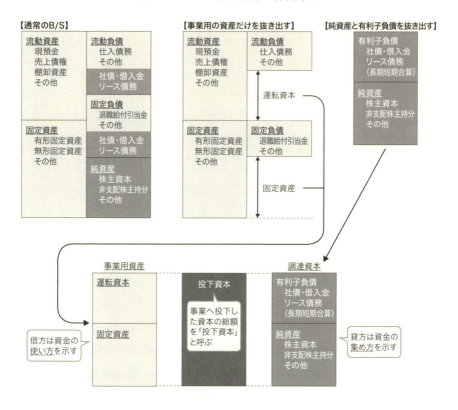

2・2　EVA®とは

P/LとB/Sを組み合わせたもう1つの代表的な指標としてEVA®があります。EVA®は、株主や債権者から調達した資金に対して、最低限要求されている見返り（リターン）を投下資本から算出し（これを資本コストと言います）、この「資本コストを超えてどれだけ利益を稼ぐことができたのか」という事を示す指標です。Economic Value Addedの略で、経済的付加価値とも言い、スターン・スチュワート社の登録商標となっています。次の計算式で算出します。

　　EVA® = 税引後事業利益 − 投下資本コスト

第3章//EVA®、ROICによる事業業績管理

　投下資本コストは投下資本額に対して一定の利率（投下資本コスト率）を乗じて算出するものです。この投下資本コスト率には「WACC（加重平均資本コスト率）」を使用するのが一般的です。2・4で詳細に解説しますが、WACCとは「株主に対して支払う資本コストの率（株主資本コスト率）と、銀行などの債権者に対して支払う資本コストの率（負債コスト率）の加重平均をとった資本コスト率」です。WACCを使うと、EVA®の算出式は以下のように言い換えることもできます。

　　EVA® = 税引後事業利益 － 投下資本額 × WACC

　EVA®の指標の見方についても整理しておきましょう。EVA®がちょうどゼロになるとき、つまり税引後事業利益（NOPAT）と投下資本コストが同じ金額になったときは、その会社は「株主と債権者が要求しているリターンをぎりぎり稼げた状態である」ことを意味します。

2・3 ROICとEVA®の関係

　ROICとEVA®は親戚関係にある指標といえます。どちらも「投下資本に対してどれだけの利益を計上することができたのか」を示す指標です。
　あらためて算出式を見比べてみましょう。

$$\text{ROIC} = \frac{税引後事業利益}{投下資本}$$

　　EVA® = 税引後事業利益 － 投下資本額 × WACC

　ROICの算出式から、税引後事業利益 ＝ 投下資本 × ROICという等式が導けますから、EVA®はROICを使うと次のような式に変換できることがわかります。

　　EVA® = 投下資本 × （ROIC － WACC）

　このことから何が言えるのかというと「ROICがWACCと等しいときはEVA®がゼロになる」ということです。つまり、「ゼロ以上のEVA®を目

157

標値にすること」と「WACC以上のROICを目標値にすること」が同じだということです。この関係性は理解しておきましょう。

2・4　資本コストとは

①　資本コストの意味

EVA®の説明で少し言及していますが、資本コストとは、資金提供者（株主・債権者）が要求するリターンのことです。株式会社は株主や債権者から資金を集め、その資金を使って事業を運営して利益・キャッシュを稼ぎ、資金提供者へ配当金や値上がり益、利息などの形で還元しなければなりません。配当金や値上がり益のように、株主に対して還元するコストを「株主資本コスト」、支払利息のように債権者に対して還元するコストを「負債コスト」と言います。値上がり益については会社からの資金流出はありませんが、株価の上昇を通じて株主に還元しなければ、株主は資金を引き揚げて（株価が下がって）しまいますので、株主が受け取れるリターンを総額で「株主資本コスト」として把握します。

会社が事業運営を行う以上は、株主や債権者が要求するリターンは最低限稼がなければなりません。言い換えると、資本コスト以上の利益を稼がなければならないということです。

前項までで解説したEVA®やROICは、まさに資本コスト以上の利益を稼げているかを直接的に示すことができる指標です。資本コストを超えていくら稼いだかを「金額」で示すのがEVA®で、資本コスト率を超える利益を稼いだかを投下資本に対する「率」で示すのがROICという事です。

②　株主資本コストと負債コスト

資本コスト額は株主資本コスト額と負債コスト額の合計です。ここでは、株主資本コスト（額・率）と負債コスト（額・率）について解説します。

まず、負債コスト率の算出方法です。負債コストとは借入金や社債、リース債務などの有利子負債にかかる支払利息のことです。自社の有利子負債の加重平均利率を計算すれば良さそうですが、法人税負担が絡むので少し

複雑です。利息を支払うと、その分だけ税引前利益（≒課税所得）が減少し、法人税等の支払額が軽減されるので、税引後利益ベースで考えてみる必要があります。そうすると、税引後負債コスト率は下記のような計算式になります。

税引後負債コスト率＝有利子負債の加重平均利率×（１－実効税率）

次に、株主資本コスト率の算出方法です。株主資本コスト率は、CAPM理論に基づいて算出する事が一般的です。

株主資本コスト率＝リスクフリーレート＋β×マーケットプレミアム

という式で算出できます。

たとえば、リスクフリーレートが1％、マーケットプレミアムが5％、βが1.2の場合、株主資本コスト率は7％と算出されます。

リスクフリーレート（国債の利率）やβ（個別銘柄の変動幅）、マーケットプレミアム(株式市場の平均リターンとリスクフリーレートの差)といった指標については、インターネット上でも簡単に取得でき、株主資本コスト率は比較的簡単に計算できるようになりました。

したがって、ここではCAPM理論の考え方についてだけ簡単に解説します。株主資本コストは株主が要求するリターンのことです。投資家が国債ではなく株式に投資をするのであれば、ほぼ確実にリターンを得られる国債の利率（リスクフリーレート）よりも高いリターンを求めます。国債ではなく、あえて株式に投資する場合に投資家が求める超過リターンを示すものが「マーケットプレミアム」です。マーケットプレミアムは株式市場全体の平均指標です。

そして、個別銘柄の株式を見た場合、リスクが高い（株価変動幅が大きい）銘柄とリスクが低い銘柄があれば、リスクが高い銘柄に対してはより高いリターンを要求することになります。この、リスク（株価変動幅）を示す指標が「β」です。市場平均と同じ変動をする銘柄であれば1、リスクが低い銘柄では1未満、リスクが高い銘柄では1を超えることになりま

す。このように国債利子率や株式市場の指標から株主資本コスト率を算出できるのがCAPM理論の強みです。

　ちなみに、株主資本コストは負債コストと違い、税引後利益で株主の取り分が決まるため、税金負担について複雑に考える必要はなく、全て税引後ベースで計算することになります。

③　WACC（加重平均資本コスト率）

　株主資本コストと負債コストについて解説しましたが、株主資本と有利子負債の合計である投下資本総額に対する投下資本コスト額を考えてみましょう。

　　投下資本コスト額
　　　＝株主資本コスト額＋負債コスト額
　　　＝株主資本×株主資本コスト率＋有利子負債×税引後負債コスト率

という計算式で投下資本コスト額が決まります。ただ、投下資本コスト額を毎回この計算式で算出するのは少々面倒です。そこで、加重平均資本コスト率（WACCと呼びます）という考え方を使って、次のような計算で投下資本コスト額を算出する事が一般的です。

　　投下資本コスト額＝（株主資本[※1]＋有利子負債）× WACC
　　　＝投下資本× WACC

この式を入れ替えると、WACCの計算式に展開できます。

$$\text{WACC} = \frac{\text{株主資本} \times \begin{array}{c}\text{株主資本}\\\text{コスト率}\end{array} + \text{有利子負債} \times \begin{array}{c}\text{税引後負債}\\\text{コスト率}\end{array}}{\text{株主資本＋有利子負債}}$$

※1：「株主資本」と書いていますが、WACCの算出では株主資本時価（株式時価総額）を使うということに注意してください。投資家は株主資本の簿価に対するリターンを求めているのではなく、現在の株価の水準に対してリターンを求めているためです。なお、有利子負債は時価と簿価あまり変わらないので、実務上は簿価を使ってしまってもほとんど差し支えありません。

第3章 // EVA®、ROICによる事業業績管理

　WACCを算出できると、ROIC（＝税引後事業利益÷投下資本額）と
WACC（＝投下資本コスト額÷投下資本額）を比較することで、株主や債
権者が求めているリターン率以上の高い効率性で利益を稼げているかどう
かを簡単に比較分析することができるようになります。

　また、WACCはさまざまな指標の変化により常に変動していますが、
業績管理上WACCを使用する際には、財務構成比率や外部環境の大幅な
変動がない限り、頻繁に更新するものではありません。WACCの変更に
より事業の業績が動いてしまうと、事業業績管理がしにくくなるからです。
多くても1年に1回見直して、もし1%以上の大きな動きがあれば更新す
る、という程度です。

2・5 EVA®やROICで行う事業業績管理

　会社（企業連結グループ）は投資家（株主）や債権者から、投資した資
金に対するリターンである資本コスト以上の利益を稼がなくてはなりませ
ん。投資家が会社を「投下した資本に対してどれだけのリターンを稼いだ
か」で評価するのと同じように、企業グループ内でもコーポレート（グルー
プ本社）が各事業に対して資金を投下し、各事業がそれに見合うリターン
をどれだけ稼げたかで評価することで、より投資家目線の経営管理を行う
ことができます。このような資本コストを意識した事業業績管理について
考えてみましょう。

① EVA®やROICを改善させる施策

　事業別に税引後事業利益と投下資本額を算出し、そこから事業別EVA®
や事業別ROICを算出することで、各事業が資本コストを上回る利益を稼
いでいるかを業績評価することができます。

　資本コストを意識した業績管理を行う場合、ROICやEVA®を改善する
ための施策は大きく4つに分類できます。

・利益を増やす

　P/L中心の業績管理を行っている会社でも行われる、もっとも一般的な

161

改善施策といえます。既存事業について、売上増加、原価低減、販管費削減などの地道な改善を行い、利益を増やす施策です。

$$\text{ROIC} = \frac{\boxed{\text{税引後事業利益} \uparrow}}{\text{投下資本}}$$

$$\text{EVA}^{\circledR} = \boxed{\text{税引後事業利益} \uparrow} - \text{投下資本} \times \text{WACC}$$

・投下資本を増やし、資本コスト増加を上回る利益を生み出す

設備投資やM&Aなどの施策を指します。ここで大事なのは、ただ単に投資するだけではダメで、それによる資本コスト増加を上回る利益を生み出す必要があるということです。

$$\text{ROIC} = \frac{\text{税引後事業利益} \uparrow\uparrow}{\text{投下資本} \uparrow}$$

$$\text{EVA}^{\circledR} = \boxed{\text{税引後事業利益}\uparrow\uparrow - \text{投下資本}\uparrow \times \text{WACC}}$$

・利益を減らさずに投下資本を減らす

不要な資産・過大な資産といった、利益に貢献していない資産を処分して、資本コスト額を減少させる施策を指します。滞留債権の処分・滞留在庫の処分・遊休資産の処分が代表的な施策となります。

$$\text{ROIC} = \frac{\text{税引後事業利益}}{\boxed{\text{投下資本}} \downarrow}$$

$$\text{EVA}^{\circledR} = \text{税引後事業利益} - \boxed{\text{投下資本}} \downarrow \times \text{WACC}$$

・資本コスト率（WACC）を引き下げる

資本コスト率を引き下げることで、資本コスト額を減らす施策です。たとえば、財務構成比率の見直しです。一般的に、株主資本コスト率よりも負債コスト率の方が低いため、財務安全性に悪影響を与えない範囲内であれば、有利子負債比率を増加させた方がWACCを引き下げることができます。借入金を増加させる以外に、配当金の増加・自己株式の取得などの

方法があります。

また、上場会社においては、IRを充実させ株主が感じる情報格差により生じるリスクを軽減させることで、株主資本コスト率を下げるという施策もあります。IRが充実している会社は東京証券取引所から表彰を受けたりしていますが、これは、資本コストを下げることでEVA®を増加させる効果があったというわけです。

ROICやEVA®の改善の方向性について4つ紹介しました。最後のWACCを引き下げる施策については、各事業が行うことではなく、連結財務部や広報部などのコーポレート部門が担当する分野と考えられます。そこで事業業績管理では、

・利益を増やす
・投下資本を増やして、資本コストの増加を上回る利益を生み出す
・利益を減らさずに投下資本を減らす

という3つの役割を担い、戦略や施策を検討することになります。

② ABC社における事業別ROIC管理

ABC社がどのように事業別ROIC管理を行っているのかを見てみましょう。

まず、事業別P/Lと事業別B/Sを作成します。事業別P/Lは、事業に直課できない販管費も本社費としてすべて配賦しています（予算額を事前に配賦するため、予実差額が出ますが、考え方としてはすべての費用を事業セグメントに配賦するということです）。そして、税引前の事業利益に、（1－実効税率）を乗じて、税引後事業利益を算出しています。

事業別B/Sは、直課できる事業用資産負債をまず集計し、直課できない共通の事業用資産負債は運転資本と固定資産の2科目にまとめて配賦し

て、事業別の投下資本を算出しています（事業別B/Sの詳細は、**本章2・6**を参照ください）。

このように算出した税引後事業利益と投下資本額から、

$$事業ROIC = \frac{各事業の税引後事業利益}{各事業の投下資本額}$$

を算出し、業績評価を行います。**図表3・2・3**を見てください。これはABC社の事業ポートフォリオ図です。縦軸は売上高伸び率（成長性）、横軸はROIC（収益性・効率性）、円の大きさが売上高（規模）を示しています。

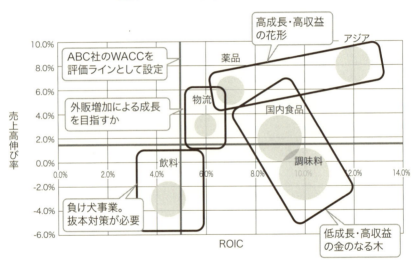

図表3・2・3　事業ポートフォリオ図

　ABC社では、規模・成長性・効率性のバランスを見て、それぞれの事業の成長ステージに合わせた戦略を検討しています。

　国内食品事業や加工調味料事業は、規模が大きくROICが高いものの低成長の事業で、いわゆる金のなる木と呼ばれる一番の稼ぎ頭です。アジア食品事業は、ROICが12%、売上高成長率8%と収益性・成長性ともに優れている伸び盛りの花形事業です。薬品事業も収益性・成長性ともにそれなりに高く、花形事業に分類されます。物流事業はグループ内売上高比率が高く安定していますが、規模もそれなりで今後の成長を目指すには何か

第3章 // EVA®、ROICによる事業業績管理

しらの打開策が必要です。飲料事業は、過去にM&Aにより他社の飲料子会社を買収したりして規模が大きくなりましたが、市場規模・シェアともに伸び悩んでおり、また買収のための投資資金もかさんだためのれん残高が大きく、売上高伸び率もROICも低水準になっています。

ABC社では、成長事業と安定事業の区分の目安として、売上高伸び率1.5%（全社目標値の平均）のラインを設定しています。そして、ROICはABC社のWACCである5%を評価基準として設定しています。

ROICを指標として管理することで、最低限稼がなければならない資本コストを表すWACCの5%ラインが明確になります。飲料事業は5%を下回っており、早急なてこ入れが必要な状況となっていることが読み取れます。

また、各事業においても、図表3・2・4のようなROICの指標展開図に基づき、自事業のROIC向上のための施策を検討・実行をしています。売上高増加や粗利率改善、販管費などの削減は通常のP/L管理と同じ内容ですが、ROICを改善させるには、売上債権や在庫の回転期間の改善や事業が保有する遊休資産の有効利用、収益性の高い設備投資やM&A投資などの施策も、指標に定量的に直結することになり、改善施策の検討の幅が広がります。

図表3・2・4 事業別ROIC管理のための指標展開図

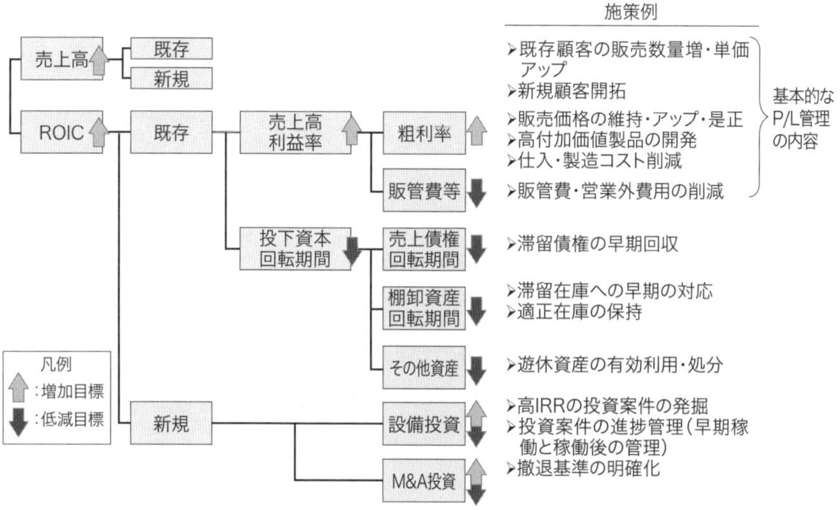

以上のように、ABC社では資本コストを意識した指標であるROICによる管理を採用したことで、利益や売上高一辺倒ではなく資本効率も重視し、B/S項目にも改善の目が向けられるようになりました。

2・6 事業別投下資本算出のための事業別B/S作成方法

資本コストを意識した事業業績管理を行う上で、事業別B/Sの作成は必須となります。事業別B/Sを作成するための基本的な考え方を解説します。

① 事業別B/Sを作成する目的

事業別B/Sは各事業が資本効率を意識した事業運営を行うために必要です。事業別B/Sがあれば、すでに解説したように各事業の投下資本が算出でき、資本コストやROIC算出の基礎となります。

そして、事業別B/Sで科目の内訳がわかれば、各事業のB/Sの変動が業績にどの程度影響を与えているかを定量的に把握することができるようになり、優先度を考慮に入れた改善検討をすることができます。たとえば、不良在庫は削減したほうがよい、滞留債権も早期に回収したほうがよい、遊休資産も早期に処分したほうがよいことは一般的に言われていますが、不良在庫によって具体的にどれだけの資本コストをムダにしているのかを定量判断できるようになります。

② 事業別B/Sの基本形

事業別B/Sを作成するにあたり、まずはB/Sの内訳を次のように4つに分類しましょう。

・各事業に直課可能な事業用資産負債

たとえば、売上債権、棚卸資産（とくに製品在庫）、工場や営業所の有形固定資産、のれんなどの事業用資産負債は製品群別や顧客別、事業部別に区分集計することで、事業別に直課することが可能なケースが多いです。

・複数事業で共用のため直課できない事業用共通資産負債

本社ビルに関わる有形固定資産、雑多な費用項目に関わる未払金や未払

費用、本社管理部門（経営企画部・経理部・法務部・総務部など）に係る資産負債のように、事業運営のために必要な資産負債ではあるが、事業別に直課が難しい資産負債がこれにあたります。

・非事業用資産負債

　余剰資金やその運用のために保有している有価証券、または撤退した事業の処分が完了していない遊休資産のように、事業に直接関係のない資産は非事業用資産負債に分類します。

　なお、保有している有価証券でも、取引先との関係強化のために保有している株式は事業用資産に分類しますし、遊休資産でも現存している事業に直接紐づけられるのであればそれも事業用資産に分類します。

・調達側の負債資本

　株主から調達した株主資本や債権者から調達した借入金・社債・リース債務などは、前述のとおり、調達側から見た投下資本を示しているので、事業用資産には該当しません。なお、リース債務は「リース資産と紐づけができるので直課できるのではないか」と思われがちですが、実態はリース資産を担保に入れた借入金という性質を持つ負債であり、有利子負債として扱います。

図表３・２・５　事業別B/Sの基本形

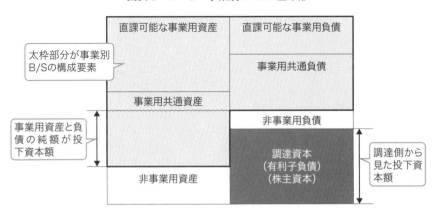

　図表３・２・５を見てください。太枠部分が事業別B/Sの基本形になります。事業別B/Sは、事業用資産と事業用負債を事業別に集計して積み上

げて作成します。そして、事業用資産と事業用負債の差額が、その事業における投下資本額になります。

全社の投下資本を算出する場合は調達側、つまり有利子負債と株主資本から算出することもできますが、事業別の投下資本は一般的に調達側から算出することはできません。また、調達側から見た投下資本額と事業側から見た投下資本は実は一致しておらず、非事業用資産の分だけ差額が生じるという事も認識しておいてください。本章の **3.** でこの差額がどのような影響を生じさせるかについて解説します。

③　直課できない事業用資産負債はすべて配賦すべきか

事業別B/Sを実際に作成しようとすると、配賦をするかしないか、配賦するとしたらどうやって配賦するのか、という問題に直面します。

事業別B/Sを作成するには、まず各事業に直課可能な事業用資産負債は各事業に直課します。そして、非事業用資産負債と調達側の負債や株主資本は事業別B/Sを作成するときは無視します。

そして、取扱いに困るのが事業用共通資産負債です。まず、直課可能か共通かを分類するときに、できるだけ直課できる資産負債の割合を多くしておくことが大切です。これにより正確な事業別B/S作成ができます。

しかし、できるだけ直課するという方針で分類しても、どうしても事業共通資産に分類せざるを得ない資産はあります。これらは、配賦して事業別B/Sに計上すべきか、無視してしまうべきか、検討してみましょう。

まず、配賦すべきという主張の根拠は、共通の事業用資産も間接的にとはいえ事業で使用しているので、一定の配賦基準で負担させ、投下資本に含めて資本コストを負担させるべきという点です。

直課しやすいかしにくいかという理由だけで、資本コスト負担に違いが出てしまってはいけません。たとえば、ABC社のアジア食品事業では、アジアの統括子会社を頂点とする組織体制になっているため、アジアの子会社の事業用資産負債はほぼすべて直課可能です。一方で、ABC社本体は国内食品事業・飲料事業・加工調味料事業の主要な部分を担っており、

事業用の共通資産に該当する資産が多くなっています。こうなると、アジア食品事業は直課しやすいという理由で投下資本が大きくなり、国内食品事業や飲料事業では、共通資産が多いという理由で投下資本が小さくなるという、いびつなB/Sになる可能性があります。

　一方で、配賦をしない場合、直課可能な事業用資産負債だけを集計して事業別B/Sを作成することで、その事業にとって管理可能な項目だけを事業別B/Sで見ることができるため、改善施策を検討しやすくなります。そして、そもそも配賦しなければ、配賦の手間が省けるというメリットもあります。配賦処理はシステムの負荷も人作業の負荷も想像以上に高いものです。

　以上のように、事業別B/Sを作成する際、直課できる資産と負債だけを集計するか、事業用共通資産も配賦して各事業に負担させるべきかという論点については、どちらも一長一短ありますが、「事業別投下資本額を算出したい」という目的が最重要であると考えると、配賦を行うべきです。ただし「配賦運転資本」「配賦固定資産」などの科目でまとめて配賦し、直課した資産負債と混ざらないようにするといいでしょう。

図表3・2・6　事業別B/Sを作成する際に事業用共通資産を配賦するか

	直課可能な資産負債だけ集計してBS作成	直課＋共通資産の配賦でBS作成
投下資本の負担の同等性	× ・単一事業子会社による事業の場合等、直課しやすいという理由だけで多くの投下資本を負担させられる可能性がある	○ ・直課しにくい事業も直課しやすい事業も関係なく投下資本を負担させることができる
管理可能性	○ ・直課資産だけであれば改善施策を検討しやすい	○（条件付き） ・直課された資産負債と配賦された資産負債が区別できるようになっていれば、直課資産の改善施策は検討可能
手間	○	×

　ここまで、事業別投下資本額を算出するために、事業用の共通資産負債は配賦したほうがよいとしてきましたが、配賦しない方がいいケースもあるので、補足します。

たとえば、本社ビルのような事業用共通資産について、本社から各事業に内部取引で賃借料を請求しているケースがよくあります。この請求している賃借料の決定方法が、減価償却費や固定資産税などの実費に基づいて算出されるものであればとくに問題はないのですが、近隣ビルの相場などに合わせた市場価格ベースで賃借料を決定しているなど、実質的に資本コストも含めて請求している場合があります。こうしたケースで、本社ビルの資産を事業に配賦してしまうと、資本コストの負担が重複してしまうことになります。

したがって、市場価格ベースで本社から各事業に費用を請求しているような資産が存在する場合には、その資産を配賦しないように注意してください。

④ ABC社の事業別B/Sの作成例

ABC社の事業別B/Sを作成してみましょう。

図表3・2・7を見てください。まず、グループ会社全社の単体B/Sを用意します。そして、B/Sの各科目を「直課可能な事業用資産負債」「事業用の共通資産負債」「非事業用資産負債」「調達資本」の4区分に分類します。各社の単体B/Sで4区分に分類します。

有利子負債と純資産は、すべて「調達資本」に分類します。リース債務などの場合、リース資産と紐づくのでどの事業のものかわかるため直課したくなりますが、調達側と事業側を分けて、資本コスト総額を事業利益でまかなえているのかを管理することが肝になりますので、有利子負債であるリース債務は調達資本に分類します。

そして、ABC社が余剰資金の運用のために持っている有価証券や、過去に撤退した事業の遊休資産を「非事業用資産」に分類しています。

ABC社のアジア食品事業の子会社などの、単一事業の会社の事業用資産と負債はすべて「直課可能な事業用資産負債」に分類できます。

ABC社本体などの複数事業を持っている会社では、売上債権や製品在庫、工場設備資産などは「直課可能な事業用資産負債」に分類できますが、仕入債務や原材料、その他の雑多な資産負債の多くは「事業用の共通資産

第3章 EVA®、ROICによる事業業績管理

図表3・2・7　ABC社のB/S

	全体	事業用		非事業用	調達資本
		直課可能	事業共通		
現預金	1,000	300	700	0	0
売上債権	2,000	2,000	0	0	0
棚卸資産	2,000	1,500	500	0	0
その他流動資産	500	100	400	0	0
固定資産	7,000	4,100	2,400	500	0
資産合計	12,500	8,000	4,000	500	
仕入債務	1,800	300	1,500	0	
その流動負債	1,200	200	1,000	0	
固定負債	1,500	300	1,200	0	
有利子負債	4,000	0	0	0	4,000
純資産	4,000	0	0		4,000
負債純資産合計	12,500	800	3,700	0	8,000
投下資本（貸借差額）⇒		7,500			

有利子負債と純資産は全て「調達資本」に分類

単一事業の会社ではその他系の雑多な科目も直課可能

複数事業の会社では共通資産になるものが多い

負債」に分類しています。

　そして、事業用の直課資産と共通資産は各事業に分けていきます。図表
3・2・8を見てください。

図表3・2・8　ABC社の事業別B/S

	事業資産	国内食品	飲料	調味料	アジア	薬品	物流
現預金	300				200	50	50
売上債権	2,000	600	400	500	200	200	100
棚卸資産	1,500	400	200	600	200	100	0
その他流動資産	100				50	25	25
仕入債務	-300				-150	-100	-50
その流動負債	-200				-150	-25	-25
配賦運転資本	-900	-300	-200	-400			
運転資本計	2,500	700	400	700	350	250	100
固定資産	4,100	800	900	900	600	500	400
固定負債	-300				-150	-100	-50
配賦固定資産	1,200	300	200	400	100	150	50
固定資産計	5,000	1,100	1,100	1,300	550	550	400
投下資本合計	7,500	1,800	1,500	2,000	900	800	500

運転資本の配賦先は国内食品・飲料・調味料の3事業のみ

ここでのポイントは事業共通資産負債の配賦です。ABC社では共通資産負債を「配賦運転資本」と「配賦固定資産」の2つに集約し、「配賦運転資本」は会社ごとにその会社の単体事業別売上高比で各事業に配賦し、「配賦固定資産」については直課固定資産やABC社で設定した投資規模を示す指標に基づき配賦しています（運転資本の配賦先が国内食品事業・飲料事業・加工調味料事業の3事業だけなのは、アジア食品事業と薬品バイオ事業と物流事業の運転資本はすべて直課可能資産であるためです）。

　以上が事業別B/Sの作成方法の概要ですが、一点補足があります。それは、連結処理をどのようにやるかという点です。財務会計と同じ連結処理をすべてできれば、それに越したことはないですが、連結処理はかなり手間がかかる作業ですし、事業別にやるとなったらなおさらです。必須な連結処理に絞って簡便的に連結することをお勧めします。

　必須の連結処理はいわゆる「資本連結（親会社が保有する子会社株式と子会社の資本の部を相殺消去する処理やのれんの処理）」です。これをやらないと、固定資産（子会社株式）と純資産（子会社の純資産）が両建ての二重計上になってしまうので、必ず消去しなければなりません。

　もう1つ、持分法の処理も必須です。固定資産（関連会社株式）が簿価のままだと正しい投下資本残高が算出できませんし、影響もそれなりに大きいと考えられます。

　それ以外の処理は、連結B/Sを作成する上では必須ではないと考えましょう（債権債務の相殺、未実現利益の消去、貸引の消去など）。大きな影響が出ることは少ないです。たとえば、債権債務は消去しなくても資産と負債で両膨らみになりますが、「運転資本」として見るときには結局差し引きして相殺してしまうので、実質的に影響はありません。また、在庫の未実現利益の消去をしないことで粉飾の可能性が心配ならば、連結処理による対応ではなく、在庫の異常増減のモニタリングなどを行った方がいいでしょう。

　ちなみに、取引高（売上高と売上原価）の相殺消去処理は、B/Sのためには重要ではないですが、事業別PLを作成するためには必須と考えられ

ます。

このように事業別B/Sを作成し、事業別投下資本を算出することで、事業別PLと組み合わせて図表3・2・9のようなROIC分析・業績評価が可能となるのです。

図表3・2・9 事業ポートフォリオ図（図表3・2・3の再掲）

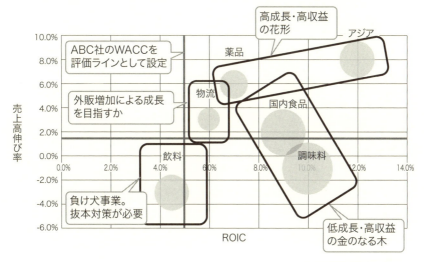

Column

標準B/Sという考え方

　B/S残高を管理する、評価するというのは意外に難しいものです。たとえば、一般的には売上債権は減少させて投下資本を減らした方がよいですが、売上高が増加すれば売上債権も比例的に増加してしまいます。この場合は、売上が増加しているので、売上債権が増加しても決して悪いことではありません。したがって「売上債権が増加した＝悪いこと」とは一概に評価できません。こういった状況への対応として、売上債権回転期間や滞留債権残高で評価するという方法もありますが、もう1つ「標準B/S」という考え方もあります。

　標準B/Sとは、売上高などのP/L項目と連動させ、実績B/Sの比較対象にするためのB/Sです。事前に目標とする売上債権回転期間を設定しておき、実際の売上高に目標回転期間を乗じ、売上債権残高の目標値をつくるという考え方です。本質的には売上債権回転期間による管理と変わりませんが、標準原価と実際原価の比較分析のように、B/S残高数値で比較して評価することができるというメリットがあります。

　たとえば、目標とする売上債権回転期間を2ヵ月と設定した場合、売上高が1,000だった月の標準BS（標準売上債権残高）は2,000になるということです。実際の売上債権残高が2,000を超えていたら、滞留債権が発生していないかなど、要因分析や改善施策の検討が必要です。

まとめ

- 事業別にROICやEVA®を算出し業績管理を行うことで、資本効率を意識した事業管理ができる
- 事業別投下資本を算出するために、事業別にB/Sを作成する必要がある
- B/Sの改善施策を検討実行するために、できる限り直課することが望ましい

第**3**章 // EVA®、ROIC による事業業績管理

3. 投下資本の時価と簿価─事業別に資本コスト率を設定するか─

これまで、資本コストを意識した事業業績管理の基本的な考え方を解説しました。しかし、解説を複雑にしすぎないように、投下資本の時価と簿価の違いをあまり言及せずに話を進めていました。

ここでは、投下資本の時価評価や事業別の投下資本コスト率の設定の必要性について検討し、実務上どのような業績管理手法が可能かについて考えてみましょう。

◆ **CASE**　　　　**事業別の投下資本コスト率を設定するか**
　　　─事業別のハードルレートはどのように設定すべきか？─

（このケースは、**2.** ABC 社の事業ポートフォリオ管理─コーポレートによる事業業績管理はどのように行うか？─の続きです。まずは **2.** からお読みください。）

ABC 社のコーポレートは、事業別の EVA® と ROIC を業績管理指標として、事業業績管理をすることになった。この管理会計制度を導入するためには、グループ全体の資産や負債を事業別に区分しなければならない。プロジェクトチームは運転資本や固定資産の一つひとつを分析し、どのように事業別に区分していくかを検討することになった。

設備のように、明らかに特定の事業に区分できる資産については問題ないが、モノによっては複数の事業で共用されていたり、本社建物などのように、事業部門だけでなくコーポレート部門も使用している資産などの区分についてはさまざまな議論がなされた。また、運転資本についても、事業別にどのように区分するかは議論が分かれた。売上債権については、何をどこに売ったかがわかれば、おおよそどこかの事業に区分できる。複数の事業で共通に使われる原材料在庫や、その買入債務についてはどのように区分するかなどである。

資産負債を事業ごとに区分することによって、事業別の投下資本額が算出された。事業にとっては、投下資本額とそれに乗じられる投下資本コスト率によって負担すべき投下資本コストが決まる。

※投下資本コスト＝事業別投下資本額×資本コスト率（％）

175

ここでは２つのことが論点となった。

1つ目は、そもそも資産は現在の簿価で投下資本額を算定するのか。たとえば、償却が終わって簿価がほとんどゼロに近い設備は資産価値ゼロと考えるのかという論点である。

2つ目は、資本コスト率は全事業一律とするかである。たとえば、古くからある安定的に収益を上げている事業も新規参入した事業も一律とすべきかという論点である。

事業業績管理において正確性や公平性という観点から考えるとこれらの論点にはどのような答えを出すべきなのだろうか？

3・1　事業業績管理に使う資本コスト率はWACCでよいか

ここまでは、事業業績管理のための事業別EVA® の算式を、

$$EVA® = 税引後事業利益 － 投下資本 × WACC$$

であると解説してきました。また、ROICの算出式は、

$$ROIC = \frac{税引後事業利益}{投下資本}$$

であり、ROICはWACCを最低ラインとして評価すると解説しました。そして、EVA® とROICの算出式で使っている"投下資本"は各事業の投下資本金額なので、各事業に直課・配賦された資産負債が集計された"簿価ベース"の金額になります。

しかし、資本コストやWACCの解説をしたときは、WACCを以下のように算出していました。

$$WACC = \frac{株主資本 × \substack{株主資本\\コスト率} + 有利子負債 × \substack{税引後負債\\コスト率}}{株主資本＋有利子負債}$$

ここで使う株主資本や有利子負債は、簿価ではなく時価です。株主は株主資本の簿価に対するリターン率を要求しているのではなく、現在の株価水準に対するリターン率を要求しているからです（なお、有利子負債は簿

第3章 // EVA®、ROIC による事業業績管理

価と時価に大きな差がないので、実務上は簿価を使ってもほとんど問題ありません）。

投下資本時価を乗じるべきWACCに対して、投下資本簿価を乗じて資本コストを算出してしまっていることが、ここまでの解説では触れなかった矛盾点だったのです。

ここからは、ABC社の数値を例にして、投下資本の時価と簿価の違いを意識しながら業績管理に使用する資本コスト率をあらためて検討してみましょう。

ABC社の基本的な数値情報は図表3・3・1のとおりです。

図表3・3・1　ABC社の資本コストに関する基本情報

	項目	数値	備考
A	有利子負債	4,000 億円	簿価＝時価
B	株主資本簿価	4,000 億円	BSの純資産合計
C	株主資本時価	8,000 億円	株式時価総額
D	PBR	2 倍	C÷B
E	負債コスト率	1.43 %	有利子負債利子率の加重平均
F	実効税率	30.0 %	
G	税引後負債コスト率	1.0 %	E×（1－F）
H	株主資本コスト率	7.0 %	CAPM理論に基づき算出
I	負債コスト	40 億円	A×G
J	株主資本コスト	560 億円	C×H
K	資本コスト総額	600 億円	I＋J
L	WACC	5.0 %	K÷（A＋C）

まず、ABC社のグループ全体が稼がないといけない資本コスト総額（図表3・3・1の「K」）を算出してみましょう。算出時の注意点は、WACCを乗じるのは投下資本簿価ではなく投下資本の時価です。

有利子負債4千億円×税引後負債コスト率1%＝負債コスト40億円と、株主資本時価8千億円×株主資本コスト率7%＝株主資本コスト560億円を足し合わせた数値600億円が資本コストとなります。

次に、各事業の事業別資本コスト金額を算出してみましょう。ただし、

ABC社グループ全体の投下資本時価は「有利子負債簿価[1]＋株式時価総額」で算出できますが、ABC社の事業別の投下資本時価の算出は非常に困難なため、ひとまず投下資本簿価ベースで資本コストを計算してみることにします。

図表３・３・２　各事業の資本コスト

	事業資産	国内食品	飲料	調味料	アジア	薬品	物流
現預金	300				200	50	50
売上債権	2,000	600	400	500	200	200	100
棚卸資産	1,500	400	200	600	200	100	0
その他流動資産	100				50	25	25
仕入債務	-300				-150	-100	-50
その流動負債	-200				-150	-25	-25
配賦運転資本	-900	-300	-200	-400			
運転資本計	2,500	700	400	700	350	250	100
固定資産	4,100	800	900	900	600	500	400
固定負債	-300				-150	-100	-50
配賦固定資産	1,200	300	200	400	100	150	50
固定資産計	5,000	1,100	1,100	1,300	550	550	400
投下資本合計	7,500	1,800	1,500	2,000	900	800	500
資本コスト（×5%）	375	90	75	100	45	40	25

全事業の資本コストを合算しても、ABC社グループ全体の資本コストである600億円にならない

投下資本簿価にWACCを乗じたので当たり前ではありますが、全事業の資本コストを合算しても375億円であり、先ほど算出したABC社グループ全体の資本コストである600億円にはなりません。

各事業の投下資本簿価に資本コスト率を乗じて資本コストを計算するためには、WACCを資本コスト率として使うのは誤っているということです。

では、各事業の投下資本簿価を分母にして算出した資本コストがABC社グループ全体の資本コスト600億円になるような資本コスト率を逆算してみましょう。

※１：先述したとおり、有利子負債も時価評価すべきですが、多くの会社では有利子負債の簿価と時価に大きな差異がないため、簡便的に有利子負債簿価を使います。

第**3**章／／EVA®、ROICによる事業業績管理

資本コスト600億円÷事業用資産の投下資本額7,500億円＝8%[※2]

つまり、投下資本簿価で計算する場合の資本コスト率は8%という事です[※3]。

WACCを算出するときに使った投下資本は時価ベースであり、1兆2千億円でしたが、事業が投下資本簿価を使って資本コストを算出するためには、簿価ベースの有利子負債4千億円＋株主資本4千億円から、さらに非事業用資産の500億円を差し引いた7,500億円を分母にする必要があるということです。

このように、資本コストを金額で算出し、時価と簿価の違いを意識して事業業績管理用の資本コスト率を設定するようにしましょう。

上記のように算出した資本コスト率は、投下資本簿価で算出した事業別ROICとの比較対象としての役割と、EVA®算出のときに投下資本簿価に乗じるべき資本コスト率としての役割を持つことになります。

3・2 事業によって資本コスト率は異なるべきではないか

前述の例では、株主資本簿価4,000億円に対し、株主資本時価（株式時価総額）は8,000億円でした。つまり、いわゆるPBR（株価純資産倍率）は2倍です。

そして、資本コスト金額を算出するためには、下記のいずれかの算出式で行う事を前項で解説しました（②の式は逆算的なものですが）。

① 資本コスト＝投下資本時価×WACC
② 資本コスト＝投下資本簿価×調整後の資本コスト率

[※2]：非事業用資産の運用による収入があったり、事業共通資産負債で内部取引も含めて収入や支出がある場合（本社ビルの賃借料が市場価格ベースで行われている場合等）には、事業が稼ぐべき資本コストから差し引く必要があります。

[※3]：もし、非事業用資産を速やかに売却し、有利子負債返済や自己株式の取得等で投下資本を圧縮すれば、資本コスト率は8.0%から7.5%に引き下げることができます（ただし、株主資本時価が増加（株価が上昇）してしまい、資本コスト率が変わらないこともあります）。

ここで、①の計算式をABC社グループ全体ではなく、それぞれの事業ごとに分けたらどうなるのかを考えてみましょう。厳密に数値化することは難しいですが、たとえば、ABC社の加工調味料事業は、低成長ではあるものの安定しており、ROICもかなり高い事業です。そのため、投下資本時価は高く評価されるはずです。一方で、ABC社の飲料事業は、ROICが低く、売上も減少傾向にあり将来性が不透明であるため、投下資本時価は低く評価されるはずです。つまり、投資家は加工調味料事業から多くのリターンを得ることを期待しており、飲料事業からはそれほど多くのリターンは期待していないだろうということになります。つまり、資本コスト金額で考えてみると、加工調味料事業の資本コスト金額は大きくなり、飲料事業の資本コスト金額は小さくなっているはずだということです。

　このような仮定のもとで、事業別の資本コスト金額から、②の計算式で「投下資本簿価に乗じるための資本コスト率」を事業別にそれぞれ算出すると、加工調味料事業では資本コスト率が高くなり、飲料事業では資本コスト率が低くなるということが想定されます。

　このように、理論的に考えてみると、稼ぎが大きく将来性のある事業では資本コスト率は高く設定され、稼ぎが小さく将来性の低い事業では資本コスト率は低く設定されるのです[4]。

3・3 事業別EVA®やROICによる現実的な業績管理方法

　「投下資本簿価に乗じる資本コスト率は、事業別に異なるはずである」ということを検討してきましたが、実務としてEVA®やROICを使って事業業績管理をしようと考えたとき、ここまでのことが果たしてできるでしょうか。事業別に異なる資本コスト率を設定するのであれば、各事業の

※4：ここでいう資本コストは、「投下資本簿価に乗じるための資本コスト率」のことです。投下資本時価に乗じるための資本コスト率はあくまでもWACCになるので、将来性が高いか低いかでWACCは変わりません。将来性が高い場合は、WACCではなく投下資本時価の増加により資本コスト金額が大きくなるのです。WACCはあくまでも財務構成比率やβ値（その事業のリスクや株式市場との連動性）で高くなるか低くなるかが決まります。

第3章 // EVA®、ROICによる事業業績管理

状況変化に対応するため、更新頻度も高める必要があります。

しかし、資本コストを意識した業績管理というのは、正確な資本コストの算出が目的なのではなく、事業に投下された資金に見合った稼ぎを生み出すべきであることを各事業に意識付けするのが目的です。そうだとすれば、資本コストの計算にここまで力を入れるべきではないと考えられます。

「ROICが高い事業は、さらに高いリターンを要求される」という傾向を考えると、実務上は全社統一の資本コスト率（**3・1**で算出した8%）を設定して全社目標値として位置付けつつ、各事業は過去の自事業のROICまたはEVA®を上回ることを目標値として業績管理を行うことが、ベターな方法であると考えられます。

結論としては単純なものになってしまいますが、事業別ROICや事業別EVA®で業績管理するためには、各事業への浸透を図っていかなければなりません。そのことも考慮に入れれば、これでも十分ハードな取り組みになります。

まとめ

・投下資本の時価と簿価を意識して資本コスト金額や資本コスト率を算出する必要がある
・厳密には、投下資本簿価に乗じるべき資本コスト率は、事業別に異なる
・現実的には資本コスト率は全事業統一のものを設定し、各事業は前期のEVA®・ROICを超えることを目標値として業績管理を行うべき

第4章

投資管理 前編
～投資計画～

1. 投資管理の全体像

投資管理制度において、会計的側面から見た場合の重要なポイントは「将来予測の精度向上」です。

将来を予測することは難しいですが、精度向上のためにどのような工夫をするか、将来予測のために過去や現在の情報をどのように活用できるかということを考えていきましょう。

◆ CASE　　　ABC社における投資管理制度改革

大谷進之介がABC社のCEOに着任したのは今から約5年前であった。大谷は着任早々投資管理制度の見直しを行った。かつてのABC社の投資管理は、投資の前段階で審議を行うだけで、実行過程や実行後のモニタリング、評価が行われることはほとんどなかった。そのため、ひとたび稟議が通った案件は、よほどのことがない限り途中で取り止めることがなかった。投資実行過程でどれだけ経営環境の変化があろうと、担当者は計画どおりにやり切ることを最優先に案件に取り組んだ。

大谷は、まず投資実行過程でも進捗状況の報告を求めるとともに、その時点の環境認識に基づき、投資計画の柔軟な変更を求めることとした。その結果、すでに進行中であったいくつかの投資案件が途中で中断となったり、逆に投資規模を拡大することとなったものもあった。

また、投資起案時の申請内容の見直しも行った。以前のABC社の投資判断は、内部収益率法（IRR）により実施されていた。決められたハードルレートをIRRが超えていれば、原則として投資実行の承認が下りる。投資効果の見積り方法は投資による効果項目を細分化し、項目ごとの効果額を積み上げるという方法により、キャッシュフローの増加額の見積りを行っていた。そうなると、担当者はIRRがハードルレートを超えるように、効果項目と効果額の見積りを行うこととなってしまう。さらに、投資判断時点で想定した効果に対して、その後の実績のフォローも不十分であったため、起案担当者は効果額を正確に見積もるという意識が乏しかった。

新投資管理制度では、キャッシュフローの見積り範囲自体を変更した。キャッシュフロー計画を作成する単位として、CGU（Cash Generating Unit）という概念を設定し、CGUごとのキャッシュフローの見積りを行うこ

ととした。たとえば、工場で製造設備を導入するという案件において、従来の投資判断では「対象ラインの人員削減効果」「新設備の導入による歩留まり改善」などの効果を個別に洗い出し、効果額を積み上げてキャッシュフローの増加額を算定していた。しかし、新しい投資管理制度では、工場全体を1つのCGUとしてキャッシュフローの増加額を算定するという方法に改めた。

　想定効果項目別に効果額を積み上げて算定するか、工場全体のキャッシュフローの増減から算定するか、理論的には効果額自体は同じになるはずである。しかし、現実はそうではなかった。工場全体のキャッシュフロー計画の立案を求めたことで、投資計画の起案担当者はかつての試算と比較してより現実的な効果試算を行うようになったのである。算出結果がハードルレートを超えていなければ、これを超えるためにさらに施策を積み上げて効果を捻出しようという意識が芽生えてきた。投資回収のために個々の効果を水増ししようとしていた意識からの大きな意識変革であった。

　投資計画の策定方法については、もう1つの変更点がある。それは、シナリオ別のキャッシュフロー計画の作成である。これまでの試算は、基本的には1つの前提条件に基づく試算であった。計画担当者は稟議を通そうとするあまり、どうしても楽観的な試算をすることが多かった。そこで新制度では、ベースシナリオ、楽観シナリオ、悲観シナリオなど、3つ以上のシナリオの想定を求めることとし、それぞれの前提条件の蓋然性を論点として審議するよう制度を改めたのである。ABC社の具体的な投資案件を見ながら、投資計画とそのフォローについて考えていきたい。

図表4・1・1　CGU全体のキャッシュフロー計画

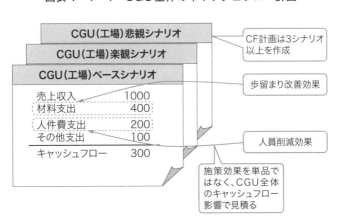

1・1 投資管理のステップ

本書における投資管理とは、「投資案件別管理」を指します。案件別にキャッシュフローを見積り、投資するかしないか、案件Aと案件Bのどちらを採用するか、撤退するかしないかといった意思決定を行うための手法を紹介します。

投資管理は以下のサイクルで行います。

① 投資計画作成と意思決定（投資起案審査と実行稟議）
② モニタリング（進捗管理）
③ 実行後フォロー

このPDCAサイクルを繰り返し回すことがポイントです。

図表4・1・2　投資管理のステップ

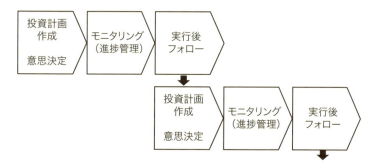

① 投資計画作成と意思決定

まず、投資計画の作成のポイントは、損益ベースではなく、キャッシュフローベースで行うことです。投資実行フェーズでの投資（支出）額と、投資完了後の操業フェーズでの収入額の計画を作成します（キャッシュフロー計画の作成方法は **3.** を参照）。

キャッシュフロー計画を作成後、割引現在価値（NPV）や内部収益率（IRR）、回収期間などの指標を算出して意思決定を行います（それぞれの指標の意味や算出方法は **4.** を参照）。

意思決定は、投資案件が基準（ハードル）に達しているかどうかで判断

します。たとえばNPVが0円超、IRRが10％以上、回収期間が3年以内というような基準設定を行います。投資案件に複数の案が存在する場合は、基準に達しているものの中から、もっとも良い指標の案件を採用します。

②　モニタリング（進捗管理）

投資の意思決定がなされたら、実際に投資を行うフェーズに入ります。投資計画どおりに投資活動が進捗しているかを定期的に確認し、必要に応じて計画の見直しを行います。

管理の視点は2つあります。1つめは計画と実績を比較し、計画どおりに進んでいるかをチェックし、改善活動を行うこと。2つめは追加投資や支出削減など、投資計画の抜本的な修正案を検討することです。場合によっては、投資完了前に中止・撤退という意思決定を下すこともありうるという点もポイントです（投資実行の進捗管理は**第5章1.**を参照）。

③　実行後フォロー

投資が完了したら、振り返りを行います。どのような目的で、何を振り返ればよいのでしょうか。「投資済の資金は埋没費用なので、気にしてしまうとかえって意思決定を誤らせてしまう」という意見もあります。それは確かに正しい考え方なので、「意思決定のためではなく、将来の投資管理のために過去を振り返る」という目的意識を持って振り返ります。

実行後フォローには2つのフェーズがあります。1つめは投資計画作成・意思決定・投資実行の振り返り、2つめは投資効果の実績の振り返りです。

1つめの振り返りは、投資案件それ自体が良い投資案件だったか、投資計画〜投資実行のプロセス（進め方）に問題はなかったかという観点で行います。

投資完了後に「案件自体が良くなかった」と評価してもいまさら感があるでしょうが、評価結果を踏まえて見直した計画は、その後の操業フェーズの基準として役立ちます。また、会社の持つ癖（楽観的な計画を作成し

がちなのか、悲観的なのか）を把握するのにも役立ちます。

また、投資計画〜投資実行のプロセスの振り返りは、投資管理プロセスの改善や、人事評価に役立たせることができます。

次に、2つめの投資効果の実績の振り返りです。投資完了後の操業フェーズに入ると、何を目的にいくらで投資されたのかが忘れ去られ、放置されるケースが非常に多くあります。投資した金額は埋没費用になるため、いまさら気にしても戻ってこない支出ではありますが、投資後のチェックがないために、投資計画の作成や投資実行が雑になり、結果として将来の投資のパフォーマンスが落ちていくことにつながります。

投資計画を作成した時点で予測していたキャッシュインフローがどの程度実現できたのかを把握し、投資計画作成プロセスの改善に向けてフィードバックすることが、長期的な投資活動の精度向上に役立ちます（実行後フォローは第5章**3.**を参照）。

1・2 投資管理で各社が抱える問題点

それなりの規模の会社であれば、多かれ少なかれ投資管理制度は存在しています。しかし、投資管理がうまくできていると自信を持って言える会社は少ないのではないでしょうか。

多くの会社では、以下に示す①〜⑤のような問題点を抱えています。実務上、これらは解決が難しい問題です。解決の方向性を考えてみましょう。

① 将来予測、見積りの精度が低い

投資案件とCGUの紐づけができていないことが原因ではないでしょうか。ABC社においても、CGUごとのキャッシュフロー計画を見積ることで、精度を高めています。CGUについては**本章2.**を参照してください。また、複数シナリオのCF計画を作成することも効果的です。複数のシナリオのキャッシュフロー計画を作成することで、ベースシナリオの精度が高まる効果があります。**本章3.**を参照してください。

第**4**章 // 投資管理 前編 〜投資計画〜

② キーパーソンの鶴の一声で投資判断がなされてしまう

投資判断プロセスが曖昧になっていませんか。本章**4.**を参照してください。また、投資判断プロセスは経営トップ自身が遵守する意識を持っていないと定着しません。

③ 当初の計画どおりに進まない

投資は、計画どおりに進む方が珍しいと考えましょう。進捗を確認し、適時に見直すプロセスが必要です。第5章**1.**を参照してください。

④ 一度始めたら後戻りできない

まず、③と同じく進捗管理を行ってください。そして「環境変化など、状況変化を識別」→「修正計画の作成」→「追加・修正・撤退判断」という投資計画の修正プロセスの構築が必要です。投資判断修正の考え方は第5章**1.**、**2.**を参照してください。

⑤ 投資がやりっ放しになっている

投資は多くの場合埋没コストになるので、時間をかけて振り返っても過去の投資は変えられません。しかし、将来の投資管理プロセスの改善のために振り返りは行いましょう。第5章**3.**を参照してください。

まとめ

投資管理の重要なポイントは次のとおりです。
・将来CF見積りの精度向上
・客観的な投資判断
・適時の進捗管理と計画修正
・投資実行後の振り返り

2. 投資計画作成〜CGU〜

いったん実行した投資は取り返しがつきません。後に「しまった」と思っても取りやめはできません。そういう意味で、投資計画を作成して投資実行の是非を判断する投資計画フェーズは、もっとも重要なフェーズといえるでしょう。

投資とはどのような単位で検討し、どのような情報に基づいてその是非を判断すべきなのでしょうか？　ここでもまずは、ABC社のケースで見てみましょう。

◆ CASE　　　ABC社における群馬工場の新設計画

ABC社の群馬工場は、加工調味料事業の主力工場である。醤油や味噌といった調味料をはじめ、それらを使った鍋だしや麺つゆなども生産している。また、飲料事業管轄の群馬豆乳工場では豆乳の製造も行っている。豆乳は、さまざまなフレーバーの豆乳飲料を市販する一方、他の食品メーカー向けに原料としてバルク売りもしている。

この群馬工場の敷地内において、新たにドレッシング工場の新設計画が持ち上がった。ABC社の加工調味料事業部では、既に市販用、業務用のドレッシングを販売していたが、生産のすべてはいくつかの協力工場での委託生産となっている。今回ドレッシングの販売量拡大に伴う増産対応として、ドレッシング製造を内製化することとなった。

ドレッシングの製造工程を見てみよう。工程は大きく分けて、① 原料加工（さまざまな原材料を加工する）、② 調合（材料を混ぜ合わせる）、③ 殺菌充填梱包（加熱殺菌処理を行い、製品を容器に充填し出荷単位に梱包する）の3つである。

原料加工の工程は、原料の内容によって裁断や粉砕だけの場合もあれば、加熱加工を行う場合もある。後工程である調合の原材料準備の工程である。

調合工程では、文字どおり原材料を調合、攪拌する。今回の計画では、中小型の調合タンクを2ラインと、大型の調合タンクを1ライン新設する予定である。

最後の殺菌充填梱包工程は、攪拌・熟成が終わったドレッシングの加熱殺菌処理をして容器に充填し、包装、梱包まで一連の作業を行う工程である。殺菌充填梱包工程は2ラインが新設される。

ABC社が国内で工場建屋の新設を伴う大型設備投資を行うのは久しぶりである。今回投資計画を起案する生産戦略部の前田は、現在は東京の本社勤務であるが、以前は群馬工場で生産管理を担当していた。今から10数年前の豆乳工場の立上げにも関わっており、群馬工場の事情をよく知っているということで抜擢された。

　前田は事業部の企画担当者とともに、プロジェクトチームを立ち上げた。加工調味料事業部のマーケティング担当、営業担当、開発担当、生産担当など部門横断で担当者が集められ、さまざまなテーマについて調査、議論がなされた。

【プロジェクトチームでの調査テーマ】
・ドレッシング市場動向
・競合他社の動向
・当市場における当社の優位性
・内製化対象品目オプション案
・工場規模／ライン編成オプション案
・製造原価シミュレーション
・販売出荷額シミュレーション

　以上のような検討を経て、工場建設案が取りまとめられた。

図表4・2・1　群馬豆乳工場と新設計画中のドレッシング工場の概要

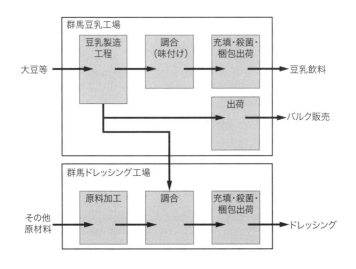

2・1 投資判断の検討粒度

この「群馬のドレッシング工場の新設」という投資案件に対して、投資判断の意思決定をどのように行うべきか考えてみましょう。

投資判断は以下の手順で実施します。

手順1：対象投資案件に関連するCGUの特定

手順2：対象CGUのキャッシュフロー計画を作成

手順3：投資判断指標を算出する

投資案件には、特定の生産設備の更新から工場自体を新設するものまで、大小さまざまな粒度のものがありますが、どのような投資案件であってもキャッシュフロー計画の作成はCGU単位で行います。CGUとは「資金生成単位（Cash Generating Unit）」のことで、独立してキャッシュインフローを生み出すことのできる複数の資産の組み合わせのことです。

いくつかの具体例を見ながら、CGUとはどのようなものかイメージしてみましょう。

① CGUの設定例1：工場全体をCGUとして設定する

ABC社の群馬豆乳工場では豆乳飲料を市販しており、かつ原料用豆乳のバルク売りもしています。まずは、バルク売りがなく、単に市販用豆乳飲料のみを製造している場合を想定してみましょう。図表4・2・2を見てください。この場合は「豆乳製造工程（洗浄・浸漬・摩砕・加熱・絞りなど）」「調合工程」「充填・加熱殺菌・梱包出荷工程」と大きく3つの工程からなり、これらを経て原材料から豆乳飲料を製造し出荷しています。この場合のCGUは、結論から言うと、工場全体を1つのCGUとして設定します。

豆乳工場では、外部から原材料を仕入れて、3つの工程を経て製品を完成させます。言い方を換えれば、1つの工程だけでは完成品を製造できないので、キャッシュインフローは生み出せません。つまり、それぞれの工程だけではCGUとはなりません。したがって、この例では群馬豆乳工場全体をCGUとして設定します。

図表4・2・2 バルク売りがない場合の群馬豆乳工場

② CGUの設定例2：工場・工程が分岐する場合のCGU

実際には、群馬豆乳工場では豆乳飲料の市販だけでなくバルク売りも行っています。この場合のCGUはどう設定すべきでしょうか。図表4・2・3を見てください。

この場合、CGUの設定はケースバイケースになります。考えられる案としては、

- 豆乳工場全体を一体のCGUとして設定する
- 「豆乳飲料販売CGU」と「豆乳バルク販売CGU」という2つのCGUとして設定する

の2つの案が考えられます。

複数の工場や工程を1つのCGUとするかという判断に迷った場合は、相互にどれだけ依存しているか（相互補完性の有無）をベースに検討します。たとえば、豆乳製造工程がなくなったとしても、豆乳原料を別の会社から調達し、調合工程〜充填・殺菌・梱包・出荷工程だけで操業できるのであれば、それぞれ独立したCGUであると判断することができます。一方で、生産能力のバランスや販売チャネルのバランスから考えて、事実上生産計画や販売計画を一体として検討するような場合には、単一のCGUとして考えた方がいいです。

今回のケースでは、

- 豆乳飲料の調合工程では、外部から調達した豆乳を投入するための設備がなく、物理的に分離できない
- 豆乳製造工程の生産能力はバルク売り用だけでなく豆乳飲料への供給

量の変動も含めて余力をもった体制にしているために、豆乳飲料とバルク売りを単一のCGUとして設定することにしました。

図表4・2・3　豆乳飲料とバルク売りは別のCGUとするか

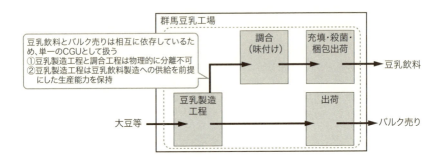

CGUの設定についてさらに例を見てみましょう。

③　CGUの設定例3：工場・工程が複数に跨るCGU

ABC社の群馬工場では、ドレッシング工場を新設する計画が持ち上がっています。先ほど、投資の効果算定はCGU単位で行うと述べましたが、この場合工場の新設は群馬ドレッシング工場だけで、案件名はさしずめ「群馬における新工場建設の件」といった感じになると思われます。しかし効果算定は、群馬の豆乳工場とドレッシング工場を合わせて行うことになります。

新設予定のドレッシング工場では、豆乳工場で製造した豆乳を追加加工して豆乳ドレッシングを製造する想定です。この場合CGUはどのように設定すべきでしょうか。図表4・2・4を見てください。

今回もケースバイケースになります。考えられる案としては、
・2つの工場を合わせて一体のCGUとして設定する
・2つの工場をそれぞれ別のCGUとして設定する
の2つの案が考えられます。

今回も相互にどれだけ依存しているのかを検討してみましょう。この

第4章 // 投資管理 前編 〜投資計画〜

ケースでは、豆乳ドレッシングは複数あるドレッシングのラインナップの1つであり、豆乳の供給がストップしたとしても、影響がまったくないわけではないものの、ドレッシング工場の稼働は続けられます。したがって、依存度はそれほど高くないため、豆乳工場とドレッシング工場はそれぞれを独立したCGUとして設定できます。

図表4・2・4　豆乳工場とドレッシング工場は別々のCGU

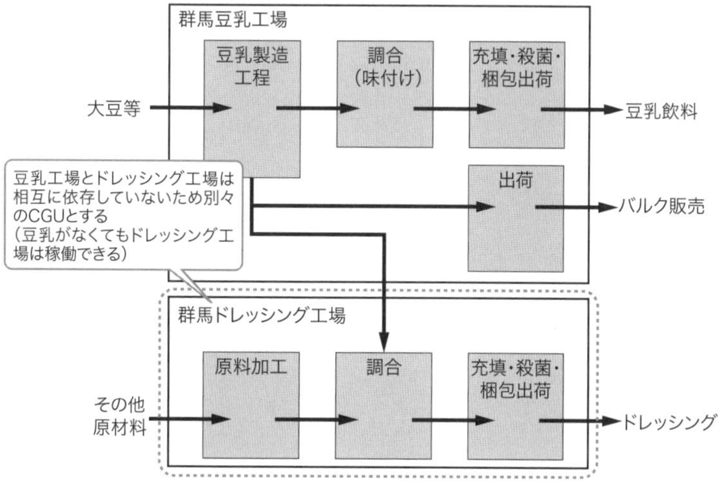

　このように今回のケースでは、ドレッシング工場と豆乳工場を別々のCGUとして設定します。

　ただし、「ドレッシング工場の新設」という案件の投資判断を行うにあたって、ドレッシング工場のCGUだけのキャッシュフロー計画を作成すればよいというわけではありません。あくまでもCGUとはキャッシュフロー計画を作成する単位であり、投資判断をする単位ではありません。「ドレッシング工場の新設」によって影響を受けるすべてのCGUのキャッシュフロー計画を作成する必要があります。具体的には以降で解説します。

2・2　CGU単位のCF計画を作成する

　それでは、今回のケースにおけるCGU別キャッシュフロー計画作成のイメージを見てみましょう。CGU別キャッシュフロー計画の具体的な作

195

成方法は、**本章3.**で解説します。ここでは、CGU別にキャッシュフロー計画を作成する必要があるということと、投資効果の把握のために投資前後でどれだけキャッシュフローが増加するのかを算出する必要があるという2点を解説します。

まず、現在の群馬の豆乳工場とドレッシング事業（製造委託）2つのCGUのキャッシュフロー計画を作成すると、**図表4・2・5**のような表になります。

豆乳事業は典型的な製造業の製造原価の構成ですが、ドレッシング事業には工場がないため、原価の内訳は材料費と外注費だけになっていて、利益率も高くありません。

図表4・2・5　群馬工場の現在のキャッシュフロー計画

【豆乳事業とドレッシング事業の現状のキャッシュフロー計画】

（単位：百万円）

		豆乳	ドレッシング	合計	
売上高		2,500	2,000	4,500	
	材料費	1,000	750	1,750	
	外注費	0	750	750	今は工場がないので、材料を協力工場へ支給している
	労務費	400	0	400	
	その他の経費	100	0	100	
	減価償却費	300	0	300	
製造原価		1,800	1,500	3,300	
販管費		400	300	700	
税引前利益		300	200	500	
法人税等		90	60	150	
税引後利益		210	140	350	外注に出しているだけなので、利益率は低い
減価償却費足し戻し		300	0	300	
税引後営業CF		510	140	650	

続いて、ドレッシング工場を新設した場合のキャッシュフロー計画を作成します。ドレッシング工場を新設する場合、ドレッシング工場だけのキャッシュフロー計画をつくってしまいがちですが、「豆乳をドレッシング工場に内部販売する」という計画でもありますから、豆乳工場のキャッシュフロー計画がどう変わるのかも検討し作成することがポイントです。

図表4・2・6を見てください。豆乳CGUにおいて、売上が10％アップし、それに比例して材料費やその他の経費も増加する計画になっています。

第**4**章 // 投資管理 前編 〜投資計画〜

一方で、ドレッシングCGUではコスト構造が大きく変化します。売上高の増加と外注費の減少、そしてそのその代わりに労務費・経費・償却費が発生する計画となっています。

図表4・2・6　ドレッシング工場新設後1年目のCF計画

	豆乳	ドレッシング	合計
売上高	2,750	3,000	5,750
材料費	1,100	1,000	2,100
外注費	0	250	250
労務費	400	400	800
その他の経費	110	100	210
減価償却費	300	500	800
製造原価	1,910	2,250	4,160
販管費	400	300	700
税引前利益	440	450	890
法人税等	132	135	267
税引後利益	308	315	623
減価償却費足し戻し	300	500	800
税引後営業CF	608	815	1,423

豆乳をドレッシング工場に内部販売するため、売上高が増加

工場新設による内製化により売上・利益・CFが増加する

これまでの作業で、現状（Before）と投資後（After）のキャッシュフロー計画が完成しました。投資効果を算出するためにドレッシング工場新設後と新設前のキャッシュフロー計画の差額を算出してみましょう。**図表4・2・7**を参照ください。

図表4・2・7　群馬工場のCF計画（差額）

	豆乳	ドレッシング	合計
売上高	250	1,000	1,250
材料費	100	250	350
外注費	0	-500	-500
労務費	0	400	400
その他の経費	10	100	110
減価償却費	0	500	500
製造原価	110	750	860
販管費	0	0	0
税引前利益	140	250	390
法人税等	42	75	117
税引後利益	98	175	273
減価償却費足し戻し	0	500	500
税引後営業CF	98	675	773

差額CFが「投資計画の効果」となる

ドレッシング工場の新設で豆乳工場の利益も増加する

197

あらためてこの投資案件の投資効果を確認してみましょう。

1つめの変化点は、ドレッシング工場の新設によって、外注に頼っていたドレッシング製造が内製化され、付加価値の増大により利益が増加したことです。2つめの変化点は、ドレッシング工場の原料として豆乳が使用されるので、豆乳工場の生産販売量が増加することです。

このように、CGU単位でキャッシュフローを見積ることにより投資効果を漏れなく考慮できるため、より精度の高いキャッシュフロー予測が可能になります。そして、CGU単位でキャッシュフローを見積ったうえでBeforeとAfterの差額を算出することが重要です。まったくの新規案件であれば、Beforeが完全にゼロということもあり、その場合は差額を算出する必要はありません（**本章3.**で登場するインド工場新設案件はBeforeが完全にゼロです）。しかし、多くの投資案件では現状（Before）でも既にキャッシュフローが発生しているので、投資効果を測るためには、Beforeと比べてどれだけキャッシュフローが増加するかを把握しなければなりません。

> ## まとめ
>
> ・CGUとは独立したキャッシュフローを生み出す単位
> ・投資判断のためのキャッシュフロー計画を作成する単位がCGU
> ・CGUを分離するか統合するかを迷ったら、相互の依存度を考慮
> ・投資案件の単位（範囲）とCGUの単位は同じとは限らない
> ・BeforeとAfterのキャッシュフロー計画を作成し、差額で投資効果を測る

第4章 投資管理 前編 〜投資計画〜

3. 投資計画作成 〜キャッシュフロー計画〜

投資計画の良否は、ただ投資額自体を見積るだけでなく、投資後のキャッシュフローの増分により投資額を回収できるかによって判断します。そのため、キャッシュフローの見積りは投資額の見積り以上に重要です。

◆ CASE　　**ABC社における海外進出の検討（前編）**

　ABC社の飲料事業部では、インド市場への本格進出を企図することとなった。飲料事業の主力製品は「ミルシー」という清涼飲料水である。

　ミルシーは、乳酸菌をベースとする乳白色の飲料である。製品ラインナップは、プレーン、グレープ、ピーチの3つのフレーバーの定番品に加え、期間限定でストロベリーやメロンといった季節商品を販売している。国内市場は同カテゴリ製品の中でトップシェアを誇り、ブランド力もあり、ABC社の看板商品でもある。数年前からは、微炭酸の「ミルシーソーダ」もラインナップに加わっている。

　ミルシーはかなり以前から海外市場でも販売されてきた。アジアではマレーシアに生産工場があり、周辺の各国へも輸出されている。

　今回のインド市場進出に当たっては、その方法についてこれまでにいくつかのオプション案が議論されてきた。

図表4・3・1　検討されたインド市場進出オプション

① マレーシアで生産しインドに輸出する案

② インドの飲料メーカーの買収もしくは資本提携により生産する案

③ インドの飲料メーカーにライセンス供与し生産販売する案

④ インドに新工場を設立する案

　飲料事業としてインド市場へ進出するのは今回が初めてであるが、ABC社としては、加工調味料事業部が既にインド市場へ進出している。加工調味料事業は、タイや中国の工場で生産した製品をインドへ輸出し、現地の食品ディーラーの販売網を活用して販売していた。
　今回の飲料事業のインド市場進出オプションにおいて、上記の②や③のようにインドの現地の飲料メーカーとの提携による販売の場合には、当該メーカーの販売網の活用を想定する。一方、①のマレーシアから輸出するケースや、④の新工場設立の案においては、加工調味料事業で連携している食品ディーラーの販売網を活用しての販売を想定している。
　どのオプション案を採用するか、さまざまな観点から検討がなされ、オプション案④のインドに生産工場を新設する案を採用することとなった。その際もっとも重視された判断要因は、既に他事業での連携の実績のある食品ディーラーの存在であった。今回の計画のリスクを軽減するためには、このディーラーの販売網の活用が不可欠という判断である。
　今回の投資計画の起案をするのは、飲料事業部海外事業企画室の田中である。これまで紆余曲折ありながらも、3ヵ月前の経営会議でなんとか市場進出のスキームは承認された。これを受けて、次の経営会議で起案するのは、インドにおける具体的な工場新設に関わる投資計画とその前提となるインド飲料事業そのものの収支計画である。
　未開の土地での新たな工場新設ではあるが、投資額そのものを見積ることはさほど難しくなかった。しかし、算定がもっとも困難だったのは、当然のことながら収入計画であった。収入計画をどのように置くか次第で、投資回収の可否はいかようにでも判断できる。したがって、収入計画の蓋然性を確保したうえで、投資の妥当性を議論する必要があった。
　田中は、収入計画の蓋然性を検討するうえで、商品の販売単価とディーラーに対する流通マージンについていくつかのシナリオを設定し、キャッシュフロー計画を整理することとした。

第4章 // 投資管理 前編 〜投資計画〜

3・1 　投資判断のベースとなるキャッシュフロー計画作成

　インドの新工場建設に関してキャッシュフロー計画を作成しましょう。今回のケースでは、インド工場が単独で新しいCGUになります。

　本来は、オプション①〜③のキャッシュフロー計画も作成して比較しなければいけませんが、本書ではインド工場新設案件のキャッシュフロー計画だけを作成します。

　キャッシュフロー計画の作成にあたっては、さまざまな前提条件の項目を想定し、各項目に前提数値を当てはめていくという作成方法を取ります。前提条件として一般的な項目は以下のようなものがあります。

【キャッシュフローの見積り期間に関する基本情報】

　キャッシュフローを何年分見積るか、精度が落ちる遠い将来のキャッシュフローの見積りのためにどのような仮定を置くかを決めます。

　　・投資案件の計画年数

　　・遠い将来（たとえば6年目以降）のキャッシュフローの見積り方法

【外部環境情報】

　外部環境情報は管理不能ですが、キャッシュフロー見積りのために設定する必要があります。

　　・為替レート

　　・インフレ率

　　・法人税等の税率

【初期投資額の見積り情報】

　投資対象資産（土地・建物・機械設備）ごとに投資額や耐用年数を見積ります。

　　・取得額（投資金額）

　　・耐用年数

　　・減価償却費の算定方法

　　・補助金の有無や金額

201

【生産能力情報】

最大でどれだけ供給できるのか、そのためには24時間稼働しなければならないかなどを設定します。後述する人件費やその他の費用の見積りに影響を与えます。

- ・最大生産数量
- ・稼働体制・総稼働時間

【販売関連情報】

製品または製品群ごとに販売単価や販売数量を見積ります。

- ・販売単価
- ・販売単価の上昇率
- ・販売数量（需要数）
- ・販売数量の増加率
- ・販売手数料・販売促進費・広告宣伝費・流通マージン

【材料費関連情報】

材料費や仕入費用を見積ります。1個当たり単価ではなく、売上に対する比率で簡便的に設定することも多いです。

- ・仕入単価
- ・原材料単価
- ・部品単価
- ・各単価の悪化率

【人件費関連情報】

人件費に関する情報を原価と販管費に分けて、さらに職階別に見積ります。

- ・人件費単価
- ・昇給率
- ・従業員人数
- ・従業員人数増減率

【その他の費用関連情報】

その他の費用を見積ります。最低限変動費と固定費に分けて見積るとシ

ミュレーションがしやすく便利です。

- ・変動原価率（燃料費など）
- ・変動販売費率（物流費など）
- ・固定原価
- ・固定販管費

【その他の見積り情報】

　その他の必要情報を見積ります。たとえば、運転資本回転期間はキャッシュフローの時期をずらす効果があるので、前提条件として設定することがあります。詳細は**3・2**の⑤で説明します。

- ・運転資本回転期間

　それでは、ABC社のインド市場への進出計画について、前提条件を設定していきましょう。なお、前提条件に数値を設定する際には、設定の根拠を残しておいてください。関係者への説明に必要ですし、前提条件を動かしてシミュレーションをするときにも必要になってきます。

【キャッシュフロー見積り期間に関する基本情報】

- ・計画年数：25年
  〔考え方〕主要設備（工場建屋）の耐用年数
- ・6年目以降のキャッシュフローの見積り方法：
  5年目の税引後利益の水準が6年目以降も継続し、かつ減価償却費と同額の更新投資（キャッシュアウト）を毎期行うと仮定する

【外部環境情報】

- ・為替レート：1.5円／INR
  〔考え方〕直近3ヵ月間の平均レート
- ・インフレ率：0%
  〔考え方〕販売単価や昇給率などでインフレ影響をそれぞれ設定するため、全般的なインフレ率はゼロと置く
- ・法人税率：30%
  〔考え方〕直近のインドの法定実効税率

【初期投資額の見積り情報】

・初期投資に関する見積り一覧：

図表4・3・2　初期投資に関する見積り一覧

	投資額 （千INR）	補助金 （千INR）	耐用年数	減価償却費 （千INR／年）
土地	150,000		—	0
工場建物	350,000	-50,000	20	15,000
機械装置	450,000		6	75,000
器具備品他	80,000		8	10,000
合計	1,030,000	-50,000		100,000

　　上記に加えて、新工場の稼働準備費用として100,000千INRかかると試算

〔考え方〕設備投資額は海外事業企画部が試算。立上げ準備費用は立上げ
　　　　　PJ人員10人分の人件費や旅費交通費、その他生産準備費用か
　　　　　ら試算

【生産能力情報】

・生産能力

　―年間75,000千本

・稼働体制

　―2シフト

　―8時間／シフト

　―240日／年

⇒総稼働3,840時間／年（2×8×240）

〔考え方〕生産管理部が試算

【販売関連情報】

・販売単価：500ml‥‥40INR（インドルピー）／本

　　　　　　2L‥‥‥80INR（インドルピー）／本

・販売単価上昇率：年4%（6年目以降は据置き）

・流通マージン：30%

・販売数量：500ml‥‥30,000千本

　　　　　　2L‥‥‥30,000千本

第4章 // 投資管理 前編 ～投資計画～

・販売数量増加率……5%（6年目以降は据置き）

〔考え方〕外部調査会社のマーケット調査資料に基づき営業企画部が試
　　　　　算

【材料費関連情報】

・材料原価率：30%

・材料単価悪化率：年0%

　（※悪化率が1%とは、翌年の原価率が30.3%になるということ）

〔考え方〕原価企画部が原価率の過去実績より試算

【人件費関連情報】

図表4・3・3　人件費の関連情報

		人件費単価 （千INR）	昇給率	人数	減少率 （合理化率）
工場	一般正社員	800	6%	120	0%
	臨時従業員	600	6%	40	0%
	管理職	1,600	6%	20	0%
事務	一般正社員	1,400	6%	24	0%
	臨時従業員	1,200	6%	8	0%
	管理職	3,200	6%	4	0%
役員		15,000	4%	2	0%

※なお、昇給率は6年目以降据置き

〔考え方〕人件費単価は外部の調査機関のデータをもとに海外事業企画
　　　　　部が試算。工場人員数は生産技術部・生産管理部が試算。事
　　　　　務人員数はABC社の工場管理ガイドラインより、工場人員の
　　　　　20%として算出

【その他の費用関連情報】

・変動費率（対売上高）

　―電力費：10%……当社工場の過去実績より

　―燃料費：8.3%……当社工場の過去実績より

　―指導料：3%……当社工場の過去実績より

　―物流費：18%……当社物流企画部が試算

　―販売手数料：9%……当社の過去実績より

・固定費

　　—製造固定費：40,000千INR……生産管理部が試算

　　——一般管理費：100,000千INR……海外事業企画部が試算

【その他の見積り情報】

・運転資本回転率：16.7%

〔考え方〕売上債権＋在庫－仕入債務で算出される運転資金が約2ヵ月
　　　　　分程度必要と試算。製品在庫はほとんど持たないが、原料・
　　　　　包材の在庫と、売掛金が多いと想定

　以上の前提条件をもとにキャッシュフロー計画を作成してみましょう。今回のような大きな投資になればなるほど、さまざまな部署の協力や外部データの収集が必要になってきます。

　まずは1年目のキャッシュフロー計画を作成してみます。**図表4・3・4**をご覧ください[1]。

※1：キャッシュフロー計画は一度P/L計画を作成してから、非現金支出費用や運転資金増減の調整を行うことによりキャッシュフローを算出するフォーマットにしています。なぜこのようなフォーマットにしているのかについては**3・2**で説明します。

第4章 // 投資管理 前編 〜投資計画〜

図表4・3・4 インド工場1年目のCF計画

金額単位：百万ルピー

科目	1年目
売上合計	2,520
500ml売上	840
販売数量（千本）	30,000
販売単価（INR/本）	40.0
流通マージン	30%
2L売上	1,680
販売数量（千本）	30,000
販売単価（INR/本）	80.0
流通マージン	30%
売上原価	1,586
原材料費	756
直接労務費	152
工員数（人）	(180)
製造変動費	538
製造固定費	40
減価償却費	100
売上総利益	934
販管費	866
販売手数料	227
物流費	454
人件費	86
管理費	100
営業利益	68
その他（立ち上げ準備）	
税引前利益	68
法人税等	20
税引後利益	48
運転資金増減	-420
減価償却費足し戻し	100
設備投資	
フリーキャッシュフロー	-272

840 ＝ 30,000 × 40 ×（1 − 0.3）

売上高　2,520 × 材料原価率 30%

工場従業員のクラス別単価 × 人数の合計

売上高　2,520 × 製造変動費 21.3%
（電力・燃料・指導料）

売上高　2,520 × 販売手数料率 9%
売上高　2,520 × 物流費率 18%

役員・事務のクラス別単価 × 人数の合計

税引前利益　68 × 実効税率 30%

売上高　2,520 × 運転資本回転率 16.7%
（2ヵ月分や債権や在庫が残る）

減価償却率は非現金支出費用のため、足し戻す

3・2 CF計画作成にあたっての注意点

　ここでは、前提条件を置いた後、実際にキャッシュフロー計画を作成するときに注意しなければならない点について解説します。

① 非現金支出費用は差し引かない

　図表4・3・4の途中まではP/L（損益計算書）になっており、税引後利益を算出しています。そして、運転資金増減と減価償却費の足し戻しをして、キャッシュフローを算出しています（運転資金増減については⑤を参

207

照）。なぜ、減価償却費を足し戻す必要があるのでしょうか。

　減価償却費は投資時点ですでに支出済みであり、今後のキャッシュアウトはありません。減価償却費のような費用を「非現金支出費用」と言います。P/L計画の作成段階で利益を計算するために減価償却費を差し引いてしまっているので、キャッシュフローを算出するには減価償却費を足し戻す必要があります。

②　法人税等を考慮する（タックスシールド）

　P/L計画から減価償却費などの非現金支出費用を足し戻してキャッシュフロー計画を作成していましたが、差し引いてから足し戻すくらいなら、最初から何もしなければよいではないかと思うかもしれません。それでもわざわざP/Lを作成したのは、法人税等支出を算出するためには、利益（正確には課税所得）を算出し、それに実効税率を掛け合わせる必要があったからです。そのため、P/L計画を作成して法人税等の支出が差し引かれた税引後利益までを算出してから、非現金支出費用を足し戻すという少々回り道となる手順をとりました。

Column

タックスシールドという考え方

　利益を算出しなくても、「タックスシールド」という考え方を使うことで、法人税等を考慮して直接キャッシュフロー計画を作成する方法もあります。タックスシールドとは、法人税等の節税効果のことです。簡易的な例を図表4・3・5に示します。なお、減価償却費は10,000だと仮定します。

　税引前営業CFまではとくに意識することなくキャッシュのインとアウトの金額を記入していきます。減価償却費は支出ではないことに注意してください。次に、法人税等支出の計算ですが、単純に税引前営業CFに実効税率30%をかけて算出してしまいます。本来、キャッシュフローに税

第4章 // 投資管理 前編 〜投資計画〜

図表4・3・5　タックスシールドを考慮したCF計画

売上収入	100,000	
材料支出	20,000	
人件費支出	30,000	
その他支出	10,000	
		（減価償却費はキャッシュアウトなし）
製造支出	60,000	
販管費	5,000	
その他収支	-5,000	
税引前営業CF	30,000	
法人税等支出（-）	9,000	税引前CF×30%
タックスシールド（+）	3,000	減価償却費×30%（非現金支出の節税効果）
税引後営業CF	24,000	

率を掛けて法人税等を算出するのは誤りですが、ここでは深く考えずにかけてしまいます。

　ここからがポイントで、タックスシールドを算出します。これは、減価償却費などの非現金支出費用はキャッシュアウトはないが、費用（税務用語で「損金」）にはなるので、利益（課税所得）を減らす効果があり、その結果、支払うべき法人税等を減らす効果があります。これをタックスシールドと呼びます。減価償却費10,000に対して実効税率30%を掛け合わせた3,000が節税効果になります。

　これを最終的に合算すると、税引後キャッシュフローは24,000になり、正しいキャッシュフロー計画を作成することができます。普通にP/L計画から非現金支出費用を足し戻した場合と結果が同じになることを確認してください（図表4・3・6参照）。

図表4・3・6　普通にP/L計画を作成して減価償却費を足し戻す方法

売上高	100,000	
材料費	20,000	
労務費	30,000	
その他経費	10,000	
減価償却費	10,000	
製造原価	70,000	
販管費	5,000	
その他収支	-5,000	
税引前利益	20,000	
法人税等	6,000	税引前CF×30%
税引後利益	14,000	税引前CF×70%
減価償却費足し戻し	10,000	非現金支出を足し戻す
税引後営業CF	24,000	

「P/Lを作成して非現金支出費用を足し戻す方法」と「直接キャッシュフロー表を作成し、非現金支出費用のタックスシールドを足し算する方法」を紹介しましたが、前者のフォーマットでキャッシュフロー計画を作成することをお勧めします。それは、実務ではP/L計画の作成も必要であることが多く、その後に非現金支出費用を足し戻したほうがわかりやすいこと、「タックスシールド」の考え方が少しわかりにくいことがあるためです。

③ 計画期間は主要資産の耐用年数を超えないようにする

図表4・3・4でインド工場の1年目のキャッシュフロー計画を作成しましたが、当然にして2年目、3年目…と計画を長期間にわたって作成する必要があります。

このとき、何年目までのキャッシュフロー計画を立てるべきか（計画期間をどの程度の長さにするか）が問題になりますが、キャッシュフロー計画期間は投資対象設備の主要な資産の耐用年数を超えないように設定することが望ましいです。

なお、ABC社のインド工場のケースでは、工場建屋の耐用年数に合わせて25年を計画期間として設定しました。

④ 計画期間が長い（5年超）場合のCF計画の作成方法

インド工場の案件では、計画期間を25年に設定しました。しかし現実問題として、キャッシュフロー計画をそれなりの精度で見積れる範囲はせいぜい3〜5年が限度と考えられます。

3〜5年を超える期間のキャッシュフロー計画の見積り方法については、一律のルールを設けることが望ましいです。それによって見積り作業負担の軽減にもつながります。

ABC社のケースでは、前提条件として5年目までは販売単価や販売数量などを毎期一定率の変動があると見込み、6年目以降は「5年目と同じ税引後利益とし、さらに減価償却費と同額の再投資を行うこととする」と

第**4**章 // 投資管理 前編 〜投資計画〜

いうルールを定めていました。

このようなルールに基づくと、インド工場新設案件のキャッシュフロー計画は**図表4・3・7**のようになります。なお、1〜5年目までの変化についても、前提条件として設定したとおりで、たとえば販売数量は年5%ずつ、販売単価は年4%ずつ、昇給率は年6%ずつ（役員は4%）というように、前提条件どおりに増加させています。

図表4・3・7　インド工場の長期キャッシュフロー計画

金額単位：百万ルピー

科　目	0年目	1年目	2年目	3年目	4年目	5年目	6年目以降
売上合計		2,520	2,752	3,005	3,281	3,583	3,583
500ml売上 （5年目まで一定率で上昇）		840	917	1,002	1,094	1,194	1,194
販売数量（千本）		30,000	31,500	33,075	34,729	36,465	36,465
販売単価（INR/本）		40.0	41.6	43.3	45.0	46.8	46.8
流通マージン		30%	30%	30%	30%	30%	30%
2L売上		1,680	1,835	2,003	2,188	2,389	2,389
販売数量（千本）		30,000	31,500	33,075	34,729	36,465	36,465
販売単価（INR/本）		80.0	83.2	86.5	90.0	93.6	93.6
流通マージン		30%	30%	30%	30%	30%	30%
売上原価		1,586	1,714	1,853	2,006	2,171	2,171
原材料費 （売上増に比例）		756	826	902	984	1,075	1,075
直接労務費 （昇給率6%）		152	161	171	181	192	192
工員数（人）		(180)	(180)	(180)	(180)	(180)	(180)
製造変動費 （売上増に比例）		538	587	641	700	764	764
製造固定費		40	40	40	40	40	40
減価償却費		100	100	100	100	100	100
売上総利益		934	1,038	1,152	1,276	1,412	1,412
販管費		866	934	1,007	1,086	1,173	1,173
販売手数料 （売上増に比例）		227	248	270	295	323	323
物流費		454	495	541	591	645	645
人件費 （昇給率6% 役員は4%）		86	91	95	100	106	106
管理費		100	100	100	100	100	100
営業利益		68	105	145	190	239	239
その他（立ち上げ準備）	-100						
税引前利益	-100	68	105	145	190	239	239
法人税等	-30	20	31	43	57	72	72
税引後利益	-70	48	73	101	133	167	167
運転資金増減		-420	-39	-42	-46	-50	0
減価償却費足し戻し （売上増に比例）		100	100	100	100	100	100
設備投資	-980						-100
フリーキャッシュフロー	-1,050	-272	135	159	187	217	167
累積FCF	-1,050	-1,322	-1,188	-1,029	-842	-625	-458

更新投資が毎期100ずつ予定
更新投資以外、6年目以降は5年目を据え置き

211

このように毎年の変動幅にも前提条件（ルール）を定めることで、キャッシュフロー計画の蓋然性を高めることができます。修正する際にも、前提条件ごとに変更を検討することになり、矛盾が発生しにくく、客観性が高まります。

5年を超える期間のキャッシュフロー計画を見積る際の「一律のルール」はいろいろな設定方法が考えられますが、一般的には主に次の2つが考えられます。

1つめは、基準年度の計画値に一定の成長率を乗じて翌年度以降の計画値を作成する方法です。ここで、一定の成長率は、会社や投資案件が属する国の経済成長率を上回らないように設定することが望ましいです。たとえば、日本企業（低成長率の国）であればゼロまたはマイナスの率を設定することになるでしょう。5年を超える期間の成長率を高く設定しすぎないようにするのは、現在の自社の優位性が高かったとしても、5年以上先まで優位性を維持できるとは限らないからです。逆に言えば、現在の優位性が5年以上先にも続くことを前提としないと回収できない投資案件は危険だということです。

2つめは、製品ライフサイクル期間が短い製品を取り扱っている場合に、製品ライフサイクル期間後に一時期に一定率（または一定金額）を切り下げてキャッシュフロー計画値を作成する方法です。製品ライフサイクル期間が短い場合、一般的に技術革新や顧客の嗜好の変化が起きやすく、現在の製品の優位性が失われることで想定どおりのキャッシュフローが得られないリスクが高くなります。そのため、保守的な計画値を作成するために、たとえば、5年目のキャッシュフロー計画から20%切り下げたものを6年目以降のキャッシュフロー計画数値とするなどの算出方法が考えられます。

⑤　運転資本増減を加味するべきか

解説を後回しにしていましたが、キャッシュフロー計画を作成するときに、運転資本増減を加味すべきかどうかについて考えてみましょう。

実務上はあまり結果が変わらないことも多いです。しかし、在庫や売上債権が長期間滞留するビジネスだったり、薄利多売で粗利率が低いようなビジネスモデルでは運転資本増減の影響度が大きいので、加味したほうが

第**4**章 // 投資管理 前編 ～投資計画～

よいでしょう。ABC社のケースでは、2ヵ月間の運転資本回転期間を設定してキャッシュフロー計画を作成していました。

　ここでは、簡易的な表で運転資本増減を加味するケースを見てみましょう。図表4・3・8のように税引後利益の下に「運転資本増減」の項目を追加し、資金循環期間[1]（運転資本回転期間）を設定して自動算出されるように設定するのが一般的です。インド工場のケースでも同じロジックで運転資本増減を加味しています。

図表4・3・8　運転資本増減を加味

(単位：百万円)

	投資 (0年目)	1年目	2年目	3年目
売上高		100,000	100,000	0
材料費		20,000	20,000	
労務費		20,000	20,000	
その他の経費		10,000	10,000	
減価償却費		16,000	16,000	
製造原価		66,000	66,000	0
販管費	×0.25年	5,000	5,000	
その他収支		-5,000	-5,000	
税引前利益		24,000	24,000	0
法人税等		7,200	7,200	0
税引後利益		16,800	16,800	0
減価償却費足し戻し		16,000	16,000	0
運転資本増減		-25,000	0	25,000
税引後営業CF	0	7,800	32,800	25,000
投資額	-30,000			
税引後フリーCF	-30,000	7,800	32,800	25,000

2年目は売上が変わらず、債権・在庫残高も変わらないため、プラスマイナスゼロになる

最終年度は債権が全額回収されるため、売上・利益がゼロでもキャッシュインがある

　図表4・3・8では、資金循環期間を3ヵ月（0.25年）と設定した場合のキャッシュフロー計画になっています。1年目は（売上高100百万円－前年売上高0円）×0.25年＝25百万円が在庫や売掛金として資金が流出します。2年目は売上高の増減がないため、プラスマイナスゼロとなります。そして、最終年度の3年目は（売上高0円－前年度売上高100百万円）×0.25年＝25百万円となります。3年目は売上や利益がゼロでも売掛金の回収などがあり、キャッシュインが生じるということを意味します[2]。

※1：資金循環期間とは売上債権回転期間＋在庫回転期間-仕入債務回転期間で算出される指標であり、仕入（支払）⇒製造⇒販売⇒回収という製造販売活動で、どのくらい資金回収に時間がかかるかを示すものです。CCC（Cash Conversion Cycle）とも言います。
※2：厳密には売掛金の回収タイミングと在庫の回収タイミングは異なりますが、実務におけるキャッシュフロー計画作成上はその違いまで考慮する必要はありません。

⑥ 資金調達方法の違いを反映させるか
（支払利息をCF計画に入れるか？ リースの場合はどうするか？）

　設備投資を行う際には、設備を借入金で取得するか、リースで設備を調達するかなど、どのように資金調達するのかを合わせて検討することが一般的です。この場合、キャッシュフロー計画はどのように作成すべきでしょうか。

　まず、支払利息は投資額や投資後のキャッシュフロー計画に入れるべきではないと考えます。資金調達はCGUの役割ではなく、コーポレート本社の役割であると考えるからです。

　また、**4.** で投資判断手法でNPV法やIRR法を紹介しますが、これらは貨幣の時間価値を考慮する指標であり、時間価値の実際発生額である支払利息をキャッシュフロー計画に含めてしまうと、時間価値を重複してカウントすることになってしまうためです。

　そしてリースについては、実質的に解約不能であるかどうかにより対応が異なります。解約不能であれば、通常の固定資産取得と同じように投資実行時に一括で支出したとみなしてキャッシュフロー計画を作成すべきです。一方、もし解約可能であれば、実際の支出のタイミング（つまり、賃借料として）キャッシュフロー計画を作成します。

　解約不能リースの場合に通常の固定資産取得と同じように扱うべき理由として、以下の2点があげられます。

- ・リース債務は有利子負債であり、通常の借入金で取得する固定資産の場合と合わせるべきと考えられるため
- ・解約不能な場合、設備投資額は投資時点（リース開始時点）で埋没費用なるが、キャッシュフロー計画を本当の支出タイミングで作成すると、「埋没費用でない」と錯覚しやすくなり、投資判断を誤らせることにつながるため

　通常の固定資産取得と同じように扱う場合、3年以内程度の短期間のリースであればリース支払総額を投資額にしてもあまり問題ありません。しかしできれば、現金での見積り購入価額か、それがわからなければリー

ス支払総額を自社（借手）の追加借入利子率を使用した割引現在価値を投資額とすることが望ましいです。なお、上場企業や大規模企業など、会計士による監査を受けている場合は、制度会計の方法に合わせた方が実務上の手間を省けます。

では、作成にあたっての注意点をおさらいしましょう。

・非現金支出費用は差し引かない

・法人税等の考慮を忘れずに

・計画期間は耐用年数を超えないように

・長期間の計画は一定のルールを置く

・影響が大きい場合は運転資本増減を加味

・支払利息はCF計画に入れない

・解約不能なリースは通常の固定資産と同様に扱う

3・3　いくつかのシナリオを想定して作成する

ベースシナリオのキャッシュフロー計画を作成したら、次はいくつかのシナリオに分けて計画を作成します。たとえば、ベースシナリオ／楽観シナリオ／悲観シナリオだったり、ベースシナリオ／悲観シナリオ①／悲観シナリオ②など複数種類のシナリオを作成するということです。

複数のシナリオを作成することで、必然的に前提条件の異なる計画が生まれます。ここで前提条件が変わる部分がその投資計画において重要な論点になります。複数シナリオを見比べながら議論することで、計画の蓋然性をイメージしやすくなり、投資計画の実現可能性（難易度）を実感できるようになります。

ABC社インド工場の新設案件では、設定した前提条件は15種類ありました。このすべてを変数とすることはもちろんありません（すべての条件に2通りずつのバリエーションがあったとすると、2の15乗で32,768通りのシナリオができてしまいます）。設定した前提条件のうち、変動しやすさ、管理可能性、影響額の大きさを総合的に勘案して変数とする項目を考えていきます。

ABC社のインド工場の新設案件について、複数シナリオのキャッシュフロー計画を作成しましょう。まず、先ほど作成したベースシナリオのキャッシュフロー計画のおさらいです。

図表4・3・9　インド工場新設のキャッシュフロー計画（再掲）

金額単位：百万ルピー

科　目	0年目	1年目	2年目	3年目	4年目	5年目	6年目以降
売上合計		2,520	2,752	3,005	3,281	3,583	3,583
500ml売上		840	917	1,002	1,094	1,194	1,194
販売数量（千本）		30,000	31,500	33,075	34,729	36,465	36,465
販売単価（INR/本）		40.0	41.6	43.3	45.0	46.8	46.8
流通マージン		30%	30%	30%	30%	30%	30%
2L売上		1,680	1,835	2,003	2,188	2,389	2,389
販売数量（千本）		30,000	31,500	33,075	34,729	36,465	36,465
販売単価（INR/本）		80.0	83.2	86.5	90.0	93.6	93.6
流通マージン		30%	30%	30%	30%	30%	30%
売上原価		1,586	1,714	1,853	2,006	2,171	2,171
原材料費		756	826	902	984	1,075	1,075
直接労務費		152	161	171	181	192	192
工員数（人）		(180)	(180)	(180)	(180)	(180)	(180)
製造変動費		538	587	641	700	764	764
製造固定費		40	40	40	40	40	40
減価償却費		100	100	100	100	100	100
売上総利益		934	1,038	1,152	1,276	1,412	1,412
販管費		866	934	1,007	1,086	1,173	1,173
販売手数料		227	248	270	295	323	323
物流費		454	495	541	591	645	645
人件費		86	91	95	100	106	106
管理費		100	100	100	100	100	100
営業利益		68	105	145	190	239	239
その他（立ち上げ準備）	-100						
税引前利益	-100	68	105	145	190	239	239
法人税等	-30	20	31	43	57	72	72
税引後利益	-70	48	73	101	133	167	167
運転資金増減		-420	-39	-42	-46	-50	0
減価償却費足し戻し		100	100	100	100	100	100
設備投資	-980						-100
フリーキャッシュフロー	-1,050	-272	135	159	187	217	167
累積FCF	-1,050	-1,322	-1,188	-1,029	-842	-625	-458

第**4**章 // 投資管理 前編 〜投資計画〜

　このベースシナリオのキャッシュフロー計画をもとに、前提条件を動かして「悲観シナリオ」を作成します。動かすべき前提条件は、会社・事業実態・投資案件種類などによって異なります。たくさんの条件を動かしても議論が拡散してしまうので、変動のしやすさ、管理可能性、影響の大きさを総合的に勘案して項目を絞り込むことが大事です。まず、主な前提条件をそれぞれ少しだけ（1単位や5単位程度）悪化させて、どれだけキャッシュフローが動くのかを確認します。図表4・3・10を見てください。

図表4・3・10　前提条件項目別感応度リスト

	条件の変動幅	管理可能性	6年目累積FCF感度
販売単価（当初）	5%	○	-112.1
販売単価上昇率	1%ポイント	○	-45.5
流通マージン	5%ポイント	○	-160.2
販売数量	5%	○	-112.1
販売数量増加率	1%ポイント	○	-45.1
材料原価率（当初）	1%ポイント	△	-131.1
材料原価悪化率	1%	△	-100.5
昇給率	1%ポイント	×	-26.8
販売手数料率	1%ポイント	○	-131.1
製造固定費	5%	○	-8.4
一般管理費	5%	○	-21.0

　図表4・3・10によると、影響が大きいのは流通マージンであることがわかります。ただし、今回作成した感応度リストの条件の変動幅は変動のしやすさによって1%と5%を使い分けていますが、それぞれの条件の変動のしやすさは一律ではありません。そこで、最終的には各社の過去実績から変動可能性を把握しておき、その上でどの前提条件が重要であるか識別する必要があります（つまり、販売単価を5%変動することと、流通マージンを5%ポイント変動することの発生可能性または変動させるための労力が同じではないということです）。

　ABC社では、変動のしやすさ、管理可能性、影響額を考慮し、「販売単価」と「流通マージン」を動かして悲観シナリオを3種類作成することにしました。

　まず1つめは、販売単価（当初）を5%下落させた悲観シナリオです（以下、販価下落シナリオ）。2つめは流通マージンを30%から35%へ5%ポ

イント悪化させた悲観シナリオです（以下、流マ悪化シナリオ）。3つめ
は販売単価を5%下落させると同時に、流通マージンも5%ポイント悪化
させた悲観シナリオです（以下、両者悪化シナリオ）。

図表4・3・11　販売単価（当初）を5%下落させた悲観シナリオ

金額単位：百万ルピー

科　目	0年目	1年目	2年目	3年目	4年目	5年目	6年目以降
売上合計		2,394	2,614	2,855	3,117	3,404	3,404
500ml売上		798	871	952	1,039	1,135	1,135
販売数量（千本）		30,000	31,500	33,075	34,729	36,465	36,465
販売単価（INR/本）		38.0	39.5	41.1	42.7	44.5	44.5
流通マージン		30%	30%	30%	30%	30%	30%
2L売上		1,596	1,743	1,903	2,078	2,269	2,269
販売数量（千本）		30,000	31,500	33,075	34,729	36,465	36,465
販売単価（INR/本）		76.0	79.0	82.2	85.5	88.9	88.9
流通マージン		30%	30%	30%	30%	30%	30%
売上原価		1,521	1,643	1,776	1,921	2,079	2,079
原材料費		718	784	856	935	1,021	1,021
直接労務費		152	161	171	181	192	192
工具数（人）		(180)	(180)	(180)	(180)	(180)	(180)
製造変動費		511	558	609	665	726	726
製造固定費		40	40	40	40	40	40
減価償却費		100	100	100	100	100	100
売上総利益		873	971	1,079	1,196	1,325	1,325
販管費		832	896	966	1,042	1,125	1,125
販売手数料		215	235	257	281	306	306
物流費		431	471	514	561	613	613
人件費		86	91	95	100	106	106
管理費		100	100	100	100	100	100
営業利益		41	75	112	154	200	200
その他（立ち上げ準備）	-100						
税引前利益	-100	41	75	112	154	200	200
法人税等	-30	12	22	34	46	60	60
税引後利益	-70	28	52	79	108	140	140
運転資金増減		-399	-37	-40	-44	-48	0
減価償却費足し戻し		100	100	100	100	100	100
設備投資	-980						-100
フリーキャッシュフロー	-1,050	-271	116	139	164	192	140
累積FCF	-1,050	-1,321	-1,205	-1,066	-902	-710	-570

（40→38に変更）
（80→76に変更）
販売単価上昇率は4%のまま

6年目時点の累計FCF112悪化

　図表4・3・11は1つめの悲観シナリオ「販価下落シナリオ」のキャッ
シュフロー計画です。1年目の販売単価をそれぞれ40ルピーから38ル
ピー、80ルピーから76ルピーに変更しています。2年目以降の上昇率は

218

第**4**章 // 投資管理 前編 〜投資計画〜

4%のまま変えていません。この変化により、6年目の累積フリーキャッシュフローはベースシナリオと比較して112百万ルピー悪化することがわかります。

　なお、販売単価だけが下落する場合、原材料費は下げないという考え方の方が一般的ですが、当ケースでは、販売単価に応じて原料メーカーとも交渉を行える想定のため材料原価率は30%で変わらないと仮定しており、そのため原材料費も販売単価の下落に合わせて減少させています。

図表4・3・12　流通マージンを5%ポイント上げた悲観シナリオ

金額単位：百万ルピー

科　目	0年目	1年目	2年目	3年目	4年目	5年目	6年目以降
売上合計		2,340	2,555	2,790	3,047	3,327	3,327
500ml売上		780	852	930	1,016	1,109	1,109
販売数量（千本）		30,000	31,500	33,075	34,729	36,465	36,465
販売単価（INR/本）		40.0	41.6	43.3	45.0	46.8	46.8
流通マージン		35%	35%	35%	35%	35%	35%
2L売上		1,560	1,704	1,860	2,031	2,218	2,218
販売数量（千本）		30,000	31,500	33,075	34,729	36,465	36,465
販売単価（INR/本）		80.0	83.2	86.5	90.0	93.6	93.6
流通マージン		35%	35%	35%	35%	35%	35%
売上原価		1,493	1,613	1,743	1,885	2,040	2,040
原材料費		702	767	837	914	998	998
直接労務費		152	161	171	181	192	192
工員数（人）		(180)	(180)	(180)	(180)	(180)	(180)
製造変動費		499	545	595	650	710	710
製造固定費		40	40	40	40	40	40
減価償却費		100	100	100	100	100	100
売上総利益		847	942	1,047	1,162	1,287	1,287
販管費		818	880	949	1,023	1,104	1,104
販売手数料		211	230	251	274	299	299
物流費		421	460	502	548	599	599
人件費		86	91	95	100	106	106
管理費		100	100	100	100	100	100
営業利益		29	62	98	139	183	183
その他（立ち上げ準備）	-100						
税引前利益	-100	29	62	98	139	183	183
法人税等	-30	9	19	30	42	55	55
税引後利益	-70	20	43	69	97	128	128
運転資金増減		-390	-36	-39	-43	-47	0
減価償却費足し戻し		100	100	100	100	100	100
設備投資	-980						-100
フリーキャッシュフロー	-1,050	-270	107	130	154	182	128
累積FCF	-1,050	-1,320	-1,212	-1,082	-928	-747	-618

30%→35% に変更

6年目時点の累計FCF160悪化

219

図表4・3・12は2つめの悲観シナリオ「流マ悪化シナリオ」のキャッシュフロー計画です。流通マージンを30%から35%に変更しています。その他の条件は変えていません。この変化により、6年目の累積フリーキャッシュフローはベースシナリオと比較して160百万ルピー悪化することがわかります。

なお、流マ悪化シナリオでも材料原価率は30%で固定しているため、売上高減少に比例して原材料費も減少させています。

図表4・3・13　販売単価5%下落＆流通マージン5%悪化の悲観シナリオ

金額単位：百万ルピー

科　目	0年目	1年目	2年目	3年目	4年目	5年目	6年目以降
売上合計		2,223	2,428	2,651	2,895	3,161	3,161
500ml売上		741	809	884	965	1,054	1,054
販売数量（千本）		30,000	31,500	33,075	34,729	36,465	36,465
販売単価（INR/本）		38.0	39.5	41.1	42.7	44.5	44.5
流通マージン		35%	35%	35%	35%	35%	35%
2L売上		1,482	1,618	1,767	1,930	2,107	2,107
販売数量（千本）		30,000	31,500	33,075	34,729	36,465	36,465
販売単価（INR/本）		76.0	79.0	82.2	85.5	88.9	88.9
流通マージン		35%	35%	35%	35%	35%	35%
売上原価		1,433	1,547	1,672	1,807	1,955	1,955
原材料費		667	728	795	868	948	948
直接労務費		152	161	171	181	192	192
工員数（人）		(180)	(180)	(180)	(180)	(180)	(180)
製造変動費		474	518	566	618	674	674
製造固定費		40	40	40	40	40	40
減価償却費		100	100	100	100	100	100
売上総利益		790	880	979	1,088	1,206	1,206
販管費		786	846	911	982	1,059	1,059
販売手数料		200	218	239	261	284	284
物流費		400	437	477	521	569	569
人件費		86	91	95	100	106	106
管理費		100	100	100	100	100	100
営業利益		4	34	68	106	147	147
その他（立ち上げ準備）	-100						
税引前利益	-100	4	34	68	106	147	147
法人税等	-30	1	10	20	32	44	44
税引後利益	-70	3	24	48	74	103	103
運転資金増減		-371	-34	-37	-41	-44	0
減価償却費足し戻し		100	100	100	100	100	100
設備投資	-980						-100
フリーキャッシュフロー	-1,050	-268	90	111	133	159	103
累積FCF	-1,050	-1,318	-1,228	-1,118	-984	-826	-722

40→38に変更

30%→35%に変更

80→76に変更

6年目時点の累計FCF264悪化

第**4**章 // 投資管理 前編 〜投資計画〜

　図表4・3・13は3つめの悲観シナリオ「両者悪化シナリオ」のキャッシュフロー計画です。1年目の販売単価をそれぞれ40ルピーから38ルピー、80ルピーから76ルピーに変更し、さらに流通マージンを30%から35%に変更しています。その他の条件は変えていません。この変化により、6年目の累積フリーキャッシュフローはベースシナリオと比較して264百万ルピー悪化することがわかります。

　このように、ベースシナリオを眺めているだけではとくに問題がなかったキャッシュフロー計画も、悲観シナリオを作成することで、ベースシナリオの実現度やリスクがどれだけあるかをイメージしやすくなります。

　ABC社でも、食品ディーラーとの交渉において流通マージンはいくらまで妥協可能なのか、販売単価はどのくらいの柔軟性を持って設定することができるのかをリアリティをもって議論することができるようになりました。

　また、販売単価を下げる代わりに販売数量を増加させるなど、価格設定による需給バランスの動きを見るというシミュレーションを行うことも有効です。

まとめ

・前提条件を設定し客観的な方法でCF計画を作成
・投資案件のBefore-Afterで差額CFを算出
・複数シナリオのCF計画を作成し、実現可能性を検討

4. 投資計画作成 ～投資判断～

投資案件の影響を受けるCGUのキャッシュフロー計画を作成し、投資前と投資後の差額キャッシュフローを算定できたら、投資指標を算出して投資判断を行います。

ここでは、代表的な投資判断の指標（回収期間、NPV、IRR）を解説します。さらに、そこで算出した指標を用いてどのような投資判断を行うべきかについて解説します。

◆ CASE　ABC社における海外進出の検討（後編）
―投資判断の物差しには何を使うか？―

（このケースは、**3.**ABC社における海外進出の検討（前編）の続きとなります。まずは**3.**をお読みください。）

ABC社の飲料事業部では、インド市場への本格進出を企図することとなった。今回の投資計画の起案を担当するのは、飲料事業部海外事業企画室の田中である。

これまで紆余曲折ありながら、3ヵ月前の経営会議においてなんとか市場進出のスキームは承認された。承認されたスキームはインドに新工場を新設し、現地生産によってインド市場に本格進出するというものである。

田中をリーダーとするプロジェクトチームが計画を具体化することとなった。これまでの検討作業で、インドに工場を新設した場合の投資計画及びキャッシュフロー計画を作成した。

田中は、投資委員会に提出する答申資料の作成に取り掛かることとした。ABC社では、投資案件について設備の更新、新規工場新設、会社買収といった投資の種類と投資金額によって、異なる投資判断基準を取ることになっている。今回の新工場の設立案件は、回収期間法とIRR法による基準をクリアすることが求められる。

第4章 投資管理 前編 ～投資計画～

図表4・4・1 インド工場新設案件のキャッシュフロー計画（再掲）

金額単位：百万ルピー

科 目	0年目	1年目	2年目	3年目	4年目	5年目	6年目以降
売上合計		2,520	2,752	3,005	3,281	3,583	3,583
500ml売上		840	917	1,002	1,094	1,194	1,194
販売数量（千本）		30,000	31,500	33,075	34,729	36,465	36,465
販売単価（INR/本）		40.0	41.6	43.3	45.0	46.8	46.8
流通マージン		30%	30%	30%	30%	30%	30%
2L売上		1,680	1,835	2,003	2,188	2,389	2,389
販売数量（千本）		30,000	31,500	33,075	34,729	36,465	36,465
販売単価（INR/本）		80.0	83.2	86.5	90.0	93.6	93.6
流通マージン		30%	30%	30%	30%	30%	30%
売上原価		1,586	1,714	1,853	2,006	2,171	2,171
原材料費		756	826	902	984	1,075	1,075
直接労務費		152	161	171	181	192	192
工員数（人）		(180)	(180)	(180)	(180)	(180)	(180)
製造変動費		538	587	641	700	764	764
製造固定費		40	40	40	40	40	40
減価償却費		100	100	100	100	100	100
売上総利益		934	1,038	1,152	1,276	1,412	1,412
販管費		866	934	1,007	1,086	1,173	1,173
販売手数料		227	248	270	295	323	323
物流費		454	495	541	591	645	645
人件費		86	91	95	100	106	106
管理費		100	100	100	100	100	100
営業利益		68	105	145	190	239	239
その他（立ち上げ準備）	-100						
税引前利益	-100	68	105	145	190	239	239
法人税等	-30	20	31	43	57	72	72
税引後利益	-70	48	73	101	133	167	167
運転資金増減		-420	-39	-42	-46	-50	0
減価償却費足し戻し		100	100	100	100	100	100
設備投資	-980						-100
フリーキャッシュフロー	-1,050	-272	135	159	187	217	167
累積FCF	-1,050	-1,322	-1,188	-1,029	-842	-625	-458

土地　　　：150
工場建物　：350
機械装置　：450
その他　　：80
補助金　　：△50

4・1 回収期間法

　回収期間法とは、投資額を回収できるまでの期間を指標とし、回収できるまでの期間が短いほど良い投資案件であると判断する手法です。

　まずは簡単な例で見てみましょう。図表4・4・2を見てください。

　このようなキャッシュフロー計画の投資案件Aで、具体的に回収期間を算出する方法を説明します。案件Aの投資金額は90,000で、投資の翌年以降から毎年30,000ずつキャッシュインフローがあるという計画です。3年目で累積90,000のキャッシュインフローとなり、投資額とちょうど一致します。この例では、回収期間が3年と算出されることになります。

図表4・4・2　投資案件Aのキャッシュフロー計画と回収期間

案件A	0年目 (投資額)	1年目	2年目	3年目	4年目
単年CF	▲ 90,000	30,000	30,000	30,000	30,000
累積CF	▲ 90,000	▲ 60,000	▲ 30,000	0	30,000

ちょうどゼロになる「3年」が「回収期間」

　もう1つ簡単な例を見ておきましょう。図表4・4・3を見てください。

　投資案件Bは、投資金額が100,000で、投資の翌年から毎年30,000ずつキャッシュインフローがあるという計画です。3年目の時点では累積キャッシュフローが▲10,000で、4年目の時点で累積キャッシュフローが20,000になるので、回収期間は3年と4年の間ということになります。このような場合は、線形補間法で月単位まで算出します。具体的には「3

図表4・4・3　投資案件Bのキャッシュフロー計画と回収期間

案件B	0年目 (投資額)	1年目	2年目	3年目	4年目
単年CF	▲ 100,000	30,000	30,000	30,000	30,000
累積CF	▲ 100,000	▲ 70,000	▲ 40,000	▲ 10,000	20,000

3年目と4年目の間でゼロになるため、
線形補間法で「3年4か月」と算出

年目終了時点の投資額の全額回収までの不足分10,000÷4年目のキャッシュインフロー30,000=0.3333年＝4ヵ月」と算出し、3年4ヵ月が回収期間となります。なお、月別のキャッシュフロー計画やキャッシュフロー実績を把握している場合には線形補間法を使う必要はなく、厳密に月単位の回収期間を算出することができます。

　さて、ABC社のインド工場新設案件で、回収期間を算出してみましょう。

　本件では、ベースシナリオのほかに、販売単価を5%下落させた悲観シナリオ、流通マージンを5%悪化させた悲観シナリオ、両者を同時に悪化させた悲観シナリオの全部で4つのシナリオを作成していました。

　図表4・4・4を見てください。これは、各シナリオの単年キャッシュフローと累積キャッシュフローを一表にまとめたものです。シナリオとしては、以下4つのシナリオを設定しています。

① ベースシナリオ

② 販価下落シナリオ（ベースシナリオで設定した前提よりも販売単価が下落した場合を想定したシナリオ）

③ 流マ悪化シナリオ（ベースシナリオで設定した前提よりも流通マージン率が上昇した場合を想定したシナリオ）

④ 両者悪化シナリオ（ベースシナリオで設定した前提よりも販売単価が下落し、流通マージンも上昇した場合を想定したシナリオ）

　それぞれの回収期間を見てみると、ベースシナリオでは回収期間は8.7年、販価下落シナリオでは10.1年、流マ悪化シナリオでは10.8年、両者悪化シナリオでは13.0年となっています。

　ABC社では、この案件の回収期間の採用基準を12年と設定しています（設定根拠は4・5で説明）。ベースシナリオでは採用基準の12年以内ですが、悲観的なシナリオの中でももっとも悪い「両者悪化シナリオ」では13.0年となり、基準を満たさないことがわかります。

図表4・4・4 インド工場新設案件のキャッシュフロー計画と回収期間

	ベースシナリオ 単年CF	累積CF		販価下落シナリオ 単年CF	累積CF		流マ悪化シナリオ 単年CF	累積CF		両者悪化シナリオ 単年CF	累積CF
0年目	-1,050	-1,050	0年目	-1,050	-1,050	0年目	-1,050	-1,050	0年目	-1,050	-1,050
1年目	-272	-1,322	1年目	-271	-1,321	1年目	-270	-1,320	1年目	-268	-1,318
2年目	135	-1,188	2年目	116	-1,205	2年目	107	-1,212	2年目	90	-1,228
3年目	159	-1,029	3年目	139	-1,066	3年目	130	-1,082	3年目	111	-1,118
4年目	187	-842	4年目	164	-902	4年目	154	-928	4年目	133	-984
5年目	217	-625	5年目	192	-710	5年目	182	-747	5年目	159	-826
6年目	167	-458	6年目	140	-570	6年目	128	-618	6年目	103	-722
7年目	167	-291	7年目	140	-430	7年目	128	-490	7年目	103	-619
8年目	167	-124	8年目	140	-290	8年目	128	-362	8年目	103	-516
9年目	167	43 ◄8.7年	9年目	140	-151	9年目	128	-234	9年目	103	-413
10年目	167	210	10年目	140	-11	10年目	128	-105	10年目	103	-310
11年目	167	377	11年目	140	129 ◄10.1年	11年目	128	23 ◄10.8年	11年目	103	-207
12年目	167	544	12年目	140	269	12年目	128	151	12年目	103	-104
13年目	167	712	13年目	140	409	13年目	128	280	13年目	103	-1 ◄13.0年
14年目	167	879	14年目	140	549	14年目	128	408	14年目	103	102
15年目	167	1,046	15年目	140	689	15年目	128	536	15年目	103	205
16年目	167	1,213	16年目	140	829	16年目	128	664	16年目	103	308
17年目	167	1,380	17年目	140	969	17年目	128	793	17年目	103	411
18年目	167	1,547	18年目	140	1,109	18年目	128	921	18年目	103	514
19年目	167	1,714	19年目	140	1,249	19年目	128	1,049	19年目	103	617
20年目	167	1,881	20年目	140	1,389	20年目	128	1,177	20年目	103	720
21年目	167	2,048	21年目	140	1,529	21年目	128	1,306	21年目	103	823
22年目	167	2,215	22年目	140	1,668	22年目	128	1,434	22年目	103	926
23年目	167	2,382	23年目	140	1,808	23年目	128	1,562	23年目	103	1,029
24年目	167	2,550	24年目	140	1,948	24年目	128	1,691	24年目	103	1,132
25年目	167	2,717	25年目	140	2,088	25年目	128	1,819	25年目	103	1,235

　回収期間法のコンセプトは「とにかく投資金額を確実に早く回収する」ことを重視するところにあります。安全性や確実性を重視[1]するというコンセプトもわかりやすく、算出しやすい手法であるという特長があります。

　一方で、時間価値を考慮していなかったり[2]、回収期間経過後のキャッシュフローを無視しているという点で、不完全な判断指標であるともいえます。

※1：安全性・確実性を重視：一般的にキャッシュフロー計画は遠い将来になればなるほどあいまいで不確実になるので、確実性が比較的高いと想定される近い将来のキャッシュフローを見る回収期間法は、安全性や確実性を重視した手法であると言えます。

※2：時間価値を考慮していない：現在の1億円と1年後の1億円を同じ価値であると考えてしまっているということです。1億円を投資して1年後に1.1億円になると期待されるのであれば、現在の1億円と1年後の1.1億円が同じ価値であると考えるべきです。詳しくは**4・4**を参照ください。

第4章 // 投資管理 前編 〜投資計画〜

【回収期間法のメリット】

・わかりやすい

・安全性・確実性を重視している

【回収期間法のデメリット】

・時間価値を考慮していない

・回収期間経過後のCFを無視している

Column

割引回収期間法

　回収期間法には、時間価値を考慮していないという欠点があります。その欠点を解消するため、割引回収期間法という類似の手法があります。これはわかりやすさが少し損なわれますが、時間価値を考慮して、安全性・確実性をより重視できるようになります。

　割引回収期間法とは、キャッシュフローを現在価値に割引いて、その金額で投資額を回収できる期間を指標とする手法です。回収期間法と同じく、回収できるまでの期間が短いほど良い投資案件であると判断します。「現在価値に割り引く」の詳しい意味は**4・2**以降で解説します。

図表4・4・5　投資案件Aの割引回収期間

案件A	0年目 (投資額)	1年目	2年目	3年目	4年目
単年CF	▲ 90,000	30,000	30,000	30,000	30,000
		$\times \dfrac{1}{1+0.08}$	$\times \dfrac{1}{(1+0.08)^2}$	$\times \dfrac{1}{(1+0.08)^3}$	$\times \dfrac{1}{(1+0.08)^4}$
現在価値	▲ 90,000	27,778	25,720	23,815	22,051
累積CF	▲ 90,000	▲62,222	▲36,502	▲12,687	9,364

3年目と4年目の間でゼロとなり、線形補間法で「3年7か月」と算出

回収期間法で説明した例と同じ案件Aを使って算出してみましょう。
図表4・4・5を見てください。先ほどの例を割引率8%で割引いて累積
キャッシュフローを算出した表です。ここから、投資額を回収できるタイ
ミングがどこになるかを測定します。3年目と4年目の間で投資額が回収
できることになり、線形補間法で計算すると、割引回収期間は3年7ヵ月
と算出されます。

【割引回収期間法のメリット】
・安全性・確実性を重視している（回収期間法よりも保守的）
・時間価値を考慮している

【割引回収期間法のデメリット】
・回収期間経過後のCFを無視している

4・2 NPV法（正味現在価値法）

投資評価の2つめの手法として、NPV法を解説します。
NPVとはNet Present Valueの略で、正味現在価値とも言います。投資額
よりも投資後のキャッシュフローの割引現在価値の合計が大きければ（つ
まりNPVがゼロを超えていれば）「良い投資案件」であると判断する手法
です。

まずは簡単な例で示します。図表4・4・6を見てください。

先ほどの回収期間法の解説で登場した投資案件Aのキャッシュフロー計
画です。ハードルレートについては4・4で詳しく説明しますが、ここで
はハードルレート（割引率）を8%として解説します。図表4・4・6のと
おり、1年目のキャッシュフローを1.08で割り算し、2年目のキャッシュ
フローを1.08の2乗で割り算し、3年目、4年目、5年目も同様に1.08の
3乗、4乗、5乗で割り算します。そして、それらの金額をすべて合計し
た金額9,364がNPVとなります。

1.08で割り算したのはどういうことかというと、現在と1年後、2年後
…のお金（キャッシュフロー）の価値を現在の価値に合わせた（割り引いた）

ということです。言い換えると、現在の100円と1年後の108円、2年後の116.64円は同じ価値だということです。

投資案件AはNPV＝9,364となり、ゼロを超えているので、この投資案件は採用されることになります。

なお、NPVはエクセルの関数で簡単に算出することもできます（NPV関数）。

図表4・4・6　投資案件Aのキャッシュフロー計画とNPV算出

案件A	0年目 （投資額）	1年目	2年目	3年目	4年目	合計
単年CF	▲ 90,000	30,000	30,000	30,000	30,000	30,000
		$\times \dfrac{1}{1+0.08}$	$\times \dfrac{1}{(1+0.08)^2}$	$\times \dfrac{1}{(1+0.08)^3}$	$\times \dfrac{1}{(1+0.08)^4}$	
現在価値	▲ 90,000	27,778	25,720	23,815	22,051	9,364

↑ NPV

1.08で割り算するということは1年後のキャッシュインを現在の価値に換算し戻す（割り引く）ということ

では、ABC社のインド工場新設案件でもNPVを算出しましょう。**図表4・4・7**を見てください。

これは、インド工場新設案件の4つのシナリオのNPVを算出した結果です。ABC社ではインド工場新設案件の割引率を10%に設定しています。ABC社は、国内の投資案件の割引率は8%で設定しており、それよりも高いハードルを置いているということになります。これは、インド市場の物価・金利の動向やカントリーリスクを反映させるためです。

ベースシナリオではNPVは＋79百万ルピーですが、販価下落シナリオでは–125百万ルピー、流マ悪化シナリオでは–213百万ルピー、両者悪化シナリオでは–402百万ルピーとなり、3つの悲観シナリオはいずれもマイナスになっています。

ベースシナリオをもとに投資判断を行えば、一応この案件は採用されることになりますが、前提条件が少しでも崩れると（悲観的なシナリオが現実になると）、即座にNPVがマイナスになるので、ベースシナリオの蓋然性を慎重に検討する必要があるということになります。

図表４・４・７　インド工場新設案件のNPV

	NPV
ベースシナリオ	79
販価下落シナリオ（5%下落）	-125
流マ悪化シナリオ（5%ポイント悪化）	-213
両者悪化シナリオ	-402

ABC社のインド案件では、割引率を10%としており、これで計算するとベースシナリオ以外はNPVがマイナスになる

　NPV法は、時間価値を考慮できていること、投資規模と投資効率をどちらも加味できるという特長があります。一方で、割引率次第でNPVの算出結果が大きく変わるため、割引率（ハードルレート）の設定を慎重に行う必要があります。

　なお、「NPV法が投資規模を加味できる」とはどういう意味か、なぜそれがメリットになるのかということについては、**4・5**で解説します。

【NPV法のメリット】

　・時間価値を考慮できている

　・投資規模と投資効率をどちらも加味できる

【NPV法のデメリット】

　・正確な割引率を使わないと、意味のない数値が算出されてしまう

4・3　IRR法（内部収益率法）

　次にIRR法について解説します。IRRとはInternal Rate of Returnの略で、内部収益率とも言います。投資後のキャッシュインフローの現在価値が、投資金額とちょうど一致する場合の（つまり、NPVがちょうどゼロになる）割引率がIRRです。このIRRがハードルレートより高ければ「良い投資案件」であると判断する手法です。

　簡単な例で見てみましょう。**図表４・４・８**は先ほども登場した投資案件Aのキャッシュフロー計画です。割引率が12.6%のときにNPVがゼロになるので、IRRは12.6%であるということです。会社が設定したハードルレートが8%であれば、この投資案件はIRRが8%超えているので、採用されることになります。

第**4**章 // 投資管理 前編 〜投資計画〜

なお、IRRは手計算で算出するのは難しいですが、こちらもエクセルの関数で簡単に算出することができます（IRR関数）。

図表4・4・8　投資案件Aのキャッシュフロー計画とIRR算出

案件A	0年目 (投資額)	1年目	2年目	3年目	4年目	合計
単年CF	▲ 90,000	30,000	30,000	30,000	30,000	30,000

$$\times \frac{1}{1+0.126} \quad \times \frac{1}{(1+0.126)^2} \quad \times \frac{1}{(1+0.126)^3} \quad \times \frac{1}{(1+0.126)^4}$$

現在価値	▲ 90,000	26,645	23,666	21,020	18,669	0

IRR

↑ NPVが
ゼロ

さて、ABC社のインド工場新設案件でもIRRを算出しましょう。インド工場新設案件の4シナリオのIRRを算出した結果をまとめたのが**図表4・4・9**です。

ベースシナリオでは10.7%であり、10%を超えていますが、販価下落シナリオでは8.8%、流マ悪化シナリオでは7.9%、両者悪化シナリオでは5.8%となり、いずれもABC社のインド市場におけるハードルレート（採用基準）の10%を下回っています。ここでも、ベースシナリオをもとに投資判断をすれば、一応この案件は採用されることになります。ただし、前提条件が少しでも崩れると（悲観的なシナリオが現実になると）、即座にIRRが採用基準を満たさなくなりますから、ベースシナリオの蓋然性を慎重に検討する必要があるということになります。

また、「NPVによる投資判断とまったく同じ結論が出ている」ことに気づいた人がいるかもしれません。NPV法とIRR法の結論が同じ結論になっている点については**4・5**で説明します。

図表4・4・9　インド工場新設案件のIRR

	IRR
ベースシナリオ	10.7%
販価下落シナリオ（5%下落）	8.8%
流マ悪化シナリオ（5%ポイント悪化）	7.9%
両者悪化シナリオ	5.8%

ABC社のインド案件では、ハードルレート（採用基準）を10%としており、ベースシナリオ以外は基準を下回る

IRR法は、時間価値を考慮できていること、割引率を設定していなくてもIRR自体は計算ができる（ハードルレートは最後の比較用に使うだけなので）という特長があります。

一方で、投資規模を無視して投資効率だけを見ているため、投資価値の絶対額が分からないという欠点があります。

【IRR法のメリット】

・時間価値を考慮している

・割引率がなくても算出できる

【IRR法のデメリット】

・投資価値の絶対額が分からない

Column

リアルオプション法

NPV法やIRR法を説明しましたが、リアルオプション法という考え方を少し紹介します。NPV法では、キャッシュフロー計画を作成して、それを割引計算して現在価値を算出していました。投資計画はあくまで計画なので、その効果（キャッシュフロー予測額）には常に不確実性が存在します。NPV法やIRR法では、そのような不確実性に対して複数のシナリオを想定し、そのシナリオごとにNPVやIRRを算出したり、確率的に加重平均や最頻値となるシナリオでNPVやIRRを算出したりします。インド工場の例では、ベースシナリオ、販価下落シナリオ、流通マージン悪化シナリオ、両者悪化シナリオという4シナリオで算出していました。

しかし本来は、さまざまな環境変化に対して柔軟に撤退・延期・縮小・拡大・変更などを行って投資効果が最大になるように、タイムリーに意思決定を行う方が合理的です。柔軟に変更ができること、つまりいくつかの選択肢を選択する権利には価値があります。この価値を定量化して投資の意思決定をより合理的に行う方法がリアルオプション法という考え方です。たとえば、インド工場では5年目は70百万本以上の販売量を計画し

ていますが、もし5年目の時点で販売量が80百万本以上になったり、逆に減ってしまった場合に、簡単に生産能力を増強したり減少させたりできるようなサプライチェーンを想定している場合と、そうでない場合では柔軟に対応できる状態のほうがより良いはずです。このとき、柔軟に変更できる権利（オプション）には価値があるので、「この価値を定量化してNPVで算出する現在価値に上乗せして投資判断を行う」というのがリアルオプション法の考え方です。

　リアルオプション法によると、柔軟性（撤退が簡単にできる、工場の縮小拡大が簡単にできるなど）が高い投資計画に高い評価を与えることができる、というメリットがあります。NPV法やIRR法では、リスクが高い（環境変化によるキャッシュフローの変動幅が激しい）投資というものはどうしても保守的なキャッシュフロー計画を作成するなどの対応が必要になってくるため、低い評価が下されてしまいがちですが、環境変化に対する柔軟性を持たせることにより、リスクの高さをプラスの価値とみることができるようになります。

　この柔軟性の高さの価値をどうやって算出するのかというと、金融工学の「オプション」の価値算出方法に準じて行います。オプションとは、株式や債券などの金融商品やトウモロコシや小麦などのコモディティ商品などを決まった時点において決まった価格で買ったり売ったりすることができる権利のことです。具体的な算出方法は割愛しますが、「投資計画の柔軟性の価値を適切に評価する手法」としてリアルオプション法というものがあるということを覚えておいてください。

4・4　ハードルレート

　NPV法とIRR法の解説で「ハードルレート」「割引率」という言葉を説明なしに使っていました。第3章で解説した資本コスト率と基本的な考え方は同じですが、あらためて解説します。

　ハードルレートは、その会社にとって最低限稼がなければならない投資額に対するリターン率のことで、投資案件の採用基準として使います。

たとえば、日経平均に連動するETFや投資信託に投資したりするなど、分散投資をすることで投資家が平均6%の利率で資金を運用できる市場環境があったとします。この環境下で、もしIRR5%で投資額10億円の設備投資案件（つまり、平均で5%のリターンが得られる投資案件）があったとすればどうでしょうか。経済合理性を持った投資家であれば、その設備投資をせずに、ETFや投資信託に投資して6%のリターンを得ることを選択するでしょう。つまり、ハードルレートとは、投資すれば平均的に得られるはずのリターンの利率であり、「それを超えるリターンが見込める投資案件でなければ投資する価値はない」という考え方で設定される利率のことなのです。

　さらにこの場合には、現在の100円と1年後の106円は同じ価値があるということになります。そこで1年後の106円を現在の価値に戻すために、1.06で割り算するのです（これが割引現在価値です）。

　それでは、ハードルレートは具体的にはどのように算出・設定すべきでしょうか。

　ハードルレートには第3章で説明した「WACC（加重平均資本コスト）」をそのまま用いることもありますが、それよりも少し高めのハードルレートを設定することが多くあります。リスクを考慮して保守的に設定しておくべきというのが1つめの理由、頻繁にハードルレートを変えると実務上混乱を招くため、高めに設定しておくことで長期的に見てWACCを超えないようにハードルレートを設定しておくべきというのが2つめの理由です。そして、WACCはキャッシュインフローを生まない共通資産や本社資産を含めた全社の総投下資本額に対する要求リターン率であるため、設備投資に対するリターンはWACCより高くしておかないと、全社の総投下資本額から見た場合に十分なリターンを得られないというのが3つめの理由です。

4・5　どの手法で投資判断するのがよいか

　3種類の投資判断手法を紹介しましたが、実務的にはどのように手法を組み合わせて判断するとよいでしょうか。

第4章 // 投資管理 前編 ～投資計画～

　結論からいうと、ハードルレート（割引率）をある程度高い精度で設定できるという理論的（理想的）な環境であれば、「NPV法と回収期間法の組み合わせ」がいいでしょう。しかし実務上は、「IRR法と回収期間法の組み合わせ」の方が現実的かつわかりやすいのでお勧めです。

　なぜ回収期間法の組み合わせがいいかというと、投資案件のキャッシュフロー計画は、楽観的に作成されることが多いからです（会社の風土にもよりますが）。さらに、遠い将来のキャッシュフローの見積りはなおさら精度が落ちます。このような実務上の問題に対応するために、比較的精度が高い近い将来のキャッシュフローで投資が回収できるかという基準を設けて保守的な投資判断をしたほうがよいということです。

　少し極端な例ですが、図表4・4・10を見てください。このようなキャッシュフロー計画は信用できるでしょうか。

図表4・4・10　実現可能性が疑わしい案件のキャッシュフロー計画の例

	0年目	1年目	2年目	3年目	4年目	5年目
単年CF	▲200,000	10,000	20,000	40,000	80,000	160,000
累積CF	▲200,000	▲190,000	▲170,000	▲130,000	▲50,000	110,000

最終年度のキャッシュインだけが大きく、最終年度でようやく投資額が回収できる

　この投資案件は、IRRは11%、割引率が8%の時のNPVは25,855となり、良い投資案件に見えます。一方、回収期間でみると期間は4.3年となり、最終年度まで投資回収ができない計画になっています。5年目単年度のキャッシュインに計画の大部分を依存していますが、5年も先の計画は当てにならないことも多く、見込が外れてしまったときの影響が大きいです。そのため、回収期間法による採用基準を設け、キャッシュフロー計画の精度が高い期間のうちに投資を回収できそうかどうか確認しておくこと

が推奨されるということです。

　では、回収期間法を採用する場合、具体的な採用基準はどのくらいに設定すべきでしょうか。回収期間法のデメリットともいえるかもしれませんが、そもそも採用基準の理論的な決め方は存在しません。各企業がどの程度保守的に投資管理を行いたいか、または経験的に回収期間がどのくらいを過ぎると危ないのかを考慮して独自に決定することになります。

　具体的な採用基準は、規模が大きくない案件であれば、3〜5年程度とすることが多いです。起案者が作成するキャッシュフロー計画は楽観的であることが多い上に、遠い将来のキャッシュフローの見積りは信用度が低くなりがちであることを考えれば、信頼性のあるキャッシュフローの見積りは5年程度が限界であると判断されるケースが多いからです。ただし、工場新設などのように耐用年数が長期に及ぶ大規模な投資案件であれば、回収期間の採用基準も長くします。しかし、採用基準を長くするとしても、耐用年数や投資資金の返済期間より長い期間を採用基準として設定しないように注意しましょう。耐用年数の4〜7掛け程度にしておくことが多いようです。ABC社でも、**図表4・4・11**のような採用基準テーブルを設けて運用していました。

図表4・4・11　ABC社の回収期間の採用基準表

CF計画期間	3年	4年	5年	6年	7年	8年	9年	10年	・・・	15年	・・・	20年	・・・	25年
採用基準	2.5年	3年	4年	4年	5年	5年	6年	6年	・・・	8年	・・・	10年	・・・	12年

インド工場のCF期間は25年のため、
回収期間の採用基準は12年となる

　次に、ハードルレートを高い精度で設定できる理想的な環境の場合に、IRR法よりもNPV法の方がよい理由を解説します。

　ひと言でいえば、NPV法が理論的にはもっとも優れていると考えられるからです。IRR法もNPV法も大して変わらないという側面もありますが（後述します）、NPVは投資価値の絶対額を示しているという点で優れています。

第**4**章 // 投資管理 前編 〜投資計画〜

　極端な例ではありますが、**図表4・4・12**をご覧ください。2つの投資案件を示していますが、案件1は1,000円の投資で翌年11,000円回収できる投資案件、案件2は100億円の投資で翌年110億円回収できる投資案件です。どちらかしか選べないのであれば、どちらを選ぶべきでしょうか？

　案件1はIRR=1,000%という高いリターンを見込めますが、NPVはたったの9,185円です（割引率8%で計算）。一方で案件2はIRR=10%とそれほど高くはありません（ハードルレート8%は超えています）が、NPVは185百万円にもなります。この例では、9千円の価値がある案件1よりも185百万円の価値がある案件2を採用するべきといえます。しかし、IRRだけを見ると、投資価値の絶対額が大きい10%の案件2よりも、投資価値が小さい1,000%の案件1の方が良い投資案件に見えてしまいます。これがIRR法の欠点なのです。

　このように、投資価値の絶対額を見て良し悪しを判断できる正味現在価値法の方が理論的に優れているということです。

図表4・4・12　どちらの方が魅力的な投資案件か

案件1	0年目 (投資額)	1年目
単年CF	▲1	11

IRRは1,000%だが、ちっぽけな案件なので魅力は小さい

案件2	0年目 (投資額)	1年目
単年CF	▲10,000,000	11,000,000

IRRは10%程度だが、NPVが185百万円あり、絶対額を見ても申し分ない

　最後に、NPV法に比べて「実務上はIRR法の方がわかりやすい」理由を解説します。NPV法で算出したNPVの金額は「正しい」割引率で計算してこそ意味があり、割引率を変えればNPVの金額は変わってしまいます。その一方で「正しい割引率」とはかなり曖昧な概念です。割引率はWACCをベースにして決定することが多いですが、**4・4**でも解説したとおり、頻繁に変更せずに保守的に少し高めに設定したりすることも多く、「正しい割引率」で計算できているといえるかどうか怪しいというのが実情です。

237

それに対して、IRRは割引率を設定せずに算出でき、ハードルレートは比較対象として使うだけなので、あまり厳密な設定をしなくても何とかなるという大きなメリットがあります。また、NPVがちょうどゼロになる割引率がIRRですから、基本的にはNPV=0とIRR=ハードルレートは同義[1]です。したがって、たとえば投資資金が潤沢である場合など、ハードルレートを超える投資案件をすべて採用できるのであれば、どちらの手法をとっても投資判断は同じ結果になります。以上より、実務上はIRR法の方が簡単でわかりやすいといえます。ただし、案件Aか案件Bのどちらかしか選べないという状況であれば、絶対額で判断することができるNPV法の方が適切であるといえるでしょう。

※1：厳密には、0年目以外にマイナスのキャッシュフローになる計画の場合など、IRRが算出できないまたは複数算出できてしまう事がありますので、NPV=0とIRR=ハードルレートが完全に同義とは言い切れません。

第**4**章 // 投資管理 前編 〜投資計画〜

Column

NPV法がIRR法よりも理論的に優れているもう1つの理由

図表4・4・13の2つの投資案件を見てください。割引率（ハードルレート）は8%とします。この例では、IRRを見ると案件Aが20%で優れていますが、NPVを見ると15.7で、案件Bが優れています。この場合はどちらの案を採用すべきか考えてみましょう。

図表4・4・13　IRRとNPVの良否が逆転している例

	0年目 （投資額）	1年目	2年目	IRR	NPV
案件A	▲ 100	120	0	**20.0%**	11.1
案件B	▲ 100	0	135	16.2%	**15.7**

> IRRで見れば案件Aの方が優れているが、NPVで見れば案件Bの方が優れている

まず、案件Aと案件Bの土俵を合わせるために、次のような例を考えてみましょう。案件Aは1年目で120のリターンがあるので、この120を直ちに再投資することにします。再投資の具体的な想定は置けない（具体的な想定が置けるのであれば、最初から再投資も含めた投資案件を提案すべき）ので、2つの仮定を置きます。案件Aとまったく同じリターンが見込める再投資を案件A1と仮定します。2つめは、リターンを案件採用の最低ライン（割引率）と同じ8%とし、これを案件A2とします。そして、案件Aと案件A1を合わせた投資案件A＋A1と案件Aと案件A2を足し合わせた投資案件A＋A2を算出し、案件Bと比較してみましょう。

図表4・4・14を見てください。優劣は明らかです。1番よいのは案件A＋A1、2番目は案件B、3番目がA＋A2になります。

さて、本題は案件Aと案件Bの比較なので、少し話を戻しましょう。案件A＋A1というのは、1年後に案件Aと同じ20%というハイリターンの案件があることが前提となっており、それに再投資するという少しムリのある仮定を置いています。一方で、案件A＋A2は1年後に投資可否の最低ラインである8%というリターンの案件があるという前提になっています。つまり、どちらが理論的に正しい想定を置いているのかというと、案件A＋A2の方だということです。もちろん、理論的にというだけでなく、現実的にも案件A＋A2の想定の方が妥当であるといえます。

239

そうすると、案件Ａと案件Ｂを比較するとき、IRRで優劣を判断すると案件Ａは再投資する場合にも20％のリターンが見込めるという意味を持ってしまうため適切ではなく、NPVで優れている案件Ｂ（15.7＞11.1）の方がよいと判断すべきだということです。

　このように、IRRで投資判断すると、「再投資もIRRと同じリターンを見込んでしまう」という欠点があり、理論的にはNPVの方が優れているということになります。

　とはいえ、NPVとIRRが逆転することは珍しく、そもそも割引率（当ケースでは8％）が現実的にどれだけ正しく設定されているのかという問題もあるため、実務上はそこまで気にする問題ではないかもしれません。

図表４・４・14　案件Ａ＋A1、案件Ａ＋A2、案件Ｂの比較

	0年目 （投資額）	1年目	2年目	IRR	NPV	
案件Ａ	▲ 100	120	0	20.0%	11.1	
案件A1	0	▲ 120	144	20.0%	12.3	
案件Ａ＋A1	▲ 100	0	144	20.0%	23.5	←1位

	0年目 （投資額）	1年目	2年目	IRR	NPV	
案件Ａ	▲ 100	120	0	20.0%	11.1	
案件A2	0	▲ 120	129.6	8.0%	0.0	
案件Ａ＋A2	▲ 100	0	129.6	13.8%	11.1	←3位

	0年目 （投資額）	1年目	2年目	IRR	NPV	
案件Ｂ	▲ 100	0	135	16.2%	15.7	←2位

まとめ

・回収期間法とIRR法の併用で投資判断を行うのが現実的によい手法
・ハードルレート（割引率）はWACCをベースに算出するべきだが、頻繁に変えることは混乱を招くので、保守的に少し高めに設定することが多い

第5章

投資管理 後編
～モニタリングと
　実行後フォロー～

1. 投資実行のモニタリング

投資というものは、計画をどれだけ緻密につくっても、いざ進めようとすると計画どおりにはいきません。そこで、必ず投資の実行段階でモニタリングをして、場合によっては計画の修正を行う必要があります。

◆ CASE　　　　　インド工場建設の進捗管理
――投資計画の実行段階でのフォロー――

ABC社の飲料事業部は、主力製品である清涼飲料水「ミルシー」によるインド市場への進出のために、インド国内に新工場を設立することとなった。

プロジェクトリーダーに任命されたのは、今回のインド市場進出案件に構想段階当初から関わっている飲料事業部海外事業企画室の田中である。インド新工場の着工から約半年が経ったこの日、田中はある問題に直面していた。

ABC社では、実行段階に入った投資案件については、その実行の進捗状況について担当者によるモニタリングを行い、案件ごとに決められたサイクルでしかるべき会議体への報告が求められていた。どのような会議体への報告が必要となるかについては、案件ごとの投資金額や認定されたリスクの大きさによって異なる。本件については、半年に1度経営会議への進捗報告をすることが求められている。

インド新工場の新設計画は、これまでほぼ予定どおりに進められてきた。計画どおりに建設用地を確保して、工場建屋や設備の導入計画についてもほぼ予定どおりのスケジュールと費用見積りに基づいて進められてきた。建設工事については、その全体管理を日系のゼネコンに依頼するか外資系企業に依頼するかについては議論となったが、従来からの取引での信頼関係を重視して、日系のゼネコンへ委託することとなった。

今回、モニタリングの段階で問題となったのは、工場稼働後の労務費が、計画以上に上昇することが予想されてきた点である。当初の計画では、労務費の上昇率は毎年6%を見込んでいた。しかし、ここにきてインド政府から発表された最低賃金の引上げ幅から推定すると、労務費の上昇は毎年10%となることが予想されることがわかってきた。当然物価の上昇も同時

第5章 // 投資管理 後編～モニタリングと実行後フォロー～

に見込まれており、材料単価や販売単価も上昇することが予想される。そして、さらに建設資材や輸送費用の高騰や追加設計の見直しにより、投資総額も980百万ルピーから100百万ルピー増加し、1,080百万ルピーになってしまった（図表5・1・1）。

今回のモニタリングの時点では、すでに200百万ルピーは投資済（支出済）となっているが、以下の2案の検討をあらためて行うこととなった。

① 労務費計画と投資額の見直し案

これまでの計画に対して投資総額や賃金上昇率などを修正したキャッシュフロー計画と、それに基づく投資回収見通しを検証する

② 設備投資内容の見直し案

当初の設備計画を変更して、さらに追加で100百万ルピーの追加設備投資によって、製造ラインの自動化を推進し、労務費自体を抑制する方法

とくに②の案は購入する設備機械や工事内容自体の変更も伴うものであり、早急な分析と判断が求められるものであった。

図表5・1・1　環境の変化による当初計画と最新の状況の比較

	当初計画	最新の状況
投資総額	980百万ルピー	1,080百万ルピー
昇給率	年6%	年10%
材料原価の悪化率	年0%	年1%
販売単価の上昇率	年4%	年6%

②の追加投資案ではここからさらに100百万ルピーの投資額が加算される

1・1 投資の進捗管理の目的とステップ

　大型投資案件では、投資の実行フェーズに入ってから完了するまでの期間が数年に及ぶ場合もあります。こうした大きな投資案件では進捗管理が重要です。では、進捗管理はどのように実施していけばよいでしょうか。

　まず、投資の進捗管理を行う目的は下記2点があげられます。

・計画どおりに進捗するための作業の確認・指示を行う
・進捗が悪いときや状況が変化したときに、改善策の検討や投資内容の追加、変更、期間延長、さらには撤退判断を行う

　具体的な作業としては、投資計画書の内容を最新の状態に更新のうえ、投資内容自体の変更や追加投資もしくは投資の中断の判断を行うこととなりますが、手間がかかる作業なので、投資金額や投資種類に応じて管理サイクルや管理内容を変える必要があります。

　大型案件や、計画時にリスクが高いと判断された案件ほど、短サイクルで詳細な管理が求められることとなります。

①　投資計画書の更新

　まず、投資計画書の更新を行います。経過済の部分は実績に置き換え、将来の計画部分は状況に変化がないかを確認しながら最新の見込情報に置き換えていきます。

　更新頻度は、四半期〜半期に一度が望ましいでしょう。また、明らかに大きな変更がある場合は、そのタイミングを待たずに更新をしましょう。

　ここで重要なポイントは「履歴を残す」ことです。これは、進捗状況の評価や追加の投資判断に役立つだけでなく、別件の投資判断や投資計画の作成プロセスへのフィードバックを行うことで、投資管理プロセス全体のレベルアップにつなげやすくなるからです。

②　進捗状況の評価

　続いて、投資計画書で進捗状況を確認・評価します。当初の計画と最新版

までの履歴を並べて、進捗が遅れているのか、順調なのかを確認してください。

現在までの実績と完了までの見込数値の投資金額合計値を確認することで、予定外の支出が増えているかどうかを把握することもできます。

③ 改善・変更・追加投資・投資停止などの判断

最後に、現状把握の結果、進捗が悪い場合や支出が多くなりそうな場合に対策を検討します。

状況の深刻度に応じて検討する内容は変わりますが、次のような対応が考えられます。

・業務改善やスケジュールの見直し

・投資内容の追加・変更・削減

・投資停止

いずれの検討を行うとしても、改善などの対策を行う場合のキャッシュフロー計画を新たに作成して、現状のままの場合と比較検討することがポイントとなります。

1・2 投資計画修正の留意点

投資判断の修正について意思決定をする際は「投資済の支出」に注意が必要です。投資済の支出は、意思決定を誤らせる原因になりがちです。たとえば、10億円の投資計画に対して2億円が支払い済になった段階で、別のより良い変更案が出てきたとしても、「もう2億円払ってしまっているからもったいない。いまさら変更できない」と、そのまま投資計画を進めてしまうことはよくあります。

こうした場合、支払い済の2億円だけを考えるのではなく、あくまでも案件全体としての将来のキャッシュフロー計画がどう変わるのかを冷静に見る必要があります。たとえば、2億円が支出済みであっても、投資を中断して購入済の土地や設備を売却処分することで1億円のキャッシュインが見込めるのならば、「投資を中断する」案は1億円のキャッシュフロー計画の投資案件であると見て、「投資を続ける」案と比較して投資判断す

ることになります。

さらに、投資判断の修正は迅速に行うことが重要です。迅速な意思決定ができるかどうかは経営層の意識次第ではありますが、現場レベルでできる対応もあります。それは、稟議の取り直しや取締役会で再審議を行うために必要な資料を早く出すことです。

そのために、これまでに説明したような投資計画書を随時更新して、最新にしておきます。そして、投資進捗管理のプロセスを整備しておくことで、タイムロスを発生させることなく、変更の投資意思決定を行うことができます。

1・3 投資計画の修正の判断

では、ABC社のインド工場建設の投資案件に関して、実際にどのように投資計画を修正し、新しい投資判断を行ったのかを見ていきましょう。

最初に、投資計画書の更新を行います。投資計画書の更新は投資実行部分の更新、つまり「投資総額が大きくなりそうか」「建設期間が延びそうか」という部分の更新に加えて、投資完了後の収支状況の更新、つまり「生産活動、販売活動の環境が変わっていないか」という検討も必要なことに留意してください。今回のインド工場建設についても、建設工事の進捗は順調ですが、投資額や投資完了後の昇給率の見込が変わっています。

① 前提条件の更新

まず、投資計画の前提条件に変更がないかどうかを確認します。今回は、以下のように前提条件の更新を行うこととしました。

- ・投資総額は100百万ルピー増加
- ・労務費の昇給率が当初見込年6% → 年10%に変更
- ・材料原価の悪化率が当初年0% → 年1%に変更
- ・販売単価の上昇率を当初年4% → 年6%に変更
- ・各前提条件となる上昇率や昇給率について、6年目以降は据置き（0%）とする方針は変わらない

第**5**章 // 投資管理 後編〜モニタリングと実行後フォロー〜

・もし投資を中断する場合、購入済み資産の売却金額と中断にかかる費
用はプラスマイナスゼロと見積る

次に、実績部分と見込部分を分けます。これは、支出済分と将来分を分
離して把握するためです。

図表5・1・2を見てください。総投資額は当初の計画で980,000ルピー
ですが、そのうち200,000ルピーはすでに支出済です。

図表5・1・2　インド工場新設に関する投資額の内訳

	当初予定額 （千INR）	修正後の投資額 （千INR）	投資済分	将来支出分
土地	150,000	150,000	150,000	0
工場建物	300,000	350,000	50,000	300,000
機械装置	450,000	500,000	0	500,000
器具備品他	80,000	80,000	0	80,000
合　計	980,000	1,080,000	200,000	880,000

投資総額350,000から補助金
50,000を差し引いた金額

投資総額1,080,000のうち、
200,000は支出済

②　キャッシュフロー計画の更新

前提条件の更新結果を踏まえて、投資計画書を更新すると、図表5・1・
3のような更新版投資計画書が完成します。比較できるように、当初の計
画を図表5・1・4に再掲します。

変化点について見てみましょう。まず、販売単価上昇率は当初年4%と
見込んでいましたが、年6%に変更したため、売上高が当初計画よりも増
加しています。

次に、材料原価率は当初計画では30%としていましたが、更新版では
5年目まで毎期1%ずつ悪化していく（30% → 30.3% → 30.6% → ……）
見込に変更したので、材料費も当初計画よりも増加しています。

さらに、昇給率を年6%から年10%に変更したため、直接労務費と販管
費の人件費も当初計画よりも増加しており、設備投資額も100百万ルピー
増加しています。

以上の変更による影響で、トータルではキャッシュフローの見込金額

247

図表5・1・3　投資計画書の更新版

金額単位：百万ルピー

科　目	0年目投資済	0年目これから	1年目	2年目	3年目	4年目	5年目	6年目以降
売上合計			2,520	2,805	3,122	3,474	3,867	3,867
500ml売上			840	935	1,041	1,158	1,289	1,289
販売数量（千本）			30,000	31,500	33,075	34,729	36,465	36,465
販売単価（INR/本）			40.0	42.4	44.9	47.6	50.5	50.5
流通マージン			30%	30%	30%	30%	30%	30%
2L売上			1,680	1,870	2,081	2,316	2,578	2,578
販売数量（千本）			30,000	31,500	33,075	34,729	36,465	36,465
販売単価（INR/本）			80.0	84.8	89.9	95.3	101.0	101.0
流通マージン			30%	30%	30%	30%	30%	30%
売上原価			1,596	1,766	1,956	2,168	2,406	2,406
原材料費			756	850	955	1,074	1,207	1,207
直接労務費			152	167	184	202	223	223
人数			(180)	(180)	(180)	(180)	(180)	(180)
製造変動費			538	598	666	741	825	825
製造固定費			40	40	40	40	40	40
減価償却費			111	111	111	111	111	111
売上総利益			924	1,039	1,166	1,306	1,461	1,461
販管費			866	951	1,044	1,148	1,264	1,264
販売手数料			227	252	281	313	348	348
物流費			454	505	562	625	696	696
人件費			86	93	101	110	120	120
管理費			100	100	100	100	100	100
営業利益			57	88	121	158	198	198
その他（立ち上げ準備）	-10	-90						
税引前利益	-10	-90	57	88	121	158	198	198
法人税等	-3	-27	17	26	36	47	59	59
税引後利益	-7	-63	40	61	85	110	138	138
運転資金増減			-420	-47	-53	-59	-65	0
減価償却費足し戻し			111	111	111	111	111	111
設備投資	-200	-880						-111
フリーキャッシュフロー	-207	-943	-269	125	143	163	184	138
累積FCF	-207	-1,150	-1,419	-1,294	-1,151	-989	-805	-667

注釈：
- 販売単価上昇率が年4%→6%
- 材料原価率が年1%ずつ悪化
- 昇給率が6%→年10%
- 投資額増のため減価償却費も増加
- （運転資金）100増加
- （累積FCF 6年目）当初計画から209悪化

は減少していて、6年目時点の累積キャッシュフローベースで209百万ル
ピー（667－458）減少することがわかりました。

③　投資中断の判断

　次に、投資中断の判断がなされるべきかを念のため検討しましょう。図
表5・1・3を見てください。立上げ準備費用分も含めたフリー・キャッ
シュフロー207百万ルピーは支出済みのため検討から除外し、残りの943

第5章 // 投資管理 後編〜モニタリングと実行後フォロー〜

図表5・1・4 インド工場新設案件の当初計画（再掲、比較用）

金額単位：百万ルピー

科　目	0年目投資済	0年目これから	1年目	2年目	3年目	4年目	5年目	6年目以降
売上合計			2,520	2,752	3,005	3,281	3,583	3,583
500ml売上			840	917	1,002	1,094	1,194	1,194
販売数量（千本）			30,000	31,500	33,075	34,729	36,465	36,465
販売単価（INR/本）			40.0	41.6	43.3	45.0	46.8	46.8
流通マージン			30%	30%	30%	30%	30%	30%
2L売上			1,680	1,835	2,003	2,188	2,389	2,389
販売数量（千本）			30,000	31,500	33,075	34,729	36,465	36,465
販売単価（INR/本）			80.0	83.2	86.5	90.0	93.6	93.6
流通マージン			30%	30%	30%	30%	30%	30%
売上原価			1,586	1,714	1,853	2,006	2,171	2,171
原材料費			756	826	902	984	1,075	1,075
直接労務費			152	161	171	181	192	192
人数			(180)	(180)	(180)	(180)	(180)	(180)
製造変動費			538	587	641	700	764	764
製造固定費			40	40	40	40	40	40
減価償却費			100	100	100	100	100	100
売上総利益			934	1,038	1,152	1,276	1,412	1,412
販管費			866	934	1,007	1,086	1,173	1,173
販売手数料			227	248	270	295	323	323
物流費			454	495	541	591	645	645
人件費			86	91	95	100	106	106
管理費			100	100	100	100	100	100
営業利益			68	105	145	190	239	239
その他（立ち上げ準備）	-10	-90						
税引前利益	-10	-90	68	105	145	190	239	239
法人税等	-3	-27	20	31	43	57	72	72
税引後利益	-7	-63	48	73	101	133	167	167
運転資金増減			-420	-39	-42	-46	-50	0
減価償却費足し戻し			100	100	100	100	100	100
設備投資	-200	-780						-100
フリーキャッシュフロー	-207	-843	-272	135	159	187	217	167
累積FCF	-207	-1,050	-1,322	-1,188	-1,029	-842	-625	-458

　百万ルピーを投資金額として、回収期間とIRRを算出します。結果、回収期間は9.3年（＜12年）、IRRは9.8%（＜10%）となり、中断すべきという結論になります。

　ちなみに、もしも投資の中断により土地などの売却で50百万ルピーの収入がある場合は、投資額は差額キャッシュフローで算出し、943百万＋50百万ルピーを投資額として投資判断します。逆に、投資の中断による取り壊し費用などで50百万ルピーの追加支出があるのであれば、投資額は943百万−50百万ルピーを投資額として投資判断を行います。

249

④ 対応策の検討

　投資を中断するかどうか検討した結果、IRRがわずかに10%を下回ってしまうため、中断すべきという結論になってしまいます。しかし、前提条件の変化やキャッシュフロー計画の変化点に着目し、改善策や追加投資などの検討を行うことによって、投資を行うべきという判断になることもあります。

　今回のケースでは、主に物価の上昇、とくに昇給率の上昇による将来キャッシュフローの悪化が変化点になります。そこでABC社では、上昇幅の大きい労務費を抑制するために、直接工の人数を減らすことを検討しま

図表５・１・５　追加投資による人件費削減計画

金額単位：百万ルピー

科　目	0年目投資済	0年目これから	1年目	2年目	3年目	4年目	5年目	6年目以降
売上合計			2,520	2,805	3,122	3,474	3,867	3,867
500ml売上			840	935	1,041	1,158	1,289	1,289
販売数量（千本）			30,000	31,500	33,075	34,729	36,465	36,465
販売単価（INR/本）			40.0	42.4	44.9	47.6	50.5	50.5
流通マージン			30%	30%	30%	30%	30%	30%
2L売上			1,680	1,870	2,081	2,316	2,578	2,578
販売数量（千本）			30,000	31,500	33,075	34,729	36,465	36,465
販売単価（INR/本）			80.0	84.8	89.9	95.3	101.0	101.0
流通マージン			30%	30%	30%	30%	30%	30%
売上原価			1,222	1,348	1,489	1,647	1,824	1,824
原材料費			756	850	955	1,074	1,207	1,207
直接労務費			122	134	148	162	179	179
人数			(140)	(140)	(140)	(140)	(140)	(140)
製造変動費			176	196	219	243	271	271
製造固定費			40	40	40	40	40	40
減価償却費			128	128	128	128	128	128
売上総利益			458	522	592	669	754	754
販管費			388	418	451	488	529	529
販売手数料			126	140	156	174	193	193
物流費			76	84	94	104	116	116
人件費			86	93	101	110	120	120
管理費			100	100	100	100	100	100
営業利益			70	104	141	181	225	225
その他（立ち上げ準備）	-10	-90						
税引前利益	-10	-90	70	104	141	181	225	225
法人税等	-3	-27	21	31	42	54	67	67
税引後利益	-7	-63	49	73	99	127	157	157
運転資金増減			-420	-47	-53	-59	-65	0
減価償却費足し戻し			128	128	128	128	128	128
設備投資	-200	-980						-128
フリーキャッシュフロー	-207	-1,043	-243	153	173	195	219	157
累積FCF	-207	-1,250	-1,493	-1,340	-1,167	-971	-752	-595

（直接工人員が180人→140人）

（設備投資額がさらに100増加）

250

した。海外事業企画部と生産技術部が共同して検討した結果、100百万ル
ピーの機械設備を追加投資することで、工場の人員を180人 → 140人まで
減らせることがわかりました。そこで、この追加投資案を採用するかどう
かを判断するために、追加投資案のキャッシュフロー計画を作成しました。

追加投資案によるキャッシュフロー計画は**図表5・1・5**のようになり
ます。そして、どこが変わったのか確認するために、追加投資案のキャッ
シュフロー計画と当初投資案のままのキャッシュフロー計画の差額を計算
した表が**図表5・1・6**です。

図表5・1・6 追加投資の場合と当初案そのままの場合の差額CF計画

金額単位：百万ルピー

科　目	0年目	1年目	2年目	3年目	4年目	5年目	6年目以降
売上合計		0	0	0	0	0	0
500ml売上		0	0	0	0	0	0
販売数量（千本）		0	0	0	0	0	0
販売単価（INR/本）		0.0	0.0	0.0	0.0	0.0	0.0
流通マージン		0%	0%	0%	0%	0%	0%
2L売上		0	0	0	0	0	0
販売数量（千本）		0	0	0	0	0	0
販売単価（INR/本）		0.0	0.0	0.0	0.0	0.0	0.0
流通マージン		0%	0%	0%	0%	0%	0%
売上原価		-13	-16	-20	-23	-27	-27
原材料費		0	0	0	0	0	0
直接労務費		-30	-33	-36	-40	-44	-44
人数		(-40)	(-40)	(-40)	(-40)	(-40)	(-40)
製造変動費		0	0	0	0	0	0
製造固定費		0	0	0	0	0	0
減価償却費		17	17	17	17	17	17
売上総利益		13	16	20	23	27	27
販管費		0	0	0	0	0	0
販売手数料		0	0	0	0	0	0
物流費		0	0	0	0	0	0
人件費		0	0	0	0	0	0
管理費		0	0	0	0	0	0
営業利益		13	16	20	23	27	27
その他（立ち上げ準備）	0	0	0	0	0	0	0
税引前利益	0	13	16	20	23	27	27
法人税等	0	4	5	6	7	8	8
税引後利益	0	9	11	14	16	19	19
運転資金増減		0	0	0	0	0	0
減価償却費足し戻し		17	17	17	17	17	17
設備投資	-100	0	0	0	0	0	-17
フリーキャッシュフロー	-100	26	28	30	33	36	19
累積FCF	-100	-74	-46	-15	17	53	72

（注）人件費の削減幅は年を追うごとに大きくなる

（注）減価償却費は増加するが、足し戻す＆タックスシールドの効果で1年目以降のCF影響はプラス

（注）毎年約30のCF増額が見込まれる

直接労務費が初年度から30百万ルピー減少し、2年目以降はさらに削減効果が大きくなります。そして、減価償却費は増加しますが、これは非現金支出費用なので、キャッシュアウトはありません。むしろタックスシールドの効果により、CFの増加要因になります。トータルで、1年目だけで26百万ルピーのキャッシュフローの増加、6年間の累積キャッシュフローでも、投資額100百万ルピーを回収し、＋72百万ルピーになっています。

　そして、追加投資をする案のキャッシュフロー計画のIRRを算出すると10.9％（＞10％）となり、回収期間は8.5年（＜12年）となります。そのため、追加投資案は採用され、投資の中断はしないということになりました。

図表5・1・7　投資計画の比較一覧表

	科目	0年目投資済	0年目これから	1年目	2年目	3年目	4年目	5年目	6年目以降
当初計画（A）	売上合計	0	0	2,520	2,752	3,005	3,281	3,583	3,583
	営業利益	0	0	68	105	145	190	239	239
	フリーキャッシュフロー	-207	-843	-272	135	159	187	217	167
	累積FCF	-207	-1,050	-1,322	-1,188	-1,029	-842	-625	-458
	IRR（25年間）								10.7%
	回収期間								8.7年
労務費アップによる更新計（B）	売上合計	0	0	2,520	2,805	3,122	3,474	3,867	3,867
	営業利益	0	0	57	88	121	158	198	198
	フリーキャッシュフロー	-207	-943	-269	125	143	163	184	138
	累積FCF	-207	-1,150	-1,419	-1,294	-1,151	-989	-805	-667
	IRR（25年間）								7.9%
	回収期間								10.8年
追加投資案（C）	売上合計	0	0	2,520	2,805	3,122	3,474	3,867	3,867
	営業利益	0	0	70	104	141	181	225	225
	フリーキャッシュフロー	-207	-1,043	-243	153	173	195	219	157
	累積FCF	-207	-1,250	-1,493	-1,340	-1,167	-971	-752	-595
	IRR（25年間）								9.0%
	回収期間								9.8年

この表のIRRと回収期間は投資済支出を含めて計算していることに注意

　なお、投資計画の比較を一表で示すと**図表5・1・7**のようになります。この表のIRRと回収期間は投資済の207百万ルピー（土地・設備200百万ルピーと立上げ準備費用7百万ルピー）を含めて算出していることに注意してください。つまり、追加投資案は将来の投資支出額が1,043百万ルピー

であることから、IRR＝10.9％＞10％となり、採用されていますが、もし
もっと早く労務費アップや材料費アップの兆候を掴むことができていれ
ば、IPRは9.0％＜10％と算出され、インド工場への進出はいったん中断
していた可能性が高いと考えられます。

　投資判断をする際には、投資済の支出は考えずに将来のキャッシュフ
ローだけで判断しますが、投資の振り返りの際には、**図表5・1・7**で示
したような全期間を通してのキャッシュフローを見る必要があります。投
資の振り返りについては**本章3.** を参照してください。

まとめ

・定期的に投資計画を更新し、投資実行の進捗を確認する
・支出が膨れたり進捗が悪い場合には投資の停止判断もあり得るが、判断
　の際には過去の支出は見ずに、将来の収支だけを見る
・改善案や追加投資案を実行するかどうかの判断は、通常の投資判断と同
　じく、差額CFでIRRや回収期間を算出して判断する

2. 投資計画作成 ～2期にわたる投資～

　用地を取得してから工場を新設するような投資案件の場合、工場の建設自体は1期、2期のようにステップを分けて行うことがあります。

　このような場合でも、投資計画自体は1度に行います。しかし、1期工事の進捗中または完了後に、2期目の投資計画を練り直す必要が出てくることもあります。

◆ CASE　　帯広での食肉加工工場の新設
―追加工事に関する投資計画―

　北海道帯広市にある株式会社ABC畜産は、M&AによってABC社のグループとなった会社である。主に牛肉の加工事業を行っており、一般消費者向けの食肉の加工販売や食品メーカー向けに原材料として販売を行っている。また、ABC社に対しても原材料を供給しており、とくにこの数年は、ABC社向けの原材料供給の取引量が2倍近くに増えてきている。

　このような状況を受けて、ABC畜産では新たに新工場設立の検討を行うこととなった。今回の工場新設は、用地自体も取得する必要があったため、いくつかの候補地があげられたが、検討の結果、帯広市郊外の土地を新たに取得することが決まった。

　ABC畜産では、投資計画の具体化に先駆け、将来にわたっての牛肉加工事業の事業計画を作成した。国内市場の需要動向やABC社での加工食品の将来需要、さらには新規ビジネスとしての国産牛の輸出事業についても検討され、将来の販売計画とそれに基づく生産計画が積み上げられた。

　将来の販売計画は、過去の成長率に基づく成り行きのシナリオ、楽観的なシナリオ、悲観的なシナリオなど、さまざまなパターンが作成された。それらのシナリオの蓋然性についての議論を経た結果、今回の投資案件について、工場の建設そのものは第1期工事と第2期工事の2ステップに分けて、第一工場、第二工場を建設することが決定した。ただし、将来的な工場管理や物流の効率化を考え、工場用地自体は将来の第二工場の敷地も含めてまとめて取得することとした。

第**5**章 // 投資管理 後編〜モニタリングと実行後フォロー〜

2・1　1期と2期を合わせて投資判断を行う

　ABC畜産の食肉加工工場の投資案件について考えてみましょう。ここでは、初年度（0年目）に土地取得と第一工場の建設、翌年期首から第一工場が稼働開始、3年目に第二工場の建設、4年目期首から第二工場が稼働開始するという前提の投資案件について、キャッシュフロー計画を作成し投資判断することとします。

図表5・2・1　食肉加工工場の投資案件概要

	投資時期	投資額
土地	0年目	4億円
第一工場	0年目	2億円
第二工場	3年目	2億円

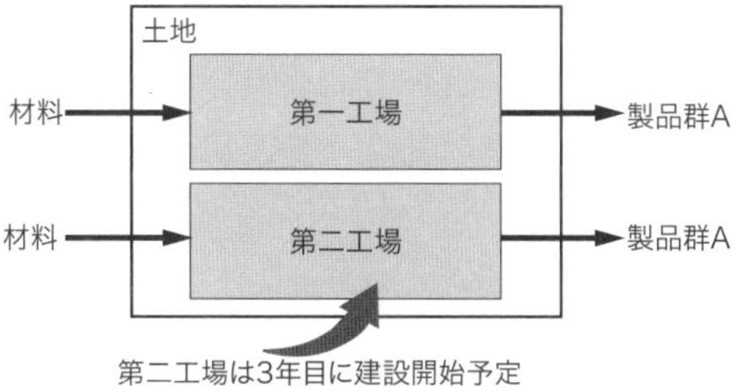

第二工場は3年目に建設開始予定

　まず、**第4章2.**で解説したとおりに、CGUを特定します。

　今回の案件の場合、第一工場も第二工場もそれぞれ独立しているように見えますが、ともに同じ「製品群A」を製造する工場で相互補完性が高いため（需給調整は第一工場と第二工場を併せて実施することとなると想定されます）、2つの工場で1つのCGUと定義するのが適切と考えられます。

　次に、キャッシュフロー計画を作成します。投資時期が異なる場合でも、キャッシュフロー計画のつくり方に大きな違いはなく、年度別のキャッシュフロー計画を作成します。

　図表5・2・2を見ると、0年目において土地と第一工場の投資支出6億円があり、1年目から第一工場の稼働が開始し、キャッシュイン50百万円が毎年発生します。そして、3年目は第二工場への投資支出2億円があり、4年目から第一工場と第二工場合わせて1億円のキャッシュインが毎年発生します。

255

図表5・2・2　食肉加工工場のキャッシュフロー計画

第一工場は1年目から50,000のキャッシュインを計画

第二工場は4年目から50,000のキャッシュインを計画

	0年目	1年目	2年目	3年目	4年目	5〜9年目	10年目	11〜19年目	20年目
第一工場のキャッシュフロー		50,000	50,000	50,000	50,000	50,000	50,000	50,000	50,000
第二工場のキャッシュフロー					50,000	50,000	50,000	50,000	50,000
土地＋第一工場の投資額	▲600,000								
第二工場の投資額				▲200,000					
キャッシュフロー合計	▲600,000	50,000	50,000	▲150,000	100,000	100,000	100,000	100,000	100,000
累計キャッシュフロー	▲600,000	▲550,000	▲500,000	▲650,000	▲550,000		50,000		1,050,000

10年目で累計CFがプラスに転じる予定

　本件では、計画期間は工場の耐用年数である20年としました（第二工場も含めて、23年目までを計画期間とすることももちろんあります。今回は保守的に20年目までを計画期間としました）。

　キャッシュフロー計画作成の後は、回収期間やNPV、IRRなどの指標を算出し、投資判断を行います。ABC畜産では、回収期間の採用基準を10年、IRRのハードルレートを8%として投資判断を行っています。この場合、キャッシュフロー計画から算出した回収期間は9.5年、IRRは9.6%となるため、この投資案件は採用されることになりました。

2・2　1期工事後、2期工事前に状況が変わった場合

　投資のタイミングが1回ではなく、2期にわたって行われる場合、1期工事の完了後、2期工事が始まるまでの間に発生した状況変化に対してどのように対応するべきかという論点があります。

　たとえば、景気が急激に悪化するなどして当初想定した投資効果が見込めなくなれば、投資の中止や縮小を検討すべきですし、逆により大きな投資効果が見込まれる状況になれば、投資の拡大を検討すべきです。

　具体的に、ABC畜産のケースで投資の中止・縮小・継続・拡大をどのように判断すべきか考えてみましょう。

　ABC畜産の帯広食肉加工工場の建設は順調に進み、第一工場は予定ど

おりに稼働しました。その後、第二工場の建設準備に取りかかっていましたが、建設資材や建設関連人件費などの高騰により、当初予定では200百万円であった投資額が250百万円となることがわかりました。さらに、原料価格などの継続的な高騰により、当初計画では、毎年1工場当たり50百万円のキャッシュインフローを見込んでいたものが、45百万円に減少してしまうことも明らかになりました。

このまま第二工場の建設を進めてよいのかどうか、検討を行いましょう。キャッシュフロー計画を修正すると図表5・2・3になります。

図表5・2・3　食肉加工工場のキャッシュフロー計画の修正

両工場とも毎年のキャッシュインは45,000に減額修正

	0年目	1年目	2年目	3年目	4年目	5〜9年目	10年目	11〜19年目	20年目
第一工場のキャッシュフロー		45,000	45,000	45,000	45,000	45,000	45,000	45,000	45,000
第二工場のキャッシュフロー					45,000	45,000	45,000	45,000	45,000
土地＋第一工場の投資額	▲600,000								
第二工場の投資額				▲250,000					
キャッシュフロー合計	▲600,000	45,000	45,000	▲205,000	90,000	90,000	90,000	90,000	90,000
累計キャッシュフロー	▲600,000	▲555,000	▲510,000	▲715,000	▲625,000		▲85,000		815,000

投資額：50,000増額修正

これまでの説明では、図表5・2・3に従って回収期間やIRRを算出して投資判断をするというものでしたが、今回はそうすべきではありません。それは、支出済みのキャッシュフローと将来のキャッシュフローを混同してしまっているからです。

土地の購入と第一工場の建設にかかった600百万円は、もう支出済みです。このような支出は投資判断から除外する必要があります。また、今回のケースでは第一工場が稼働済みであり、第二工場を建設するかどうかに関係なく、第一工場のキャッシュフローは45百万円になると見積もられています。そこで、第一工場のキャッシュフローも考慮する必要はありません。

本件では、これから実行する第二工場の建設コストとそれによるキャッ

シュの回収をもとに意思決定を行います。

　第二工場のキャッシュフロー計画を見積ると、**図表5・2・4**のとおりです。第二工場の建設時点をあらためて0年目として置き直し、キャッシュフロー計画期間は第二工場の耐用年数に合わせて、あらためて20年としています。

　そして、この第二工場建設案の対案として「第二工場を建設せずに第二工場部分の土地を売却する案」のキャッシュフロー計画を考えて、どちらが優れた投資計画であるかを判断します。なお、4億円で購入した土地ですが、現時点で第二工場部分の土地を売却する場合、1.5億円で売却できると見込んでいます（諸費用控除後）。

図表5・2・4　投資判断は将来CFに影響を与える第二工場だけで行う

> 第二工場の建設をあらためて「0年目」として投資判断指標を算出する

> 第二工場のCF計画期間を20年で設定

	0年目	1年目	2年目	3年目	4年目	5～9年目	10年目	11～19年目	20年目
第二工場のキャッシュフロー		45,000	45,000	45,000	45,000	45,000	45,000	45,000	45,000
第二工場のキャッシュフロー	▲250,000								
第二工場部分の土地売却	▲150,000	「土地を売却する」という対案との差額キャッシュフローを取る							
キャッシュフロー合計	▲400,000	45,000	45,000	45,000	45,000	45,000	45,000	45,000	45,000
累計キャッシュフロー	▲400,000	▲355,000	▲310,000	▲265,000	▲220,000		50,000		500,000

　図表5・2・4に従って投資判断指標を算出すると、回収期間は8.9年、IRRは9.4％となり、採用基準を上回ります。そこで、状況は悪化しているものの「第二工場の建設は行うべき」という意思決定がなされます。もしIRRが8％を下回っていた場合は「第二工場を建設せず、第二工場部分の土地を売却すべき」という判断になります。

　ちなみに、土地の取得と第一工場を建設する前から、**図表5・2・3**のようなキャッシュフロー計画を見積ることができていたとすると、回収期間は10.9年（＞10年）、IRRは7.5％（＜8.0％）となり、採用基準を満たさないため投資案件としては却下されるものだったと言えます。投資判断は、状況の変化に伴って刻一刻と変わるものであり、すでに投資済の支出と将来の収入・支出を分けて考えなければならないということを肝に銘じ

ておいてください。

　また、今回のケースでは、第二工場の建設を当初の予定どおり行うか、中止して土地を売却するかの二択で判断しましたが、取得済みの土地を有効活用できる別の投資案件がある場合は、その案件との比較判断になります。別案件はないか、という観点を忘れないようにしてください。

Column

「待つ」という選択肢

　今回は、2期目の工事を引き続き行うか土地を売却するかの2択を比較して投資判断を行いました。別の投資を行うなど、選択肢はいろいろありますが、「待つ」という選択肢について考えてみましょう。

　たとえば、50%の確率で3年後に市場規模が拡大し、第二工場を建てれば大幅なキャッシュフロー増加を見込めますが、残りの50%の確率では市場規模が現状と変わらず、第二工場を持て余してしまうと見込んだとします。

　この場合「3年待って、市場規模が拡大すれば第二工場を建設し、市場規模が変わらなかった場合は土地を売却する」という選択肢が存在することになります。

　この選択肢をどのように評価するかというと、**図表5・2・5**のように、キャッシュフロー計画の期待値を計算してIRRなどの指標を算出することになります。まず、「今すぐ土地を150百万円で売却する」という比較基準となる対案を0年目に置きます。そして、3年後に市場規模が拡大していれば250百万円を投じて第二工場を建設し、その後毎年60百万円のキャッシュインがあるという計画に対して、発生確率50%を乗じます。そして、3年後に市場規模が変わっていなければ土地を150百万円で売却するという計画に対しても同じく発生確率50%を乗じます。この累計キャッシュフローに対して、IRRを算出するとIRR＝10.3%となるので、この案も採用されるに値する投資案件となります。

図表5・2・5　確率を掛け合わせてキャッシュフロー計画を作成

売却収入
150,000 × 発生確率50%

工場建設投資額△250,000 × 発生確率50%
毎期のキャッシュイン60,000 × 発生確率50%

	0年目	1年目	2年目	3年目	4年目	5～9年目	10年目	11～23年目	23年目
3年後に第二工場建設 (確率50%)				▲125,000	30,000	30,000	30,000	30,000	30,000
3年後に土地売却 (確率50%)				75,000					
今すぐ土地売却 (比較となる対案)	▲150,000								
キャッシュフロー合計	▲150,000	0	0	▲50,000	30,000	30,000	30,000	30,000	30,000
累計キャッシュフロー	▲150,000	▲150,000	▲150,000	▲200,000	▲170,000	▲140,000	10,000	40,000	400,000

「今すぐ土地を売却する」という対策との差額キャッシュフローを取る

　また、このような案件については、**第5章4.**のコラムで紹介した「リアルオプション法」の考え方がまさに合致するので、リアルオプション法の適用も視野に入れると良いでしょう。

まとめ

・投資を複数の期に分けて行う場合、期間全体のキャッシュフロー計画を作成し投資判断を行う
・2期目以降の投資段階では環境変化を把握し、選択肢を整理して計画を見直しあらためて投資判断を行う
・計画の見直しの際は、支出済み費用の存在に留意する

3. 実行後フォロー

投資活動は、案件によっては長期にわたるものもあり、そうした場合は投資金額が多額になったり、投資期間が延びたりするなど、当初の計画どおりに進まないことが多々あります。さらに、無事に投資が完了し稼働できたとしても、その後はやりっ放しになってしまい、振り返りが行われていないケースが多いものです。

投資に対する振り返りを行い、今後の投資計画の策定方法や投資判断の改善につなげ、投資の成功率を高めることが大切です。

◆ CASE　　ドレッシング工場稼働後の振り返り

ABC社の群馬ドレッシング工場が稼働してから1年が経過した5月のある日のことである。群馬ドレッシング工場は、群馬工場の敷地内に新たに建設された工場で、ドレッシング製品が製造されている。

群馬工場ではもともと豆乳製品を製造していたが、ドレッシング工場は原材料に豆乳を使用するドレッシング製品の製造と、それまで外注していたドレッシング製品内製化を合わせて進めるために新設された。稼働直後は設備のトラブルによるラインの停止も頻繁にあったが、数ヵ月後には安

図表5・3・1　群馬豆乳工場とドレッシング工場の概要

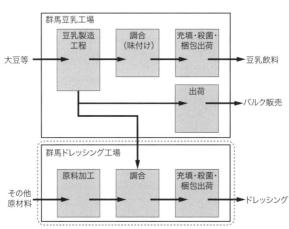

定して稼働するようになり、最近では設備に関するトラブルはほとんどなくなってきた。

　ABC社の生産戦略部の前田は群馬ドレッシング工場のCGU別キャッシュフロー計算書をレポート出力した。月別に営業キャッシュフローの実績が並んでおり、数字だけを見れば、右肩上がりで増えている。

　ABC社では、投資実行後定期的に案件ごとに投資計画に対する実績の振り返りが求められる。投資計画で置いていた前提条件や想定に対して実績を比較し、問題があれば必要な改善策を検討する。

　前田は、まずは収入（商品別の単価や販売数量）について当初計画との比較を行った。計画策定時に営業部や商品開発部から提出された商品別や地域別の売上計画と比較しながら分析した。新工場設立以前から販売していた既存製品については、おおむね計画どおりの売上となっている一方で、新工場設立後に発売された新製品については、当初の計画を大きく下回っていた。

　次に、支出についても当初計画との比較を行った。大きな乖離が見られたのは、材料費支出の項目である。売上は当初計画に対して下振れしているにもかかわらず、材料費支出額自体は当初計画の支出額に近い数字となっている。そこで、材料費のより詳細な要因明細を整理する必要があった。要因として考えられるのは、想定よりも材料単価の上昇したこと、為替レートの変動による輸入材料の影響、想定よりも歩留りが悪かったことなどがあげられる。

　最後に投資額自体の計画実績対比を行うとともに、今後の設備更新投資などに関わる投資額についても最新の計画値に置き直し、現時点で想定される回収期間と内部収益率をあらためて算定した。

　報告書を書き終えた前田は、あらためて投資計画の難しさを感じた。

第5章 // 投資管理 後編〜モニタリングと実行後フォロー〜

3・1 投資実行後フォロー

投資は、当初の計画どおりに進まないことが多々あります。ただ、投資期間中の状況の変化は、進捗管理のプロセスの中で対処していれば、その都度もっとも合理的な投資判断がなされているはずです。そうだとすれば、投資完了後に振り返りを行っても、過去の部分は埋没費用ですから、「いまさら意思決定を変更することはできず、意味がない」と感じる人もいるかもしれません。しかし、振り返りはやはり大事です。

振り返りを行う対象は3つあります。

① 投資案件自体の評価

投資案件それ自体を再評価し、投資する価値のある案件だったかどうかを振り返ります。以下を比較評価します。

- 当初の投資予定金額と、投資金額実績の比較
- 当初の予定工期と工期実績の比較
- 投資総額実績と、最新のキャッシュインフロー計画から、回収期間やIRRといった投資判断指標を算出し、当初計画の回収期間やIRRと比較

投資後に案件自体の評価を行っても、投資済金額は埋没費用なので撤退判断をすることはなく、無意味だと感じられるかもしれません。しかし、この振り返りはあくまでも投資案件を冷静になって振り返り、次の投資判断や進捗管理のプロセス改善につなげることが目的です。

② 投資プロセス（投資判断プロセスと投資実行プロセス）の評価

投資案件自体の評価を行った後には、投資プロセスを評価します。「最初に投資計画を立てた時点で、考慮しておけば良かった点はなかったか」について振り返り、投資判断基準や投資計画作成プロセスにフィードバックすることが目的です。一概には言えませんが、会社の風土や文化などにより、投資判断や投資計画のつくり方に一定のくせがあることが多いので、このようなフィードバックは有効です。

263

たとえば、見積りが甘く、後になっていつも下方修正するような会社は、企業風土が影響していると思われます。こうした会社では、回収期間の採用基準を厳しくしたり、キャッシュフロー予測の前提条件の根拠をより厳格に要求するなどの対応を検討するのが良いでしょう。

投資の効果は投資完了後数年にわたって発現するため、投資効果の短期的な評価は難しいでしょう。まずはプロセス評価を行い、次の投資計画にどう生かすかを検討することが大切です。

③　責任者・担当者の人事評価

投資活動に携わったメンバーの人事評価を行います。人事評価は原則としてプロセス重視で行うべきです。それは、

・投資は規模や種類によって難易度のばらつきが大きすぎる
・投資効果も長期的な視点で見るべきである

からです。

投資は、規模が大きく難易度の高いものもあります。もし重い結果責任を課すと、大規模な投資や難易度の高い投資を避ける人が増え、無難で小規模な投資しかできなくなってしまいます。また、投資の回収は投資実行後数年かけて長期的に行われるため、短期間で投資結果の良否を決めることが難しく、人事評価は年次かそれよりも短いサイクルで行われるので、タイミングが合わないという側面もあります。

そのため、根拠をもって説得力のある投資計画を作成できているか、投資実行の際に進捗管理を適切に行い柔軟な対応策を取れていたかどうかなどのプロセス面を評価することが大切です。

ただし、投資案件の最終承認者である経営幹部層（会社規模にもよりますが、事業本部長レベル以上）については、結果責任を負わせて結果で評価しても良いと考えられます。

それでは、ABC社の群馬ドレッシング工場のケースで、振り返りを行ってみましょう。

第**5**章 // 投資管理 後編〜モニタリングと実行後フォロー〜

① 投資案件自体の評価

まず、投資案件自体の評価から行います。ABC社の当初の投資計画を見ていきましょう。

図表5・3・2はドレッシング事業において工場を新設する場合としない場合の差額CFを算出した当初の計画表です。ABC社では、ドレッシング工場を建設する前から、外部の協力工場に外注してドレッシングの製造販売をしていたので、現状（工場を新設しない成り行き）と新設した場合の差額キャッシュフロー計画を作成します。

主な前提条件は以下のとおりでした。

・投資額は60億円。減価償却費は年5億円

・豆乳工場との連携で、豆乳ドレッシングの製造を行い、ドレッシング事業の売上高は20億円から30億円に増加、豆乳事業の売上高は25億円から27.5億円に増加

・外注費は大幅に減少

・自社工場で製造することで、材料歩留まりが改善

・5年目以降から、毎期2億円の維持更新投資が必要（償却済になる固定資産もあるので、減価償却費は5年目以降も同額と仮定）

次に、**図表5・3・3**はドレッシング工場を新設することによる豆乳事業のCF計画です。ドレッシング工場の新設案件ですが、ドレッシング工場の併設により豆乳の増産が行われるので、豆乳事業にも売上増加のキャッシュフロー影響があり、豆乳工場のキャッシュフロー計画を作成し、投資効果を算出しています。

265

図表５・３・２　ドレッシング工場新設の当初のCF計画

【ドレッシング工場を新設しない場合のキャッシュフロー計画】

（単位：百万円）

	0年目	1年目	2年目	3年目	4年目	5～20	合計
売上高	2,000	2,000	2,000	2,000	2,000	2,000	42,000
材料費	750	750	750	750	750	750	15,750
外注費	750	750	750	750	750	750	15,750
労務費	0	0	0	0	0	0	0
その他の経費	0	0	0	0	0	0	0
減価償却費	0	0	0	0	0	0	0
製造原価	1,500	1,500	1,500	1,500	1,500	1,500	31,500
販管費	300	300	300	300	300	300	6,300
税引前利益	200	200	200	200	200	200	4,200
法人税等	60	60	60	60	60	60	1,260
税引後利益	140	140	140	140	140	140	2,940
減価償却費足し戻し	0	0	0	0	0	0	0
税引後営業CF	140	140	140	140	140	140	2,940
投資額							0
税引後フリーCF	140	140	140	140	140	140	2,940

> 工場新設前は材料を外注先に支給してドレッシングを製造していた

【ドレッシング工場新設後のドレッシング事業のキャッシュフロー計画】

（単位：百万円）

	0年目	1年目	2年目	3年目	4年目	5～20	合計
売上高	2,000	3,000	3,000	3,000	3,000	3,000	62,000
材料費	750	1,000	1,000	1,000	1,000	1,000	20,750
外注費	750	250	250	250	250	250	5,750
労務費	0	400	400	400	400	400	8,000
その他の経費	0	100	100	100	100	100	2,000
減価償却費	0	500	500	500	500	500	10,000
製造原価	1,500	2,250	2,250	2,250	2,250	2,250	46,500
販管費	300	300	300	300	300	300	6,300
税引前利益	200	450	450	450	450	450	9,200
法人税等	60	135	135	135	135	135	2,760
税引後利益	140	315	315	315	315	315	6,440
減価償却費足し戻し	0	500	500	500	500	500	10,000
税引後営業CF	140	815	815	815	815	815	16,440
投資額	6,000					200	9,200
税引後フリーCF	-5,860	815	815	815	815	615	7,240

> 工場新設で売上1.5倍、外注費は大幅削減し、内製の原価に置き換え

> 初期投資60億＋5年目以降毎期2億の更新投資

【ドレッシング工場新設による差額キャッシュフロー計画】

（単位：百万円）

	0年目	1年目	2年目	3年目	4年目	5～20	合計
売上高	0	1,000	1,000	1,000	1,000	1,000	20,000
材料費	0	250	250	250	250	250	5,000
外注費	0	-500	-500	-500	-500	-500	-10,000
労務費	0	400	400	400	400	400	8,000
その他の経費	0	100	100	100	100	100	2,000
減価償却費	0	500	500	500	500	500	10,000
製造原価	0	750	750	750	750	750	15,000
販管費	0	0	0	0	0	0	0
税引前利益	0	250	250	250	250	250	5,000
法人税等	0	75	75	75	75	75	1,500
税引後利益	0	175	175	175	175	175	3,500
減価償却費足し戻し	0	500	500	500	500	500	10,000
税引後営業CF	0	675	675	675	675	675	13,500
投資額	6,000	0	0	0	0	200	9,200
税引後フリーCF	-6,000	675	675	675	675	475	4,300

> 売上増＆内製化による原価削減で20年累計CFは＋43億円

第5章 投資管理 後編～モニタリングと実行後フォロー～

図表5・3・3　豆乳工場の当初CF計画（ドレッシング工場新設の影響）

【豆乳事業の現状のキャッシュフロー計画】

（単位：百万円）

	0年目	1年目	2年目	3年目	4年目	5～20	合計
売上高	2,500	2,500	2,500	2,500	2,500	2,500	52,500
材料費	1,000	1,000	1,000	1,000	1,000	1,000	21,000
外注費	0	0	0	0	0	0	0
労務費	400	400	400	400	400	400	8,400
その他の経費	100	100	100	100	100	100	2,100
減価償却費	300	300	300	300	300	300	6,300
製造原価	1,800	1,800	1,800	1,800	1,800	1,800	37,800
販管費	400	400	400	400	400	400	8,400
税引前利益	300	300	300	300	300	300	6,300
法人税等	90	90	90	90	90	90	1,890
税引後利益	210	210	210	210	210	210	4,410
減価償却費足し戻し	300	300	300	300	300	300	6,300
税引後営業CF	510	510	510	510	510	510	10,710
投資額	200	200	200	200	200	200	4,200
税引後フリーCF	310	310	310	310	310	310	6,510

> 豆乳をドレッシング工場へ販売することで、売上高は10％アップ

【ドレッシング工場新設後の豆乳事業のキャッシュフロー計画】

（単位：百万円）

	0年目	1年目	2年目	3年目	4年目	5～20	合計
売上高	2,500	2,750	2,750	2,750	2,750	2,750	57,500
材料費	1,000	1,100	1,100	1,100	1,100	1,100	23,000
外注費	0	0	0	0	0	0	0
労務費	400	400	400	400	400	400	8,400
その他の経費	100	110	110	110	110	110	2,300
減価償却費	300	300	300	300	300	300	6,300
製造原価	1,800	1,910	1,910	1,910	1,910	1,910	40,000
販管費	400	400	400	400	400	400	8,400
税引前利益	300	440	440	440	440	440	9,100
法人税等	90	132	132	132	132	132	2,730
税引後利益	210	308	308	308	308	308	6,370
減価償却費足し戻し	300	300	300	300	300	300	6,300
税引後営業CF	510	608	608	608	608	608	12,670
投資額	200	200	200	200	200	200	4,200
税引後フリーCF	310	408	408	408	408	408	8,470

> 材料費も売上増に比例して10％アップ

【豆乳事業の差額キャッシュフロー計画】

（単位：百万円）

	0年目	1年目	2年目	3年目	4年目	5～20	合計
売上高	0	250	250	250	250	250	5,000
材料費	0	100	100	100	100	100	2,000
外注費	0	0	0	0	0	0	0
労務費	0	0	0	0	0	0	0
その他の経費	0	10	10	10	10	10	200
減価償却費	0	0	0	0	0	0	0
製造原価	0	110	110	110	110	110	2,200
販管費	0	0	0	0	0	0	0
税引前利益	0	140	140	140	140	140	2,800
法人税等	0	42	42	42	42	42	840
税引後利益	0	98	98	98	98	98	1,960
減価償却費足し戻し	0	0	0	0	0	0	0
税引後営業CF	0	98	98	98	98	98	1,960
投資額	0	0	0	0	0	0	0
税引後フリーCF	0	98	98	98	98	98	1,960

> ドレッシング工場新設で、豆乳事業に約20億円のキャッシュフロー増額効果

図表5・3・4　ドレッシング工場新設案件全体の当初の差額CF計画

【豆乳工場＋ドレッシング工場の差額キャッシュフロー計画（当初計画）】

（単位：百万円）

	0年目	1年目	2年目	3年目	4年目	5～20	合計
売上高	0	1,250	1,250	1,250	1,250	1,250	25,000
材料費	0	350	350	350	350	350	7,000
外注費	0	-500	-500	-500	-500	-500	-10,000
労務費	0	400	400	400	400	400	8,000
その他の経費	0	110	110	110	110	110	2,200
減価償却費	0	500	500	500	500	500	10,000
製造原価	0	860	860	860	860	860	17,200
販管費	0	0	0	0	0	0	0
税引前利益	0	390	390	390	390	390	7,800
法人税等	0	117	117	117	117	117	2,340
税引後利益	0	273	273	273	273	273	5,460
減価償却費足し戻し	0	500	500	500	500	500	10,000
税引後営業CF	0	773	773	773	773	773	15,460
投資額	6,000	0	0	0	0	200	9,200
税引後フリーCF	-6,000	773	773	773	773	573	6,260
累積フリーCF	-6,000	-5,227	-4,454	-3,681	-2,908	-2,335	6,260

ドレッシング事業の43億円増と豆乳事業の20億円増の合計

　ドレッシング事業と豆乳事業の差額CF計画を合計した**図表5・3・4**がドレッシング工場新設案件のトータルの当初CF計画となります。この表から、IRRと回収期間を算出します。

　　IRR：8.7％ ＞ 8％

　　回収期間：9.1年 ＜ 12年

　ABC社のハードルレート8％を超え、回収期間も足切り基準として設定した12年を下回ったため、この案件は採用されてドレッシング工場の建設が始まり、予定どおり稼働開始したのがこれまでの経緯です。

　そして、いよいよ本題です。ABC社のドレッシング工場が新設されて1年経過した段階で、投資計画の振り返りを行うために、投資案件自体の評価を行います。

　1年目までのキャッシュフロー実績と2年目以降のキャッシュフローの見直し計画を作成します（**図表5・3・5**）。

第5章 投資管理 後編～モニタリングと実行後フォロー～

図表5・3・5　ドレッシング工場新設後のCF実績と見直し

不安定な稼働により売上高は計画の30億に届かず、材料費もロスが多く、外注費も想定通りに削減できず

【ドレッシング工場新設後のドレッシング事業の1年目実績＋2年目以降見直しCF】

（単位：百万円）

	0年目	1年目	2年目	3年目	4年目	5～20	合計
売上高	2,000	2,500	3,000	3,000	3,000	3,000	61,500
材料費	750	1,000	1,100	1,100	1,100	1,100	22,650
外注費	750	300	250	250	250	250	5,800
労務費	0	400	400	400	400	400	8,000
その他の経費	0	100	100	100	100	100	2,000
減価償却費	0	500	500	500	500	500	10,000
製造原価	1,500	2,300	2,350	2,350	2,350	2,350	48,450
販管費	300	300	300	300	300	300	6,300
税引前利益	200	-100	350	350	350	350	6,750
法人税等	60	-30	105	105	105	105	2,025
税引後利益	140	-70	245	245	245	245	4,725
減価償却費足し戻し	0	500	500	500	500	500	10,000
税引後営業CF	140	430	745	745	745	745	14,725
投資額	6,000					200	9,200
税引後フリーCF	-5,860	430	745	745	745	545	5,525

材料費高騰の影響

ドレッシング工場への売上が増加しなかった

【ドレッシング工場新設後の豆乳事業の1年目実績＋2年目以降見直しCF】

（単位：百万円）

	0年目	1年目	2年目	3年目	4年目	5～20	合計
売上高	2,500	2,500	2,750	2,750	2,750	2,750	57,250
材料費	1,000	1,100	1,100	1,100	1,100	1,100	23,000
外注費	0	0	0	0	0	0	0
労務費	400	400	400	400	400	400	8,400
その他の経費	100	100	110	110	110	110	2,300
減価償却費	300	300	300	300	300	300	6,300
製造原価	1,800	1,910	1,910	1,910	1,910	1,910	40,000
販管費	400	400	400	400	400	400	8,400
税引前利益	300	190	440	440	440	440	8,850
法人税等	90	57	132	132	132	132	2,655
税引後利益	210	133	308	308	308	308	6,195
減価償却費足し戻し	300	300	300	300	300	300	6,300
税引後営業CF	510	433	608	608	608	608	12,495
投資額	200	200	200	200	200	200	4,200
税引後フリーCF	310	233	408	408	408	408	8,295

歩留悪化

　図表5・3・5で作成したCF表の1年目の実績の要点は次のとおりです。

・ドレッシング工場は、稼働直後は生産体制が不安定で、当初想定より外注費が増えてしまい（2.5億円の想定が3億円）、かつ生産量も増やせなかった（売上高が30億円の想定が25億円止まり）。結果として、初年度は赤字となった

・豆乳工場も、ドレッシング工場の不安定な稼働により、売上高は増加

しなかった。一方で、原料在庫の滞留や歩留り悪化の影響で材料費は悪化し、結果として減益となった

そして、2年目以降の見直し計画の要点は次のとおりです。

・ケースに記載のとおり、原料価格の高騰があり、2年目以降も同水準で続くと仮定

・その他は当初の計画どおりに推移すると仮定

実績と計画見直しの集計が完了したら、投資をしなかった場合のCF計画との差額を算出し、投資案件の評価を行います。

投資をしなかった場合のCF計画は**図表5・3・2**と**図表5・3・3**ですでに示していますが、注意しなければならない点があります。差額を出す際には、原料高騰を加味した新しいCF計画と、原料高騰を加味せずに投資をしなかった場合のCF計画を比較してはいけないということです。投資をしなかった場合であっても原料高騰の影響は受けていたはずなので、投資案件の振り返りを正確に行う際には、原料高騰していた場合同士のCF計画の差額を算出する必要があります。

ドレッシング事業で工場新設をしなかった場合の、原料高騰を加味したキャッシュフロー予測は**図表5・3・6**のようになります。これを用いてキャッシュフローの差額を算出します。

図表5・3・6　ドレッシング工場を新設しなかった場合のCF見直し

【ドレッシング工場を新設しなかった場合のキャッシュフロー計画（原料高騰影響加味）】

(単位：百万円)

		0年目	1年目	2年目	3年目	4年目	5～20	合計
売上高		2,000	2,000	2,000	2,000	2,000	2,000	42,000
	材料費	750	750	825	825	825	825	17,175
	外注費	750	750	750	750	750	750	15,750
	労務費	0				0	0	0
	その他の経費	0				0	0	0
	減価償却費	0				0	0	0
製造原価		1,500	1,500	1,575	1,575	1,575	1,575	32,925
販管費		300	300	300	300	300	300	6,300
	税引前利益	200	200	125	125	125	125	2,775
法人税等		60	60	38	38	38	38	833
	税引後利益	140	140	88	88	88	88	1,943
減価償却費足し戻し		0	0	0	0	0	0	0
	税引後営業CF	140	140	88	88	88	88	1,943
投資額								0
	税引後フリーCF	140	140	88	88	88	88	1,943

工場を新設していなくても、原料高騰の影響は受けるため、修正する

270

第5章 投資管理 後編～モニタリングと実行後フォロー～

「1年目実績＋2年目以降の見直し後キャッシュフロー計画」（図表5・3・5）から、「工場を新設しなかった場合でかつ原料高騰の影響は加味したキャッシュフロー計画」（図表5・3・6）を差し引いて差額キャッシュフロー計画を作成すると、図表5・3・7の下段の表になります（上段の表は当初計画時の差額キャッシュフロー計画です）。

図表5・3・7　工場新設案件の差額CF計画見直し前後の比較

【豆乳工場＋ドレッシング工場の差額キャッシュフロー計画（当初計画）】

（単位：百万円）

	0年目	1年目	2年目	3年目	4年目	5～20	合計
売上高	0	1,250	1,250	1,250	1,250	1,250	25,000
材料費	0	350	350	350	350	350	7,000
外注費	0	-500	-500	-500	-500	-500	-10,000
労務費	0	400	400	400	400	400	8,000
その他の経費	0	110	110	110	110	110	2,200
減価償却費	0	500	500	500	500	500	10,000
製造原価	0	860	860	860	860	860	17,200
販管費	0	0	0	0	0	0	0
税引前利益	0	390	390	390	390	390	7,800
法人税等	0	117	117	117	117	117	2,340
税引後利益	0	273	273	273	273	273	5,460
減価償却費足し戻し	0	500	500	500	500	500	10,000
税引後営業CF	0	773	773	773	773	773	15,460
投資額	6,000	0	0	0	0	200	9,200
税引後フリーCF	-6,000	773	773	773	773	573	6,260
累積フリーCF	-6,000	-5,227	-4,454	-3,681	-2,908	-2,335	6,260

1年目は売上が計画通りに増加せず＆材料費と外注費が多くかかった

材料価格高騰の影響で増加

1年目の稼働不安定の影響が約6億減、材料価格高騰の影響が約3億減

【豆乳工場＋ドレッシング工場の差額キャッシュフロー見直し】

（単位：百万円）

	0年目	1年目	2年目	3年目	4年目	5～20	合計
売上高	0	500	1,250	1,250	1,250	1,250	24,250
材料費	0	150	375	375	375	375	7,475
外注費	0	-250	-500	-500	-500	-500	-9,750
労務費	0	400	400	400	400	400	8,000
その他の経費	0	110	110	110	110	110	2,200
減価償却費	0	500	500	500	500	500	10,000
製造原価	0	910	885	885	885	885	17,725
販管費	0	0	0	0	0	0	0
税引前利益	0	-410	365	365	365	365	6,525
法人税等	0	-123	110	110	110	110	1,958
税引後利益	0	-287	256	256	256	256	4,568
減価償却費足し戻し	0	500	500	500	500	500	10,000
税引後営業CF	0	213	756	756	756	756	14,568
投資額	6,000	0	0	0	0	200	9,200
税引後フリーCF	-6,000	213	756	756	756	556	5,368
累積フリーCF	-6,000	-5,787	-5,032	-4,276	-3,521	-2,965	5,368

すでに解説したとおり、1年目に稼働が不安定だったことにより売上が当初計画よりも伸びなかったことと、材料費＋外注費がかさんでしまったことで、約560百万円のCF減少影響があり、2年目以降の材料価格の高騰による影響で、約332百万円のCF減少影響があったことがわかります。

そして、投資案件自体の評価を行います。あらためて、見直し後の数値（図表5・3・7の下段）をもとにIRRと回収期間を算出すると、

　　IRR：7.2% ＜ 8%

　　回収期間：10.3年 ＜ 12年

となります。回収期間は12年を下回っているため、最低限投資金額の回収はできる見込ですが、IRRはハードルレート8%を下回る結果になってしまいました。つまり、最初から1年目の稼働不手際や材料価格の高騰を予測して作成できていれば、この投資案件は却下されたということです。

今後の投資案件の評価に役立てるために、IRRを悪化させた原因を振り返ります。今回の原因は主に2つあるので、これら2つの原因が単独で発生した場合のキャッシュフローがどうなっているかを試算し、IRRへの影響度を調査します。

図表5・3・8　当初計画と見直計画の差異要因分析

シナリオ	IRR
当初計画	8.7%
稼働直後のトラブルのみ	7.6%
原料高騰のみ	8.3%
実績（トラブル＋原料高騰）	7.2%

原料の高騰は、投資案件を採用した場合も却下した場合もともに事象として発生するものですが、投資する場合はドレッシングの生産高が20億円から30億円に増産されるので、原料費の悪化影響が少しあります。一方で、稼働直後のトラブルの影響はとても大きいことがわかります。原料高騰がなかった場合でもIRRは7.6%となり、8%を下回ってしまいます。

2年目以降は軌道に乗る予定ですが、時間価値が大きい1年目の赤字の影響が大きかったということです。

第5章 // 投資管理 後編〜モニタリングと実行後フォロー〜

② 投資プロセスの評価

投資案件自体の評価に続いて、投資プロセスの評価を行います。

投資プロセスを見直すにあたって、まず当初計画を達成できなかった項目とその原因を特定します。図表5・3・9と図表5・3・10を見てください。

図表5・3・9は、当初計画で売上高などの指標をどのような施策でどれだけ改善しようとしたかを示しています。そして、図表5・3・10は当初の計画どおりに進んだか、そして計画どおりに進まなかった項目については、その理由を示しています。

図表5・3・9 当初計画数値とそれを実現するための施策

	投資前の数値	当初計画	施策内容
ドレッシング事業の売上高／年	2,000	3,000	工場設立による生産能力アップ
豆乳事業の売上高／年	2,500	2,750	ドレッシング工場への内部売上増
ドレッシング事業の材料費率	37.5%	33.3%	大量一括調達による改善とセールスミックスの変化による改善
ドレッシング事業の外注費率	37.5%	8.3%	工場設立による内製化
ドレッシング事業のその他原価率	0.0%	33.3%	工場設立による内製化

図表5・3・10 当初計画を達成できなかった原因

○：当初計画通り　　　×：当初計画を達成できず

	初年度実績		2年目以降見直し計画		原因（当初計画を達成できなかった理由）
ドレッシング事業の売上高／年	×	2,500	○	3,000	初年度、不安定な稼働のため生産量が計画に届かず
豆乳事業の売上高／年	×	2,500	○	2,750	初年度、ドレッシング工場の不調のため、内部売上高が増加せず
ドレッシング事業の材料費率	×	40%	×	36.7%	初年度、不安定な稼働のため歩留が悪化。2年目以降、材料の高止まりのため悪化
ドレッシング事業の外注費率	×	12%	○	8.3%	初年度、不安定な稼働のため外注を計画通りに減らせず
ドレッシング事業のその他原価率	×	40%	○	33.3%	初年度、金額は予定通りだったが売上が少なかったため率は悪化

- ドレッシング事業の売上高は20億円から30億円になることを見込んでいたが、初年度は稼働が不安定だったため生産量が少なく、売上が伸びなかった
- 豆乳事業の売上高はドレッシング事業への内部売上高が新規で発生するため25億円から27.5億円になることを見込んでいたが、初年度はドレッシング工場の不調のため、売上が伸びなかった
- ドレッシング事業の材料費率について、不安定な稼働の影響による歩留り悪化と材料費の高騰により40%に悪化した。2年目以降は歩留りが改善される計画だが、材料単価は高止まりすると想定され、当初計画の33.3%には届かず、36.7%になると計画した
- ドレッシング事業の外注費は、不安定稼働の影響で外注を想定どおりに減らすことができず、当初計画8.3%を12%に見直した
- ドレッシング事業のその他原価（人件費や減価償却費）の発生金額は計画どおりだったものの、売上高が伸びなかったので、その他原価率は40%となり、当初計画33.3%より悪かった

　そして、特定した原因について、当初計画を作成したときのプロセスに不備がなかったかを確認します。つまり、本来、当初計画を作成するときに気付くべきだったことを確認します。今回のケースでは、以下の3点がプロセスの不備の有無の検証ポイントになりました。

- 稼働開始直後は不慣れなどにより稼働が不安定になることが多いので、保守的に見積もるべきだったのではないか
- 稼働開始直後から安定稼働するための対策を事前に取っておくべきだったのではないか
- 材料単価の高騰は予測できなかったのか

　以上の検証ポイントについてABC社で検証して対策を検討した結果、次のような対応を取ることになりました。

- 稼働開始1年目のキャッシュフロー計画については、保守的に作成することとし、原則として0.5ヵ月分相当のキャッシュフローを低めに

第5章 // 投資管理 後編〜モニタリングと実行後フォロー〜

算出することとする

・1億円以上の設備投資については、本格稼働の1ヵ月前に稼働準備状
況を経営会議で報告することとする

・計画に使用する材料単価については、ABC社で行っている通常の予
算編成との整合も取る必要があり、かつ過度の保守主義になってしま
うことを避けるため、今までどおりのやり方を続ける

　このように、投資実行後の振り返り結果を、将来に活かすために利用す
ることが大切です。

まとめ

・実行後フォローでは、当初の計画と見直し後の計画（実績含む）を比較
し原因を分析する

・投資プロセスが適切に運用されているか、投資プロセス自体に改善すべ
きポイントはないかを主眼として、振り返りを行う事が重要である

第6章

管理会計制度設計
プロジェクト

1. 管理会計制度再構築のための検討ポイント

　これまで、企業活動のさまざまな場面で、どのような管理会計の手法で管理するのかを見てきました。多くの会社では、月次や半期、年間といったサイクルで決まったルールに則って業績の集計を行い、レポートを作成しています。このようなルールの検討や、どのようなレポートを出力するかの検討は、通常プロジェクトチームを編成して行います。

　管理会計制度を構築し、経営管理を適切に行っていくためには、押さえておくべき要件があります。どのような情報を集め、どのようなプロセスで管理を進めるのかについて整理します。

◆ CASE　　連結グループ管理会計制度再構築プロジェクト
―コーポレートのための経営判断情報の集約―

　総合食品メーカー ABC 社の CEO・大谷進之介が就任後まず着手したのは、管理会計制度再構築プロジェクトであった。ABC 社は創業して 100 年近い老舗の食品メーカーであるが、これまでは創業家による経営で成長、発展をしてきたといっても過言ではない。大谷は、創業家以外から選出されるようになって 2 代目の CEO である。大谷は、巨大化した企業グループでスピード感をもった意思決定を進めるためには、大胆な権限委譲が不可欠であると考えており、そのためのインフラとして、管理会計のしくみの整備が必要であった。

　大谷が掲げた経営方針は以下のとおりである。

・事業の自立と責任の明確化
・スピード経営
・グループシナジーの強化
・コーポレートガバナンスの強化

　各事業部門に対して権限委譲を進めつつも、一方でコーポレートの権限を一部強化してグループ内の事業間シナジーを働かせる必要がある。そのためには、これまで特定の事業に閉じていた経営情報をコーポレートが集約し、さらにそれらの情報が事業間でも共有される必要があると考えたのである。

第**6**章 // 管理会計制度設計プロジェクト

　　グループ各社からどのような情報を集め、どのように加工して、どのようなしくみで共有すべきかを整理する必要があった。そこで、コーポレート企画部門のメンバーを中心に、各事業部門の管理部からもメンバーが選定され、プロジェクトチームが編成されることとなった。連結グループ管理会計制度再構築プロジェクトの発足である。

1・1 経営情報再構築の目的の整理

　どのようなプロジェクトにもいえることですが、プロジェクトの開始前には目的をしっかりと定義することが重要です。目的の設定が不十分だと、多くの場合、プロジェクトは途中で迷走してしまいます。

　ABC社のケースで考えてみましょう。今回のプロジェクトの目的は「コーポレートのための経営情報の収集と見える化」でした。プロジェクトの目的の設定においては、どのプレーヤーが何の目的で使うための情報やしくみの整備なのかを明確にしておくことが必要です。

　コーポレートの使命は、グループの各事業に対する資源配分とけん制、事業間のシナジーの促進によるグループの価値向上ということなので、各事業や各拠点の業績が同じルールで評価され、比較できるようになっている必要があります。

　個々の事業におけるオペレーション情報のように、事業に固有の詳細なデータまでは、あえて収集する必要はありません。管理会計のプロジェクトの過程では、どのような情報をどのような粒度（細かさ）で収集するのかを検討することとなりますが、プロジェクトの目的を押さえておくことで、議論の発散を防ぐことができます。

1・2 経営管理に必要な情報の定義

次に、管理会計プロジェクトの論点の中心である経営管理情報そのものについて整理する方法を検討していきましょう。そこで、どのような情報が必要かという議論をいきなり始めてしまうと、

「営業利益と在庫金額は絶対必要だ」「顧客別利益を出す必要がある」「連結ベースでP/L、B/Sをつくらなければ」という具合に、思い付きでいろいろな経営情報の必要性に関する意見が出てきます。

ここでは、以下のように整理するとよいでしょう。

・どのような切り口で（管理軸）
・どの程度の細かさで（管理階層）
・どのような情報を（管理項目）
・どのようなサイクルで（管理サイクル）

では、具体的に見ていきましょう。

① 管理軸（どのような切り口で）

管理会計の世界では、情報を分ける切り口を管理軸と言います。これまでの説明でも見てきたように、たとえば事業軸、組織軸、製品軸、拠点軸、顧客軸などの切り口はすべて管理軸です。

管理会計における管理軸は、1つとは限りません。むしろ、複数の管理軸を設定する方が一般的です。また、1つの軸だけでなく、多軸で1つの項目を管理することもよくあります。

たとえば「支社別顧客別製品別売上高」といえば、

・どの支社が
・どの顧客に
・どの製品を

いくら売ったか（金額）を示すものとなり、組織軸×顧客軸×製品軸で

の管理ということになります。

さて、今回のABC社のケースでは、連結ベースで最低限どれだけの管理軸の情報を収集するかが論点となりました。これは多くのプロジェクトで議論となることですが、連結ベースで情報を収集するとなると、少なくとも主要な子会社には、ここで決定した切り口で情報を区分させる必要がでてきます。管理軸が増えれば増えるほど、情報区分に手間がかかるので、いたずらに管理軸を増やすことはできません。議論の結果、ABC社の新しい管理において、連結ベースでは「事業軸」「製品軸」「顧客軸」の3軸については経営情報を区分して収集することがプロジェクトチームにより決定されました。

②　管理階層（どの程度の細かさで）

管理会計では、細かい情報が積み上げられながら集計データ（サマリーデータ）が作成されていきます。逆に経営情報を確認するときには、全体の情報から徐々に細かい情報を確認していきます。このように同じ管理軸の中で、全体から部分へと「ブレイクダウンする」ための情報の階層を定義する必要があります。これらの階層を管理階層と言います。

たとえば、

「事業軸」の階層として、事業セグメント―SBU―BU
「拠点軸」の階層として、地域―国―法人―工場
「製品軸」の階層として、製品群―品目グループ―SKU

のように階層を決め、どこまで細かい粒度で管理するのかを決めます。

連結ベースで管理する粒度の細かさと、ローカル（各社レベル）で管理する粒度の細かさは当然違うので、連結ベースの管理階層と個社レベルの管理階層がつながるように設定することも必要です。

ABC社の例を1つ紹介しておきましょう。ABC社の事業ドメインは、第3章で解説したとおり「国内食品事業」「アジア食品事業」「飲料事業」…のように、市場と製品の組合わせで定義されています。事業軸の最上位

の階層[1]の「国内食品事業」は、「加工食品事業」「デザート事業」といった製品群にブレイクダウンされ、さらにその中の加工食品事業は「常温食品」「チルド食品」「冷凍食品」といった温度帯にブレイクダウンされることになっています。

③ 管理項目（どのような情報を）

　管理項目とは、管理軸管理階層ごとに管理される指標や情報項目のことです。勘定科目ごとの金額情報や、さまざまな経営管理指標や数量情報なども管理項目に含まれます。代表的な例には、「売上高」「営業利益」「営業利益率」「研究開発費率」「在庫金額」「在庫回転期間」「販売数量」「販売単価」「原価率」「ROIC」「ROA」「FCF」「営業キャッシュフロー」「EBITDA」などがあります。

　管理項目の検討にあたっては、管理軸や管理階層レベルによって見るべき管理項目は何かを検討することが重要です。「売上高」のような汎用的な指標ならば、ほぼすべての管理軸・管理階層レベルで使用可能ですが、ROICやROAのような総合力を見る管理項目は、事業軸、拠点軸で見るか、または製品軸で見たいのであれば、かなり高い階層レベルで見る必要があるということです。製品品目ごとのROICやROAは算出できず、見たとしても管理できないという言い方もできます。逆に、販売数量や販売単価であれば、製品軸の製品品目かSKUのような低い階層レベルで見るべき指標です。

　ABC社では、連結事業業績のトップ指標としてEVA®（経済付加価値）とROIC（投下資本利益率）を設定することになりました。国内食品事業や飲料事業とった事業にとっての最終目標となる指標です。

※1：上記の階層はあくまで「事業軸」の階層であることに注意してください。管理軸としては、別に製品軸とその階層があります。事業軸と製品軸はそれぞれ独立した管理軸と管理階層です。

第**6**章 // 管理会計制度設計プロジェクト

④ 管理サイクル（PDCAサイクル）

　管理サイクルとはPDCAの回し方のことです。管理軸や管理項目の違いにより、当然PDCAサイクルは異なります。

　代表的な要検討内容は、予算実績比較管理（予算をどのタイミングでどの粒度で作成し、予算実績対比をどのようなサイクルで行うか）、実績見込比較管理（見込情報をどのようなタイミングで更新して、実績と見込をどのように比較するか）、実績推移管理などがあります。これらの比較管理をすることがPDCAを回すということです。

　管理サイクルに合わせて、必要情報ごとの情報収集サイクルを検討します。日次・週次・月次・四半期・半期・年次が主なサイクル単位になります。情報収集サイクルを短くし、早期にデータを取得できれば、それだけ早く施策を検討して早く実行に移せるメリットがあります。したがって、業種業態にもよりますが、売上高や販売数量、生産数量は日次、週次という短サイクルで収集している会社もあります。

　一方で、管理項目によっては、短サイクルでのデータ取得が困難だったり、データが取得できても短期的な施策を検討できないものもあります。主に、B/S項目（売掛金や買掛金などの勘定科目レベルのものから、総資産、投下資本といったトータル指標のものまで含めて）やB/S項目から算出する指標（ROA、ROIC、各種回転期間など）で、これらは短サイクルでの管理には向いていません。売掛金や在庫などごく一部のB/S項目は、月次や週次程度で管理することもありますが、総資産、投下資本、ROA、ROICのような指標は、偶然の要素で上下することも多いので、情報収集を月次でできたとしても、評価は四半期ごと（または半期・年次）に行うことが多いです。

　ABC社の事業別のEVA®やROICの指標は、年次サイクルで管理することとなりました。

283

Column

そもそも予算は必要か？

　ほとんどの会社が毎年予算を作成しています。会社によって多少の違いはあるものの、トップダウンとボトムアップの折衷的な方法で予算を作成していく会社が多いでしょう。たとえば、まず中期計画や外部環境などの状況をベースにして、経営トップ層から売上高や利益水準に関する大枠の目標値が打ち出され、その目標値を達成するために各部署で予算目標を立てて全社で積上げを行い、トップから示された目標値とすり合わせをしていくというような流れです。

　トップから出された目標値が高すぎて現場がやる気を失ったり、現場は確実に予算達成するために過度に保守的な予算を作成してきたり、トップと現場が綱引きをしながら予算を作成することが多く、予算作成のために膨大な時間を割くことになります。

　多くの会社では、予算作成に時間がかかるため、たとえば3月決算ならば半年ほど前の10月〜11月頃から来期予算作成の準備を開始します。その結果、4月から始まる予算にもかかわらず、半年前の古い情報を前提としてつくられているので、予算が完成する頃には予算自体が陳腐化してしまい、新たな期が始まったばかりでも、4月からいきなり大きな予実差が出始めます。

　そのため、下期に向けて再度予算修正を行っている会社も多いでしょう。しかし、それもまた手間と時間がかかるため、修正予算が完成する頃にはその修正予算も古い情報になってしまっているということの繰り返しになります。

　このように、膨大な時間をかけて作成した予算がすぐに古くなってしまい、使い物にならなくなってしまうのであれば、こうした予算制度自体をやめてしまうということも考えられるのではないでしょうか？

　代わりに、常に最新の着地見込みを用意しておいて、戦略的な活動計画とその影響を着地見込みに早期に織り込んでいくという、最新見込実績管理を行う方が良いのではないかという考え方です。予算作成に膨大な時間をかけ過ぎて現実に走っている事業運営に支障をきたすことのないように、さらに言えば現実に走っている事業運営にタイムリーに寄与できるような情報提供をできるように検討していくべきです。

第**6**章 // 管理会計制度設計プロジェクト

1・3 グループの管理会計処理ルールを統一

「管理項目の数値をどのように算出するか」というルールを検討します。ひと言で言えば「管理会計処理基準」です。上場している会社であれば、財務報告用の会計基準（IFRSか日本や米国などの各国会計基準）をベースにすることとなります。上場していない会社では、税務会計基準をベースにする場合もあるかもしれません。

財務会計基準をベースにして行う主なものは、売上計上基準（たとえば、出荷基準で行うのか検収基準で行うのか）や為替換算方法（平均レートで行うのか期末日レートで行うのか）などがあげられます。

また、財務会計基準では細かく規定されていない、管理会計特有の会計処理基準も検討する必要があります。主なものは、月次決算処理方法、各管理軸での費用配賦ルール（**第1章2.**参照）、仕切り価格の決定（**第1章3.**参照）、社内金利や社内資本コスト（**第3章2.**参照）、連結原価管理基準（**第2章**参照）投資管理基準（**第4章**、**第5章**参照）があげられます。

さらに、例は少ないですが、管理会計基準が財務会計基準のレベルを超えて精緻に設定されるケースもあります。たとえば、子会社の決算期がずれた場合の連結処理基準です。日本の財務会計基準では、子会社が12月決算で日本の親会社が3月決算の場合のように、3ヵ月以内の期ずれは調整せずにそのまま連結することが許されていますが、管理会計では基本的に月次での報告を行うために、全グループ会社で同じ月の月次決算情報を連結しているケースも少なくありません。管理会計はスピードが命ですから、当月の親会社の情報と3ヵ月前の子会社の情報を連結しても古い情報が混ざってしまい、施策を検討できなくなってしまうからです。

285

Column

財管一致は必要か？

　管理会計のルールを決定する際に、必ずといってよいほど問題になるのが、「財管一致の是非」という論点です。

　財務会計上の売上や利益などと、管理会計上の売上や利益などを一致させるべきかという論点です。もっと細かく言うと、一般的に管理会計は財務会計よりも管理軸や階層レベルが細かいので、管理会計数値を財務会計と同じ管理軸や階層レベルに合わせて集計した数値が、財務会計数値と一致するかという意味になります。

　まず、目的から考えてみましょう。財務会計は外部（投資家など）の利害関係者が投資判断を行うために必要な情報を報告するための会計基準であり、管理会計は内部（経営層や事業部、各部署など）の業績管理のために必要な情報を報告するための会計基準です。そもそも目的と開示相手が異なるので、数値が異なるのは当然ではないでしょうか。

　財務会計のルールは、他社との比較可能性や粉飾の防止という観点から、どのような会社でも統一のルールを強制します。これは言い方を変えれば、会社固有の事情に適合した会計ルールを考えることが許されず、結果として必ずしもその会社の実態を適切に表現しているとはいえない可能性もあるということになります。

　管理会計では、事業や組織の業績の実態をより正確に表現するために、会社独自のルールに基づいて会計処理を行うこともあります。この場合、財務会計の処理ルールと異なる場合には数値は一致しません。それでも業績管理のためには実態を表現することを重視しようという考え方です。このような考え方が、財管不一致でも問題ないという主張の根拠です。

　一方で、「会社は財務会計で外部から評価されるのだから、内部でも同じモノサシで評価しないと整合性が取れない」という考えもあります。さらに実務的にも、「財務会計と管理会計、2種類の会計数値があると混乱する」という事情もあります。これが、財管一致を目指すべきであるという主張の根拠です。

第**6**章 // 管理会計制度設計プロジェクト

　世の中の流れとしては、財管一致の方が望ましく、財管一致を目指している会社が多いといえます。近年の財務会計基準（とくに国際財務報告基準：IFRS）でも、「原則主義」かつ「マネジメントアプローチ」という考え方が採用されています。原則主義とは、基本的な考え方を守り細かい会計処理は各社の実態に合わせて行うという意味で、マネジメントアプローチとは社内管理の内容に合わせて外部報告も行うべきだという意味です。

　ただし、世の中の流れが「原則として財管一致を目指す」としても、実際にはどうしても財管不一致になるような管理をしたい部分もあると考えられます。そのようなときには、管理会計指標をKPIとして設定し、財管一致の論点の枠外で管理すると良いです。たとえば、売上高を財務会計上検収基準で計上しているが、受注基準で売上計上して管理会計を行いたいと考えた場合、あくまでも「売上高」は管理会計上でも検収基準で計上し、別途「受注高」というKPIを設定して先行指標管理をすればよいということです。

　どちらにしても、「管理会計の目的を見失わず、それでいて二重数値による混乱は避けたい」といったそもそも論に立ち戻りながら、落としどころを検討することが重要です。

図表6・1　財管一致に関する主張の違い

財管不一致の主張	財管一致の主張
・目的が違えば数値が違うのは当然 ・財務会計に合わせると社内特有の実態を表現できなくなる	・外部からの評価と同じ物差しで内部も評価すべき ・2種類の数値があると実務上混乱する ・現代の会計基準は「原則主義」「マネジメントアプローチ」の流れ

まとめ

・管理会計制度やしくみの設計は、最初に取組目的を定義して進めることが重要である

・経営管理に必要な情報として、管理軸・管理階層レベル・管理項目・管理サイクル（情報収集サイクル）を定義する

終章

P/L・B/S・C/Fとは
何を表現しているのか

ここでは、管理会計では当たり前のように出てくる「P/L（損益計算書）、B/S（貸借対照表）、C/F（キャッシュフロー計算書）」とは**そもそも何を表しているのか**について考えてみます。

私たちが当たり前のように使っている「利益」や「売上」といったものが何を表現しているのかについて、あらためて考えてみましょう。

1. 利益とは何を示しているのか

「利益」は「売上高などの収益」から「売上原価や販管費などの費用」を差し引いたものであり、差し引く費用項目により売上総利益や営業利益、経常利益といったさまざまな段階利益項目があります。

「利益とはそもそも何を示しているのか」を考えたことがありますか。利益とは「経常的にキャッシュを稼ぐ能力」を表すために生まれた概念です。

たとえば、今年の利益が1,000だとします。これは、「普通にやっていれば来年もきっと利益が1,000くらい出るであろう」ということを意味しているのです。

「利益」は、ある一定期間の収益からその収益に対応する費用を差し引いたものです。何かを仕入れてすぐにそのまま売るといった単純なビジネスであれば、「キャッシュフロー」で儲かっているかどうかを見ればよいのですが、製造業のように、「設備投資をするときに多額のキャッシュが流出し、材料を購入するときにもキャッシュが流出し、生産した製品を販売したときにもキャッシュはまだ入らず、売掛金の回収時になってやっとキャッシュの流入が生じる」というビジネスモデルの場合、キャッシュフローだけを見ていると、売掛金が回収できるまでの長期間ずっと赤字が続くということになってしまいます。そこで、建物や設備は減価償却費として、期間に応じて少しずつ費用とし、さらに商品を販売したときに売上と売上原価を同時に計上することで、商品の販売でいくら儲かったのかということをわかりやすくしているのです。

終章 // P/L・B/S・C/Fとは何を表現しているのか

　一昔前（1990年くらいまで）は、利益（とくに経常利益）を見ておけばその企業が将来的にいくら稼げるのかがわかるような時代でした。それは「安定的に成長している経営環境で、製品ライフサイクルが長かった」という時代背景が影響しています。しかし、技術革新など経営環境の変化が激しく、製品ライフサイクルが短くなってきた今日では、今年の利益が1,000だったとしても、来年も1,000くらいの利益が出ると予測することが難しくなってきています。

　また、近年の会計基準では（IFRS（国際財務報告基準）であろうと日本基準であろうと）、利益は収益と費用を算出してからそれを差し引いて算出するという考え方ではなく、資産と負債から算出される純資産の増加分（いわゆる包括利益）であるという考え方が強くなっているため、なおさら利益だけでは稼ぐ能力を見ることができないようになってきています。

　結果として、昔は経常的に稼ぐ能力が見えるように一過性の特別損益を除いた「経常利益」がもっとも重視されていましたが、今では徐々にその傾向が弱まりつつあります。IFRSでは「経常利益」という項目すらありません。

　ただし、稼ぐ能力を示す「利益」は、現在でも引き続き重要な指標であるということは揺るぎありません。ROAやROICなど、総資産や投下資本などと組み合わせて投資効率を明らかにするなど、利益は管理会計においてさまざまな場面で必要な指標であるといえます。

2. 売上高とは何を示しているのか

　続いて、売上高は何を意味するのかについて、あらためて考えてみましょう。

　1990年代以前は、利益よりも売上高が重視されていたといっても過言ではありません。それは、売上高は「事業規模」を示すものだからです。経済成長が著しい時代においては、ほとんどの会社が成長一辺倒のステー

291

ジにあり、売上高を最重要指標として取り扱い、どんどん規模を拡大すれば利益は後からついてくるという考え方がありました。事業規模が1千億円の会社はどう転んでも1兆円の利益を稼ぐことはできませんが、事業規模が10兆円の会社であれば、1兆円の利益を稼げる可能性があります。このように売上高で事業規模そのものや事業の成長性を見ることで、その会社の利益の最大値を推測することができるのです。現在でも、事業規模を示す「売上高」はもっとも重要な指標の1つとしてさまざまな企業で重視されています。

3. 営業キャッシュフローとは何を示しているか

　営業キャッシュフローは「稼いだ事実」を示しています。利益はキャッシュを稼ぐ能力を示していますが、営業キャッシュフローは「事業運営によりキャッシュを稼いだ事実そのものを示している」ということができます。したがって、営業キャッシュフローは将来予測のために利用することには向いていません。

　しかし、利益や売上高は粉飾やごまかしがやりやすい（期末の押し込み販売による売上の早期計上や、期末の製品在庫積み上げにより固定製造費を在庫として計上するなど、いろいろな方法がある）のに対し、キャッシュフローはごまかしにくい（営業CF／投資CF／財務CFの区分をごまかすくらい）上に、経営においてもっとも重要な「キャッシュを稼ぐ」ことの結果を直接的に表すものなので、指標としての重要度は高くなっています。

　赤字や債務超過でも倒産にはなりませんが、キャッシュがなくなって支払い不能になったら倒産します。それだけキャッシュを稼いだ事実は重要なのです。

終章 // P/L・B/S・C/Fとは何を表現しているのか

4. フリーキャッシュフローとは何を示しているのか

　「フリーキャッシュフロー」は、「営業キャッシュフロー」と「投資キャッシュフロー」の合計額です。成長ステージの会社などでは、投資キャッシュフローのマイナスが大きくなりがちなので、フリーキャッシュフローがマイナスになることもあります。

　フリーキャッシュフローは「株主・債権者のために使えるキャッシュの増加分」を示しています。企業価値の増大に直接的に結びつく指標なので、近年ではこれを重視する企業が増加しています。詳細は割愛しますが、将来のフリーキャッシュフローの割引現在価値が企業価値となるからです。

　フリーキャッシュフローは企業価値の増加と密接に関係していますが、単年度の業績評価指標としては非常に扱いにくい指標です。上述したとおり、投資活動が活発だった年度は投資キャッシュフローのマイナスが多額になるため、フリーキャッシュフローもマイナスになることがあります。ただ、その年度の単年度フリーキャッシュフローがマイナスだからといって悪い評価になるべきではなく、その先数年間のフリーキャッシュフローの累積額で評価されるべきです。しかし、将来の予測はあくまでも予測でしかないので、現在までのフリーキャッシュフローを推移や累積値でモニタリングしていく程度のことしかできません。

Column

キャッシュフロー重視の方がいいのか？

　キャッシュフローを重視すると、利益だけを重視しているときと比べて、経営者や従業員がより合理的な判断や行動を行える場合があります。

　利益だけを重視している組織では、以下のようなことが発生することがあります。

・期末に押し込み販売する

・期末近くにつくりだめをして在庫をためる

　まず、期末近くに年度目標達成のためにムリやり押し込み販売をしてしまうという問題です。確かに、押し込み販売をすると、その期の売上や粗利は増加します。しかし、期末までに売上代金の回収はできないので、その期のキャッシュフローは変わりません。しかも、押し込み販売によって翌期初めの売上高は減少してしまうし、ムリに販売をしている場合は通常以上に値引きしたり販促費を使ったりすることが多く、その分当期と翌期のトータル売上高や利益は減少することになります。

　2つ目は、期末近くにつくり溜めをして在庫を積み増すという問題です。在庫を積み増すと、製造固定費の売上原価への配分額が減少するので、利益は増加します。しかし、キャッシュフローで見ると、在庫を製造するために支出した変動費の分だけ減少してしまいます。さらに、つくりすぎた結果として売れ残りが出てしまえば、在庫を製造するために支出したキャッシュは回収できないまま終わる（P/L的には在庫の廃棄損が発生する）という最悪の事態が待っています。

　利益だけを重視する風土だと、期末付近に慌てて活動を強化して「帳尻合わせ」になってしまいがちですが、キャッシュフロー重視の考え方も取り入れることで、日々の継続的活動が大事であるという意識付けを促すことにつながります。

終章 // P/L・B/S・C/Fとは何を表現しているのか

5. B/S（貸借対照表）は何を表しているか

　B/Sは資産・負債・純資産の3区分に分けることができます。

　資産とは将来のキャッシュインが見込まれるもの、負債とは将来の
キャッシュアウトが見込まれるもの、純資産とは将来見込まれるキャッ
シュフローの純額を意味します。純資産は言い方を変えると、現時点で予
測可能な株主のキャッシュの取り分であるということになります。

　制度会計（財務会計）上、かつては取得原価で資産計上したり、確定
額で負債計上していましたが、現在では引当金やのれんなど、時価評価
や見積りにより将来のキャッシュフローを予測しようという側面が強く
なっています。見積りの要素が増えたことで、数値の不確実性は増して
いることと、一方で固定資産や製品在庫などは価値が下がれば減損をす
るものの、価値が上がっても時価評価して簿価（取得原価）に上乗せす
ることは認められないので、取得原価主義会計と時価主義会計が混在し
た中途半端な状況だともいえるでしょう。

　ただし、過去の損失隠しなどの不正会計の歴史を考えれば、このような
B/Sは制度会計（財務会計）としての価値はとても高いものだといえます。
株主などの投資家にとって、B/Sの純資産金額は、「将来的に自分の取り
分が最低限このくらいはあるだろう」と予測できる指標として見ることが
できます。

　また、話は少しそれますが、B/Sの総資産は事業規模を表します。売上
高は取引量としての事業規模を表し、総資産はストックとしての事業規模
を表しています。金融業などのように売上高が取引量の規模をうまく表せ
ないような業種では、売上高ではなく総資産の方が事業規模の実態を表せ
るということになります。

　ここまでは、B/Sの抽象的な概念（将来キャッシュフローが見込まれる
もの）を説明しましたが、管理会計的な見方についても説明します。

　通常の制度会計（財務会計）のB/Sは資産・負債・純資産の3区分に分
かれていますが、管理会計の観点では、事業資産と調達資本に分類する

ことを推奨します※1。さらに、事業資産は運転資本と固定資産に分類し、調達資本は有利子負債と株主資本に分類します。

運転資本とは、日常的な事業運営のために必要な資金であり、さまざまな算出方法はあるものの、ここでは流動資産から流動負債（有利子負債を除く）を差し引いたものとして紹介します※2。

固定資産は、設備投資やM&Aにより取得した株式やのれんなど、いわゆる事業のために投資した資金を意味します。

これを図示すると図表終章・1になります。運転資本＋固定資産と、有利子負債＋株主資本は同額であり、これを投下資本と呼びます。投下資本の内訳は、事業側と調達側で2つの見方ができるということです。貸方（調達側）は、資金をどうやって集めたかを示し、借方（事業側）は、資金をどのように使用しているかを示しています。

管理会計では、このように投下資本額を算出することで、どれだけの金額の資金をどのように集めて、それをどのように使っているかを把握しやすくなります。

図表終章・1　管理会計でのB/Sの区分

※1：事業資産と調達資本という区分だけでなく、「非事業用資産」という区分もあります。詳細は第3章2.で解説した通りです。
※2：運転資本は他にも売上債権と棚卸資産の合計額から仕入債務を差し引いて算出したり、流動資産（現預金除く）から流動負債（有利子負債）を差し引いて算出したり、営業キャッシュフローに区分される勘定科目の資産と負債の差額で算出するなど、さまざまな定義の仕方があります。

◆ おわりに ◆

「管理会計の答えは1つじゃない」

　読者の皆さんは、そんなの当たり前じゃないかと思われるかもしれませんが、ここまで本書の執筆を進めてきてあらためて実感しています。

　本書は当初、管理会計上のさまざまな論点について解説するため、1問1答のQ&A形式で執筆しようと企画したもので、企画当初のタイトル案は『管理会計100の疑問』でした。しかし、執筆準備のために具体的に管理会計の論点を上げ、それらに対する回答を整理しはじめてみると、筆者2人の会話は、「でもこういう場合はこっちではないか?」「必ずしも何が正しいとは言えないね」という具合に、1つの論点においても状況の分岐やそれに伴う解決策の選択肢が数多く存在し、書いても書いても書ききれないという状況となってしまいました。

　そこで私たちは、方針転換をすることにしました。そもそも1つの論点に対して答えを1つ書くのではなく、ある状況における管理会計の論点と事例を紹介することで、読者の皆さんに管理会計制度を構築するに至る思考プロセスを感じていただけないだろうかと考えました。かくして、それぞれの論点を記述する冒頭に簡単なケースを入れたうえで解説を記載し、もっと補足したいことはコラムとすることとし、書き進めたのが本書です。

　読者の皆さんが本書をお読みいただく中では、「このやり方は変じゃないか?」と思われる内容があるかもしれません。本書で記載した内容、読者の皆さんの頭に浮かんだ内容ともに正解であると考えています。

　たとえば、本書の中では少ししか触れられませんでしたが、管理会計では費用を変動費と固定費に区分することがよくあります。ここで、「変動」「固定」とは何を意味するのかについて、あらためて考えてみましょう。

　変動費とは売上(販売量)の増減に合わせて増減する費用のことで、一方の固定費とは、売上の増減にかかわらず一定の費用のことです。たとえば、商品を顧客のもとに届ける配送料のような費用は、売上が計上される

都度発生する費用なので変動費となります。また、営業担当者の人件費のような費用は、売上があってもなくても発生する費用です。このような費用は固定費となります。

言い方を換えると、

・変動費は「売上がなければ支払わなくてもよい費用」

・固定費は「売上の有無に関わらず支払わなくてはならない費用」

ということもできます。

企業活動の目的が利益を上げることだとするならば、費用以上に売上をあげなればなりませんから、以下の式が成り立ち、

儲け（利益）＝売上高 － 変動費 － 固定費 ………①

そして、

売上高 － 変動費 ＝ 限界利益 ……………………②

ですから、①の式に②を代入して、

儲け（利益）＝限界利益 － 固定費

ということになります。

その結果、利益を上げようとすれば、固定費以上に限界利益を稼がなければならないことになります。このように費用を変動費と固定費に分解して、「どれだけ売れば（つくれば）どれだけ儲かるのか」を分析する手法を損益分岐点分析といいます。この議論は、第1章、第2章で説明しました。

さて、上記について、企業活動の実態をもう少し詳しく見ながら考えてみます。変動費と固定費という費用の分解について皆さんに1つ質問があります。

「材料費は変動費でしょうか？　固定費でしょうか？」

多くの皆さんは変動費だとお答えになるでしょう。そして多くの場合、私たちは材料費を変動費として採算の分析を行います。

では、ここでもう少し前提を置いて考えましょう。本書のケーススタディでも登場したABC社の三天味噌（詳細は**第1章の7.**、93ページを参照）のように「年に1回だけ一定量しか生産しないような製品」の材料費だっ

たらどうでしょうか？　この場合、材料は年に1度だけ調達して、その材料は年に1度の仕込みの時点ですべて投入されます。味噌が完成するまでに数年かかりますが、仮に味噌がまったく売れなくても、材料費は既に支出しているので、その費用自体は戻ってきません。こうした状況では、材料費は投入費用額自体を売上で回収する必要があり、固定費ととらえるべきでしょう。

　一方で、販売見込に基づき、週に1度材料を仕入れてロット生産しているような味噌だったらどうでしょうか？　「売れそうな量だけつくるための材料を仕入れて、その量だけつくれる」ことが前提ですが、この場合はほぼ売上に応じて材料費は発生するといえそうなので、材料費は変動費だととらえられます。売れないと思えばつくらなければいいのですから、材料費の支出の必要もないということです。

　このように同じ味噌であっても、1年に1回しか生産しない製品と週に1回生産する製品では、材料費は変動費にも固定費にもなりえます。

　ここまでは「年1回製造の味噌」と「週1回製造の味噌」という極端な例で話を進めてきましたが、週に1度材料を仕入れてロット生産しているような味噌であっても、「製造ロット単位」で見れば材料費は固定費だということもできます。考え方は3年物の味噌と同じで、ある程度の量をまとめて製造するからには、材料はそれを投入した時点でその分の費用の支出は確定するといってよく、特定の製造ロットにとってみれば、材料費は固定費と考えられます。一方で、「年1回製造の味噌」についても、仕込前（仕込量を検討している段階）であれば、材料費を変動費とみることができます。

　固定費なのか変動費なのかを判断する際の違いは何でしょうか？　この違いは、私たちが直面するPDCAサイクルの長さの違いによって生じています。

　企業活動はPlan-Do-Check-Actionというサイクルで業務を回しながら収益改善やコスト改善を進めていきます。このPDCAには、年次、四半期、月次、週次、日次のようにさまざまなサイクル（期間）があり、こ

の長さによって改善の打ち手は異なり、さらには打ち手に応じて管理すべき数値すなわち管理会計のアウトプットが変わります。

つまり、管理会計は「誰が何を管理するために使うのかによって、求められるアウトプットの内容や粒度（細かさ）が異なり、当然それをつくるプロセスも異なる」ということになります。

＊

本書執筆におけるさまざまな管理会計上の論点は、そのほとんどすべて、筆者がコンサルティング現場でお客さまの管理会計制度設計の中で実際に直面したものです。コンサルティング現場では、1つの論点に対してほとんどの場合、複数の選択肢の検討を行います。そしてさまざまな観点から選択肢の評価を行い、1つの結論を導きます。コンサルタントが提案した案が受け入れられる場合もあれば、そうでない場合もあります。本書においても、実際に採用された選択肢を記載したケースもあれば、そうでないケースもあります。そして、採用された選択肢についても、提案した内容がそっくりそのまま採用されるのではなく、会社の実態に即していくらかのアレンジがなされることがほとんどです。

管理会計制度を構築する際には、本書のようなケースや他社事例を参考にすることは多くありますが、目的や前提条件の少しの違いによって管理会計のしくみは変わります。ケースや他社事例を参考にする際には、その背景や前提をよく理解したうえで、自社に適用できるところとアレンジが必要なところを見極めるべきです。

以上のように、「管理会計の答えは1つじゃない」ということを念頭に置きながら、本書で述べた手法やそこに至る考え方を参考にしていただき、皆さんの組織における管理会計制度の企画と実践に役立てていただければ幸いです。

なお、本書の出版にあたり、日本能率協会マネジメントセンターの渡辺敏郎氏には、コンセプトづくりからあらゆる場面で貴重なアドバイスをいただきました。この場を借りてお礼申しあげます。また、本書はアットストリームグループでコンサルティングサービスを提供しているコンサルタ

おわりに

ントの協力を得て完成したものです。そして、何よりも実践の場を通じて
多くの示唆と学習の機会を提供してくださったクライアントの皆さまに感
謝を申しあげます。

2019年12月

アットストリームコンサルティング株式会社
マネージングディレクター　松 永 博 樹

◆著者紹介◆

アットストリームコンサルティング株式会社

経営管理改革、業務プロセス改革、組織・人材の強化、事業構造改革など、企業の様々な経営課題の解決を支援するプロフェッショナルなコンサルティング会社。2001年に創業。大手コンサルティング会社経験者を中心に会計・原価・経営管理、情報システム化の企画・導入、生産・営業等の業務改革、人材強化など、それぞれの分野での専門性を有するメンバーがテーマに応じてチームを形成し、経営課題の解決を支援する。
URL：www.atstream.co.jp
お問い合わせ：query@atstream.co.jp

松永 博樹（まつなが・ひろき）

アットストリームコンサルティング株式会社・マネージングディレクター
アーサーアンダーセンビジネスコンサルティング（現 プライスウォーターハウスクーパース）を経て、現在に至る。事業戦略・市場戦略の策定、組織戦略の策定、グローバル経営管理制度・原価管理制度の企画/立案等のコンサルティングに従事している。著書に『「製造業」に対する目利き能力を高める－金融機関の行職員は製造業の現場で何をどのような視点でみるべきか』（金融財政事情研究会、共著）、『現場管理者のための原価管理の基本－生産現場の業績向上に役立つ原価の読み方がわかる入門書』（日本能率協会マネジメントセンター、共著）がある。

内山 正悟（うちやま・しょうご）

アットストリームコンサルティング株式会社・ディレクター
新日本有限責任監査法人を経て、現在に至る。公認会計士。グループ連結管理会計制度構築、グローバル経営管理制度構築、原価計算・原価管理制度構築、中期経営計画策定支援、情報システム再構築の構想策定支援等のコンサルティングに従事している。著書に『現場管理者のための原価管理の基本－生産現場の業績向上に役立つ原価の読み方がわかる入門書』（日本能率協会マネジメントセンター、共著）がある。

※ EVA（Economic Value Added：経済的付加価値）はスターン・スチュワート社の登録商標です。

ケースでわかる管理会計の実務

製品別採算管理・事業ポートフォリオ管理・投資案件管理の実際

2019 年 12 月 30 日　初版第 1 刷発行
2024 年 7 月 25 日　　　第 2 刷発行

著　　者 ── 松永 博樹、内山 正悟
　　　　　　ⓒ2019 Hiroki Matsunaga, Shogo Uchiyama

発 行 者 ── 張 士洛

発 行 所 ── 日本能率協会マネジメントセンター

〒 103-6009 東京都中央区日本橋 2-7-1 東京日本橋タワー
TEL 03（6362）4339（編集）/03（6362）4558（販売）
FAX 03（3272）8127（編集・販売）
https://www.jmam.co.jp/

装　　　丁 ── bicamo designs
本 文 D T P ── 竹田康子
印 刷 所 ── 広研印刷株式会社
製 本 所 ── 株式会社新寿堂

本書の内容の一部または全部を無断で複写複製（コピー）することは，法律で認められた場合を除き，著作者および出版者の権利の侵害となりますので，あらかじめ小社あて許諾を求めてください。

ISBN 978-4-8207-2767-5 C2034
落丁・乱丁はおとりかえします。
PRINTED IN JAPAN

JMAM とアットストリーム　KPI の本

大工舎宏・井田智絵 著
A5 判 並製本 192 ページ

KPI で必ず成果を出す 目標達成の技術

計画をプロセスで管理する基本手順と実践ポイント

【主な目次】
第 1 編　KPI のメリットを理解しよう
第 1 章　目標を達成する組織・達成できない組織
第 2 章　仕事力が上がる KPI マネジメント
第 2 編　KPI マネジメントを実践しよう
第 3 章　KPI マネジメントの基本手順
第 3 編　活用場面別 KPI マネジメント
第 4 章　部門の中期計画・年度計画に活用する
第 5 章　管理・間接部門に活用する
第 6 章　プロジェクト型業務に活用する
第 7 章　KPI マネジメントが形骸化しないために

大工舎宏 著
A5 判 並製本 216 ページ

事業計画を実現する KPI マネジメントの実務

PDCA を回す目標必達の技術

【主な目次】
序章　「誰が」「いつ」「なにを」行うかの全体像
第 1 章 ステップ 1　前期経営計画の総括
第 2 章 ステップ 2　必達目標と戦略課題の整理
　　　　　　　　　（戦略マップの第 1 版作成）
第 3 章 ステップ 3　戦略目標（戦略課題の KGI）の設定
第 4 章 ステップ 4　部門の KGI・プロセスの設定
第 5 章 ステップ 5　取組みテーマの進め方の検討
第 6 章 ステップ 6　アクションプランの設定
第 7 章 ステップ 7　戦略マップの最終化と予算設定
第 8 章 ステップ 8　KPI マネジメントの運用ルールの設定
第 9 章 ステップ 9　コーポレート部門で対応すべき事項の整理
第 10 章 ステップ 10　KPI で PDCA を回す

日本能率協会マネジメントセンター